丹羽一彌

編著

品川大輔
黒木邦彦
田村建一

日本語は
どのような膠着語か

用言複合体の研究

笠間書院

目 次

序　　丹羽一彌　iii

I　日本語の膠着的構造
1　日本語の連辞的語構成……………………… 丹羽一彌　2
2　日本語動詞構造の形態類型論的位置づけ……… 品川大輔　30

II　日本語の用言複合体
3　動詞述語語幹の構造………………………… 丹羽一彌　48
4　丁寧表現の構造と変化……………………… 丹羽一彌　66
5　サ四動詞音便語幹と後続形式……………… 丹羽一彌　87
6　二段動詞の一段化と一段動詞の五段化……… 黒木邦彦　104
7　中古和文語の動詞派生接尾辞 -ツ-、-ヌ-
　　　──承接順位を巡って──　……… 黒木邦彦　122

III　膠着語としての日本語の特徴
8　満洲語動詞述語の構造……………………… 田村建一　140
9　キリマンジャロ・バントゥ諸語から見た日本語の膠着性
　　　──動詞屈折形式における膠着型言語の類型的差異──
　　　………………………………………… 品川大輔　161
10　印欧語の文法範疇と日本語の接辞 ……… 丹羽一彌　187

あとがき　丹羽一彌　201

序

丹 羽 一 彌

　文法とは、その社会で文と認められる形式を作るための規則群である。従ってまず、文法は、当該形式の構造を説明できるだけではなく、そういう形が文として存在できる理由をも説明できなければならない。文とは何か。文を成立させている条件は何かの説明である。

　次に、文は意味の表すためのものであるが、文法は意味の表し方を説明するものではない。意味を伝えるのは文の役割である。文法は、文の役割ではなく、文を構成している形式の組み立て方に関する規則群である。中でも、日本語のように文成分の順序が比較的ゆるやかな言語では、文成分を構成する語の構成、形態論の分野が重要である。

　形態的な構造は、屈折語や膠着語など、言語のタイプによって異なってくる。日本語は膠着語の一種である。膠着的構造の言語では、基本部分に1形式1意味の形式が連結して語を構成する。日本語のようなタイプ（アルタイ型）の膠着語では、連結する形式が多くなれば、語が長くなり、それに比例して情報も限定されてくる。従って文法は、この「足し算」的構造の組み立て方の原理を明らかにすることである。その際、屈折語の文法範疇など、タイプの異なる言語で開発された枠組みや文法概念を借用しても、意味的な説明に止まり、日本語の膠着的構造の枠組みを把握することはできない。日本語を記述するための枠組みや文法概念は、「足し算」的な構造の資料から帰納的に導かれなければならない。

　本書の基本的な考え方は以上のようである。本書の実現までには長期間かかったが、計画時のメンバーは、丹羽・品川・黒木の3人であった。3人の間では、日本語の枠組みの解明という点での意見は一致していたが、共通の主張があったわけではない。従って本書は膠着的構造についての論文集ということになり、文法概念や用語・表記法等の統一はしなかった。例えば日本語のほとんど同じ職能の形式グループに、丹羽は「文成立形式」、品川は「末尾辞」という用語を当てている。これらを無理に統一すればいくつかの用語の統一はできたかもしれない。しかし考え方全体を統一することはできないので、敢えて個人差はそのままとした。ただ、丹羽と品川は、paradigmatic には範例的、syntagmatic には連辞的という訳語で統一することにした。

本書の構成は、最初、解説を含んだⅠ部と、用言複合体の研究であるⅡ部からなる計画であった。Ⅰ部の1と2は、予定通り、膠着語の構造と言語タイプについて解説を加えながら述べたものである。Ⅱ部の3〜7は用言複合体の連辞的な構造を論じたものである。語幹・接辞・それ以外という順序で配列しようとしたが、丹羽と黒木では、考え方も表現も異なるので、内容にかかわらず丹羽・黒木の順序でまとめた。9の品川論文はⅡ部のために書かれたものであったが、日本語の特徴を見るためにⅢ部を設定しようということになり、そちらに回した。そうすると、アルタイ型膠着語の述語構造についての論考も必要ということになるから、原稿完成間近になって田村氏に依頼した。両氏の論考により、日本語がアルタイ型の膠着語であり、スワヒリ語などのスロット型膠着語と異なることが理解できる。なお最後の10は、屈折語の範例的な文法範疇の機能と日本語の連辞的な接辞との相違をはっきりさせるために、冒頭の「日本語の連辞的語構成」から切り離して一つの章としたものである。そのために解説的な部分もある。

I
日本語の膠着的構造

1　日本語の連辞的語構成

丹羽一彌

はじめに
　日本語の語構成は連辞的構造を基本としているので、文法的な役割を持つ範例関係の付属形式は少ない。本稿は第1章であるから、最初に日本語の膠着的構造についての一般的な解説をし、次いで連辞的構造について述べる。
　以下での日本語表記はカナ表記と音素表記を併用するが、音素表記では / / とア行の ' を略す。また [ ] は、述語の語幹や核部分など、問題となっている文法的な単位をなす部分を特記する場合にも使用する。これらのことは筆者の担当した本書の他の章においても同様である。

1　用語
　用語については、言語学の常識や学校文法の用語でそのまま使えるものは採用する。用語のうちで、本稿に限った意味などで使う場合は定義してから使用する。

1.1　言語研究と文法
　ことばは人間の伝達の手段であり、人間は身体と精神を持つ生物であるから、ことばはその両面に関わっている。
　人間の身体は物理的な存在の一つである。その身体から発せられる音声は、空気の振動であるから、機器を使用すれば波形や図形として表すことができる。従って音声は物理学の対象であり、人類共通の規準で扱える。また二足歩行し、社会を作り、生産消費を行うという人間の営みは、時間と空間の中で行われる。これら時空の制約も、人類共通であり、直接観察される物理世界のことである。人類の営みの中には言語使用も含まれるので、これも時空の制限を受ける。
　しかし言語は上のような物理世界の部分だけで構成されているのではなく、世界観や価値観に関わる部分がある。こちらは直接観察することができないので、個々の言語に現れている事実をデータとして、そこから推測することになる。言語の構造とそれを統治する規則は、それぞれの社会の恣意的な習慣の蓄積であり、簡単には人類共通のものとして一般化できない、と筆者は考えている。
　音で言えば、調音器官から発せられる音は物理世界のことであるが、言語の単位としての音は言語学の対象となる。それぞれの言語で利用しているのは、発声可能

な音声の一部であり、それらの利用範囲と分類は言語によって異なる。［r］と［l］は物理的に異なる音であり、英語などでは別の音としているが、日本語では同じラ行音としている。また日本語や英語で別の音とされる［p］と［b］は中国語では区別していない。物理的な音（単音）のどれだけを利用し、意味を区別する言語の単位（音素）としてどのように分類しているかは、それぞれの社会の習慣である。

　空間に存在する物体は、物理世界のことであるから、形や数を客観的に認識できる。その数の認識を文法的に表すか否か、表現する場合どのように分類するかは言語によって異なる。日本語では「1冊の本」「5冊の本」のように、同じホンという形であり、文法的な区別をしない。英語では名詞に -s などをつけて、単数と複数とを異なった形で表現する。さらに双数や三数を区別する言語もある。数の文法的な表現の中には単なる約束事と思われるものもある。英語では everybody と nobody は単数扱いである。単数は 1、複数は 2 以上という筆者のような学力ではこれは難しい。ただ everybody が単数であるのは、「各個人がそれぞれ皆」と考えれば頷けるが、ゼロという意味と関係なく nobody が単数扱いであるのは英語社会の習慣として覚える以外にない。数のような言語外で確定している概念でも、文法概念として取り込もうとすると、その社会の習慣の一部となる。

　言語の文法的な規則が習慣であることは、時間との関係を見れば一層はっきりする。ある物体を限定する場合、修飾語と被修飾語を前後に並べることになるが、その順序は習慣に過ぎない。日本語では「白い家」のように「形容詞＋名詞」の順序で現れるが、同じ物理的存在を見ても、異なる順序で表現する社会もある。

英語　　　　　a white house　　（冠詞＋白い＋家）
フランス語　　une maison blanche　（冠詞＋家＋白い）

上の例で形容詞の位置が前後に異なっていても一方が他方を修飾し、2語で1個の上位形式を構成していることに変りはない。

　さらに主語や述語など、文成分の順序を見ると、これは多様である。類型論の概説書によると、世界の言語の大部分は、日本語のような SOV「主語＋目的語＋述語」と英語のような SVO「主語＋述語＋目的語」の2種のタイプである。しかし中には主語が最後尾に現れる言語も少数あるとのことである。言語間でこのような相違がありながら、どの言語もそれぞれ情報を伝えているし、相互に翻訳可能である。従って主語が文頭に現れることや述語と目的語との前後関係などは、表される意味とは無関係であり、それぞれの社会の習慣に過ぎない。また文成分の順序は不易のものではなく、ラテン語から現代ロマンス諸語への歴史のように、SOV を基

本とする構造から SVO へと順序を変化させた言語もある。

　主語が述語の前に現れる言語でも、それに優先する制限があれば、主語と述語の位置は変更される。英語やドイツ語の主語は述語の前に現れるが、ドイツ語での最優先の制限は定動詞が2番目に現れることである。従って文頭に heute〈今日〉のような副詞などが現れた場合には「副詞＋述語＋主語」という順序となり、主語は述語より後の位置になる。

<u>I</u> go to school today.	（私は今日学校へ行く）	私 I＋行く go
Today <u>I</u> go to school.	（今日私は学校へ行く）	私 I＋行く go
<u>Ich</u> <u>gehe</u> zur Schule heute.	（私は今日学校へ行く）	私 ich＋行く gehe
Heute <u>gehe</u> <u>ich</u> zur Schule.	（今日私は学校へ行く）	行く gehe＋私 ich

この位置は印欧語の通時的変化の結果であるが、歴史的な説明に関係なく、現代ドイツ語では文構成の規則となっている。歴史的に近い言語でありながら、現代英語にそういう規則はない。

　言語は、物理世界や精神世界を社会の習慣に従って表現する伝達手段である。文法はその表現方法、特定の言語の約束事を規則化・体系化したものである。正確には、形式の相違として現れた文法機能を体系化したものである。形式面での相違がなければ、文法の領域ではない。体系化された規則群は、文や語を構成する形式面での規則であるから、意味の構成と直接の関係はない。主語が重要だから文頭にあるわけでもないし、修飾語が被修飾語の前に現れるとも限らない。

　記述文法は、ある時代にある地域で使われている言語事実を資料として、形式面での規則を、当該言語に内在する論理によって帰納的に体系化したものである。その体系化は、物理世界の意味を規準にして処理することでもないし、所与の文法理論を適用することでもない。共通の情報でもことばで表現される言語ごとに異なることから、個別言語の文法とは、「情報→言語化→言語表現」という流れの中で、脳で行われる言語化の仕組み、個別言語の体系をなすフィルターの仕組みを解明することである。日本語の記述文法は、日本語を構成する習慣の総体を日本語の論理に従って体系化したものである。このことは文や語構成の面だけではなく、音韻論や意味論においても同様である。

1.2　単位となる形式：形態素

　言語は情報を伝達するための手段であるから、情報を運ぶ材料の段階で意味と結びついている。文は、意味を運ぶ「単位となる形式」が時間の流れに沿って配列さ

れたものである。従って文法という規則群を体系化するためには、単位の設定とその形式を配列するための規則を整理すればよい。そこで最初に問題になるのは、情報を運ぶ形式の単位とはどのようなものか、日本語で単位となる形式にはどのような特徴があるか、この二つを見ることである。

　日本語の「食べた」は、学校文法の切り方で言えば、タベ＋タという2個の形式の連続であり、全体の意味も「食べる」と「た」というそれぞれの意味の合計である。タベは述語の中心部分として「食べる」という行為を表し、タは付属部分としてその行為が過去であることを表す。タベは「食べない」「食べます」などでも一定の形タベであり、タは「来た」「見た」「勝った」のように、他の動詞の場合でもタという一定の形である。日本語の形式を分解すると、タベとタのように一定の形式に分節することが容易であり、それぞれが1個の意味を表している。つまり単位となる形式は「1形式1意味」である。さらに長い「食べさせました」のような形式も、タベ＋サセ＋マシ＋タのように分節でき、1形式1意味の形式の連続したものとなっている。日本語は1個の意味だけを表す形態素 morpheme（意味を持つ最小の形式）の連続体として存在する。

　この1形式1意味という日本語の特徴は、その特徴を持たない言語と比べるとよく分かる。英語では eat の過去形は ate である。しかし ate のどの部分が「食べる」を表し、どの部分が過去を表しているのか、現代語では分節できない。1個の ate という形式で「食べる＋過去」という複数の意味を表している。このことは see と saw、take と took でも同様であり、それぞれが「行為＋現在＋3人称単数以外」あるいは「行為＋過去」を表している。英語などヨーロッパの言語では、eat と ate のような1個の形式が複数の意味を表しているので、「1形式多意味」である。後に述べる言語構造のタイプで分類すると、日本語と英語では異なったタイプの言語ということになる。

　この1形式（一定の形式）については若干の追加が必要である。「食べた」と「飲んだ」のタとダは全く同じ形式ではない。しかしこれは、ガ四・ナ四・バ四・マ四の場合にダ、他の動詞の場合はタというように、前接の動詞に合せて形を変えて現れたのであり、意味も用法も変らない。このように環境による相補分布になっている場合に、タ〜ダを「異形態」の関係といい、同じ形態素の変種とみなす。使役の助動詞とされるセル〜サセル（正確には -ase-〜-sase-）も前の動詞による異形態であるし、細かいところでは終止形の kak-u〈書く〉と tabe-ru〈食べる〉の -u と -ru についても同様である。異形態は日本語だけの問題ではなく、英語で名詞の複数を表す形態素 -s が books と dogs で形（発音）が異なるのも、前接の形式による変種であり、異形態である。

以上のように、日本語の形態素の特徴は、一定の形式に1個の意味が対応しているということである。日本語の語構成はこのような形態素の連続であるから、英語の ate などのような1形式多意味で不規則な形を記憶しなくても、「食べ＋た」「見＋た」などのように、別々に存在する形態素を連続させれば複数の意味を表す形式を構成することができる。逆に言えば、1個の形態素で1個の意味しか表さないので、複雑なことを表現するためには、それだけの数の形態素を連続させなければならない。日本語は情報伝達に時間のかかる言語なのである。

1.3　付属語と付属形式

　上で見た単位となる形態素には、「語」とそうでないものがある。「春」や「山」などは1個の形態素でありながら、1個の語でもある。ところが紛らわしい例もある。「春だ」のダも語（付属語）とされるが、「読んだ」のダは語ではなく、「付属形式」とされる。付属語と付属形式の区別は次のようである。

　形態素には単独で現れ得るものとそうでないものとがあり、単独で現れるものは語、他の形式と繋がらなければ出現できないものは付属形式とされる。単独で現れるか否かは服部（1950）の基準に従う。これによれば「読んだ」のダは「飛んだ」「死んだ」のように動詞の音便の形に接続しなければ出現できないし、ヨンとダの間に他の形式が現れて両者を分断することもない。つまりこのダは単独で現れない付属形式であり、ヨン＋ダ全体で1語を構成する。ところが「春だ」のハルとダの間には「春なのだ」「春からだ」のように他の形式が現れるし、このダは、名詞、形式名詞、助詞などに接続するので、ハルとダの間には切れ目がある。従ってハルもダも単独で現れていることになり、こちらのダは付属語である。

　付属形式には名詞や動詞に関するものもある。複合語「船人」を構成するフナとビト、派生語を構成する「読んだ」のヨン＋ダ、「書かせる」のカカ＋セ＋ルの動詞部分を含めたそれぞれは、他の形式と連続して現れるだけで、単独では現れることができない。これらは、意味は鮮明であるが、付属形式ということになる。日本語の場合、この区別をそれほど厳密にしなくてもよい場合もあると思うが、本稿では語構成という形態論を扱うので、区別しておく。

1.4　連辞関係と範例関係

　文や語を構成する形式の関係を表すために、「連辞関係」syntagmatic relation と「範例関係」paradigmatic relation という用語が使われる。

　連辞関係とは、時間の流れに沿って現れた形式相互の関係であり、大雑把に言えば、形式の前後関係である。「食べた」「お菓子」は全体で1語であるが、それを構

成するタベとタ、オとカシなどは連辞関係の形式である。文では、主語と述語、述語と目的語などが連辞関係である。

連辞関係を構成要素の関係として見ると、下のように文成分から語、形態素、さらに音に至るまで、全ての段階に適用される。［　］の形式が相互に連辞関係をなしている。なお本稿では音の問題に触れない。

(1)　［赤い屋根の家を］＋［建てる］
(2)　［赤い屋根の家］＋［を］　　　［建て］＋［る］
(3)　［赤い屋根の］＋［家］
(4)　［赤い屋根］＋［の］
(5)　［赤い］＋［屋根］
(6)　［赤］＋［い］

(1)においては、「赤い＋屋根＋の＋家＋を」のそれぞれが連辞関係であるが、その全体「赤い屋根の家を」と「建てる」とが連辞的に文を構成し、(2)では「赤い屋根の家」と格関係を表す「を」、「建て」と「る」とがそれぞれの文成分を構成している。以下それぞれの段階で形式が連辞的構成をなしていて、最後の(6)では「赤」と連体形を表す「い」という2個の形態素が連辞関係になっている。日本語の文を構成する形式は、1形式1意味の形態素を基本単位として、連辞的規則に従って、形態素→語→文成分→文というように上位の形式を構成している。

範例関係というのは、連辞的構造の中のある形式と交替できる形式群での関係である。上の例で見ると、(5)における「赤い」を「黒い」「白い」などに置き換えても文法的には問題ない。あるいは「屋根」を「壁」「塀」などに置き換えることもできる。実際の文に現れている「赤い」とその背後に隠れて現れることのなかった「黒い」や「白い」などのような形式、つまり同じ位置に現れて文法的に同じ役割を果すことのできる形式群を一つのグループとし、そのグループに入る形式を範例関係にある形式という。範例関係のグループには、その位置で同じ職能を果す形式全てが含まれるから、動詞や形容詞など品詞とされるものは、範例関係の形式グループである。

日本語の文としては、「家を建てる」と「家を建てよ」のように「建てる」と「建てよ」を交替させても文法的な文は成立する。しかし語構成の段階で見ると、「建てる」と「建てよ」という語全体で対立しているのではなく、タテ＋ルとタテ＋ヨのように、後半の部分だけが対立している。この付属形式ルとヨとは範例関係にあって、これらが交替することによって動詞が語形変化し、平叙と命令という意

味を表し分けている。範例関係で交替する形式は1個だけが選択されるから、複数が共起することはない。

　文法の大きな部分は、ある形式を構成している連辞関係の枠組みと、範例的に交替するグループの設定とその役割を明らかにすることである。語構成（形態論）の分野で言えば、付属形式が語（単独で使用できる最小形式）を構成するとき、「食べさせられる」のタベ・サセ・ラレ・ルがどのような順序（連辞関係）で現れるか、範例的に交替するグループのルとヨなどがどの位置に現れ、どのような役割を果しているか、そのグループ内で個々の形式がどのように意味分担しているか、などを明らかにすることである。

　なお範例関係の形式に関することでは「文法範疇」についても語らなければならない。しかしこれについては後にまとめて述べることにする。

1.5　接辞と文成立形式

　動詞述語は「食べ＋る」のように2種類の必須要素によって構成される。このうちタベの部分を「語幹」、ルを「文成立形式」とする。

　語幹は述語の中心となる動詞を含む部分である。最も単純な語幹は「食べ」のような動詞だけであるが、下の（8）（9）のように、動詞に他の形式が接続した語幹もある。動詞に接続して語幹を構成する形式を「接辞」という。日本語の述語語幹を構成するのは接尾辞であるから、以下で接辞とするのは接尾辞のことである。

　　(7)　食べる　　　［tabe］-ru　　［食べる］　　＋平叙
　　(8)　食べさせる　［tabe-sase］-ru　［食べる＋使役］＋平叙
　　(9)　食べられる　［tabe-rare］-ru　［食べる＋受身］＋平叙

　(7)～(9)のtabe-のように、必須要素の部分を「核」とする。核には動詞語基あるいはその役割を果す特定の形式が当てられる。核だけでも語幹は成立するが、それに使役や受身などの接辞が付加されると、(8)(9)のように語幹が拡張され、語幹全体が「派生語幹」という連辞的構造となる。

　(8)の使役の接辞-sase-と(9)の受身の-rare-は、意味表現に必要なら接続する形式であり、必須要素ではない。(8)と(9)だけを見ると、使役と受身の接辞は、同じ位置に現れているが、この位置で範例関係の形式として置き換わっているのではない。(10)のように両者が共起して、使役と受身の両方という表現も文法的であるから、両者は連辞関係の形式である。

(10) 食べさせられる　[tabe-sase-rare]-ru　[食べる＋使役＋受身]＋平叙

　表現によってはさらに多くの接辞が接続して「食べ＋させ＋られ＋た＋がり＋まし＋た」などのような形式にもなる。学校文法ではこれらの接辞を助動詞という一つの品詞としているが、これらは文法的な役割も一様ではないし、範例関係のグループでもないので、一つのグループをなす品詞ではない。以上のように、接辞はオプション要素であり、必要な数が接続できる。
　述語を構成するもう一方の文成立形式は、上の (7) ～ (10) の -ru ように、語幹に接続する必須要素である。この形式は、文法的には主節の述語を完成させ、意味的には話し手の表現態度を表す。文成立形式は範例関係のグループであり、下の (11) ～ (13) の -ru、-jo、-joo のように、1個が選択される。1個の文で同時に平叙と命令などという表現がないので、文成立形式が複数連続することはない。これらの交替によって動詞が語形変化すると考えればよい。

(11) 食べる　　[tabe]-ru　　食べる＋平叙
(12) 食べよ　　[tabe]-jo　　食べる＋命令
(13) 食べよう　[tabe]-joo　　食べる＋意志

　語幹を構成する接辞はオプション要素であり、必要な数が付加されるが、それに接続する文成立形式は必須要素であり、グループから1個だけが選択される。両者は文法的に異なる役割を果している。本節は用語の説明であるから、オプション要素と必須要素、連辞関係と範例関係という相違を見るのに止め、それぞれの特徴については次節以下で述べる。

2　語幹の構造

　本節からテーマである連辞的な語構成に入る。日本語の形態論で明らかにすべきことは、語はどのように構成されているか、語は使用されるとき、どのように形を変えるか、の2点である。語を構成するのは形態素の連辞的構造、語形変化する部分は形態素の範例的な交替であるから、それぞれの仕組みを整理すればよい。本節では語幹の連辞的構成の方を扱う。

2.1　接辞の位置

　動詞述語の語幹部分は、核に必要数の接辞が接続するので、下のようなモデルで表される。Bは語基 basis、Sは接尾辞 suffix の略である。語幹の連辞的な構成規

則は、それぞれの接辞Sの出現する位置や順序を整理すればよい。

$[B–S_1–S_2–S_3–……S_n]$
[tabe-sase-rare-……]〈食べ＋させ＋られ……〉

　接辞は、全てがオプション要素であるから、表される意味によって出現する種類と数が異なってくる。前節で見た「食べ＋られ＋る」「食べ＋させ＋る」の受身と使役の接辞は、ともに動詞の直後のS_1に現れている。接辞が1個だけ接続した場合はそれぞれがS_1であるが、「食べ＋させ＋られ＋る」のように両者が共起すると、使役がS_1となり、受身はS_2に下がる。このように共起すると一方が後に移動するから、S_1やS_2などは、特定の接辞を指すのではなく、接続している接辞の1番目とか2番目であることを表すに過ぎない。従って「食べ＋させ＋られ＋た＋がり＋ます」のように後方に現れるマスも、他の接辞が接続しない場合は「食べ＋ます」となって、S_1に現れる。

　上のように、接辞それぞれには固有の位置が定まっていない。どの接辞もS_1やS_2に現れ得るし、複数が共起すればS_1には1個しか現れ得ない。使役と受身が共起すれば「食べ＋させ＋られ＋る」のように「使役＋受身」の順序であり、逆の「受身＋使役」とならない*1。また「食べ＋まし＋た」では常にマス＋タの順であって、タ＋マスにはならない。個々の接辞は固有の位置を持たないが、自由な順序で現れるのではなく、相互の優先関係が決まっている。語幹では、現れた接辞相互の順位関係に従って、上位のものから順に位置が決まる。

2.2　接辞の分類

　語幹を構成する接辞の位置は相互の優先関係によって決まる。この順位を決めるのは、その接辞の表す情報の種類である。

　語幹には客観情報と主観情報とが含まれている。客観情報とは、核や一部の接辞が表す行為・変化・状態であり、話し手と独立に存在する「事柄」としての情報である。それに対して主観情報とは、その客観情報についての話し手の判断や心情を表す部分であり、表現方法についての情報である。情報を客観と主観とに分ける基準は、私見では、その語幹が名詞化できるか否かである（丹羽2005）。ある形式を名詞化できるのは、その形式の表す意味を客体として把握できることであるから、

---

　*1　特殊な場合に「受身＋使役」という連続もあるが、それについては3章「動詞述語語幹の構造」で述べる。

それは事柄としての客観情報である。
　名詞化という基準を適用すれば、使役や受身の接辞による派生語幹は、名詞や複合名詞の部分になり得るから、客観情報であることが分かる。

　　使役：やらせ、終らせ時、人騒がせ
　　受身：お呼ばれ、嫌われ者、虫刺され

形容詞を名詞化するためには、「大きサ」「寒サ」など、接辞サが必要である。派生接辞には、使役や受身など以外に、希望のタイ、否定のナイなどの形容詞型接辞もあるが、これらも「会いたサ」「見たサ」「至らなサ」などのように名詞化できるから、客観情報を表す。
　主観的な情報を表す形式には、尊敬・可能のレル〜ラレル、丁寧のマス、尊敬表現の地域的な方言形式などがあり、これらが接続した段階の派生語幹は、名詞化して客体化できない。また動詞型ではないが、過去のタ〜ダも名詞化できない主観情報の接辞である。
　客観と主観、それぞれの主な形式は次のようである。

　　客観情報：使役 -ase-〜-sase-、受身 -are-〜-rare- など
　　主観情報：尊敬・可能 -are-〜-rare-、丁寧 -mas- など

上のように、接辞 -are-〜-rare- は、受身を表す場合は客観情報であり、尊敬などの場合は主観情報である。学校文法で教えるように、レル〜ラレルという助動詞が、場合によって、受身・尊敬・可能・自発という4種の具体的意味となって現れるのではない。歴史的な変化過程は別にして、現代語を記述的に見れば、受身の接辞と尊敬などの接辞とは、文法的な役割が異なる別種の形式である。
　受身の「Aが見られる」は、受動者Aを主語としてその主語の状態を叙述した表現であり、話し手の判断を交えていない客観的な情報である。この場合は受身を表すラレがなければ、「Aが見られている状態」という事実が表現できない。それに対して尊敬や可能の「Aが見られる」のラレは、「Aが見る」という客観的な事実について、Aに対する話し手の評価（尊敬）や、Aの行為についての話し手の判断（可能性）を表現したものであって、このラレがなくても「Aが見る」という事実は表現できる。行為者やその行為（客観的な事柄）に対する評価や判断は、話し手の責任で発する情報であって、主観的な情報である。
　語や接辞などの形式を客観と主観などに分類する基準については、「詞」「辞」を

はじめとして、金田一（1953）、渡辺（1953）、林（1960）、南（1964）など古くから論じられてきた。しかしあるグループを設定しようとしても、その定義や分類基準などについての理解が得られなければ、共通の議論にならない。接辞の客観と主観とは連続的なところもあるかもしれないが、名詞化できるか否かという形式面での基準で分けるのが明解であり、紛れがない。

2.3 接辞の順序
　上のように分類された接辞が共起すると、客観情報を表す接辞が核部分に近い S_1 や S_2 に現れ、主観情報を表すものは語末に近い S_n の方に現れる。下線部が客観情報を表す形式である。

　　　（14）食べさせられました　［食べる+<u>使役</u>+<u>受身</u>+丁寧+過去］+平叙

客観情報を表す使役と受身は前の方に現れるが、主観情報を表す丁寧と過去は後に現れる。また客観と主観にそれぞれに分類された接辞の間にも順序があり、使役は受身の前に現れるし、丁寧は過去より前に現れる。この順序を決める原則はまだ整理できていない。それぞれの中で客観性の強いものが前に現れ、より主観的なものが後の方に現れると思われる。
　以上から述語のモデルを再編成すれば次のようになる[*2]。

　　　［（核）-（客観情報-S_1-……-S_n）-（主観情報-S_1-……-S_n）］-文成立形式
　　　［（tabe）-（sase-rare）-（masi-ta）］-ϕ

2.4 語幹の形
　語幹を構成する接辞は全てオプション要素であり、現れる数は不定である。またそれぞれの位置も固定されず、相互の順序だけが定まっている。語幹モデルに適用すると、核部分の次の位置には、接辞の中で優先順位最上位のものが現れる。優位の接辞が現れなければ次の順位の接辞が繰り上がってくる。接辞が現れなければ全てがパスであり、直接文成立形式が接続する。従って語幹の形は一定の型として捉えることができない。

---

　　*2　後述のように、筆者の形態論では、-masi- の接続する -rare- には語幹形成辞 -ϕ が接続して -rareϕ となる。表記簡略化のために -ϕ を省くことがある。以下でも同様である。また文成立形式 -ϕ については、3.2 で述べる。

日本語の動詞述語の語幹はこのように曖昧なものである。この条件で語幹の形を計算すると、優先順位上位のものから、接辞が現れるかパスするかの二者択一を繰り返した合計ということになる。これを接辞3個の場合で計算すると、二者択一は3回であるから、語幹は 2^3、下のように8種類になる。-u と -ru は平叙の文成立形式の異形態である。

  [tabe-sase-rare-mas]-u 食べさせられます
  [tabe-sase-rare]-ru 食べさせられる
  [tabe-sase -mas]-u 食べさせます
  [tabe-sase]-ru 食べさせる
  [tabe -rare-mas]-u 食べられます
  [tabe -rare]-ru 食べられる
  [tabe -mas]-u 食べます
  [tabe]-ru 食べる

さらに長い「食べ＋させ＋られ＋た＋がり＋まし＋た」で計算すると、接辞6個であるから、$2^6 = 64$ となる。語幹にはこれより長いものも考えられる。接辞は n 個接続し得るから、語幹の形の数は 2^n という数となる。

 上のように、語幹を構成する接辞の総数が不定であるから、語幹を一定の長さや型として捉えることはできない。これについては言語のタイプのところでも触れるが、日本語という膠着語の特徴は、述語をモデル化することはできても、一定の型として捉えられないことである。これは、スワヒリ語のような異なるタイプの膠着語や印欧語などの屈折語と比べると、注目すべき点である。日本語の記述文法は、語の長さも型も一定でないという制約の下で、その構成規則の体系化を目指さなければならない。

 なお、日本語の語幹には上のような単純な構成のものだけではなく、複雑で重層的なものもある。それらを含めて語幹の構成の詳細については、3章「動詞述語語幹の構造」で述べる。

2.5 語幹の種類

 語幹の核部分となる動詞には、kak-ase-ru〈書かせる〉の kak- のように語基と同形のものと、kaki-mas-u〈書きます〉の kaki- や kaku-na〈書くな〉の kaku- など、語基に母音の接続したものとがある。この -i- や -u- などの母音の部分、語基に接続する範例的な形態素を「語幹形成辞」とする。これは南（1962）の「語幹尾」の考

え方に従ったものである。

　動詞の語幹を整理して、仮の名前をつけると、表1のようになる。音便語幹は通時的変化を被った特殊な異形態である。表1が動詞語幹の一覧表であり、学校文法で言えばそれぞれが活用形ということになる。四段型以外のI語幹にも語幹形成辞が接続していると考え、-i- の異形態として -φ を仮定する。サ変・カ変動詞では語基に異形態があり、相補分布をなす。

表1　語幹の種類

	語基語幹	I語幹 i〜φ	U語幹 u〜ru	音便語幹
書く（四段型）	kak	kaki	kaku	kai
見る（上一型）	mi	miφ	miru	mi
出る（下一型）	de	deφ	deru	de
する（サ変）	su〜se〜si	siφ	suru	si
来る（カ変）	ku〜ko	kiφ	kuru	ki

　語幹形成辞は、［kaki］-nagara や［miφ］-nagara（I語幹）のような単純な語幹だけではなく、派生語幹［kak-aseφ］-nagara（I語幹）なども構成する。

　語幹形成辞は語幹を構成するだけという役割の乏しい形態素である。従ってこのような文法的単位を認めず、後続形式が語基に直接接続すると解釈することもできる。そうすると kak-i- の -i- は後続形式の一部となるから、その異形態 -φ は不要となる。その代わり、後続形式を -inagara〜-nagaran などの異形態群と考えることになる。他の後続形式も同様である[*3]。

　　四段型　kak-inagara　kak-una
　　他の型　mi-nagara　　mi-runa

このように考えると、動詞の語幹は、語基語幹 kak-・mi- と音便語幹 kai-・mi- の2種類でよい。

　この問題を整理すると、語幹形成辞による複数の語幹を認めて後続形式を単純に

---

　*3　本書執筆者の一人黒木氏は、語幹形成辞に当る形式を「連結音」としている。連結音では意味と役割が曖昧であり、形態素の定義に合わないので、筆者は語幹形成辞という文法機能を持つ形態素と考える。

するか、動詞部分を単純にして後続形式に異形態を認めるか、どちらか一方を選ぶことになる。文法的な説明は、簡潔で、全体が首尾一貫していて、例外が少なければよい。どちらが体系的で簡潔と判断するか、これは研究者個人に任される問題であろう。これまで筆者は、方言の記述で多めの語幹形成辞を認める立場で書いていた。語幹形成辞を認めるにしても、今回の本書ではその種類を減らす方向で書くことにする。

　I 語幹 kaki、miφ などを認めなければ、連用形の名詞を構成するための別の形態素 -i が必要になるし、動詞「終る」「始める」などが接続する場合に（15）（16）のような異形態を認めなければならない。これは -inagara〜-nagara より不自然であるから、I 語幹を認めた方が合理的である。

　（15）書き終る　　kak-iowar-u　　（kaki-owar-u）
　（16）見終る　　　mi-owar-u　　　（miφ-owar-u）

U 語幹も、連体形という語としての用法があるので、必要である。
　南（1962）では口之津方言で A 語幹も認めているが、標準語の文法では A 語幹はなくてもよい。受身の接辞が -are〜-rare- であるのと同様に、否定の接辞を -ana-〜-na- とすれば、A 語幹（未然形）は不要になる。標準語では上の 2 種類の語幹形成辞を設定すれば説明できるが、方言によっては kako- など、それぞれに固有の語幹を必要とする場合もある。

3　文成立形式

　前節のような語幹に文成立形式が 1 個接続して述語が構成される。本節ではこの文成立形式の接続によって述語が語形変化する部分を見る。

3.1　役割

　文成立形式は範例関係のグループをなす必須要素である。そのグループから 1 個が選択されるので、kak-u〈書く〉と kak-e〈書け〉の -u と -e のように、形態素が交替し、動詞が語形変化すると言ってもよい。日本語では範例関係の付属形式群が少ないから、この語形交替は特徴的な部分である。

　文成立形式は、文法的には主節の述語として文を成立させる機能を表し、意味的には話し手の表現態度を表している。「文成立形式」とはその意味での筆者の命名である[*4]。

　ある形式が「文」として成立するためには、伝えられる意味が情報として完結し

ているだけではなく、その情報を聞き手に伝える際の話し手の表現意図をも表現していなければならない。従属節は、意味的に完結しているが、話し手の意図を備えていないので、全体が文の部分である。これを渡辺（1971）の用語で言えば、意味的にはともに「統叙」であるが、文法的には、主節は「陳述」、従属節は「展叙」である。統叙とは意味を完結させる役割、陳述とは文を成立させる役割、展叙とは次の文成分に繋ぐ役割である。

  主節 桜の花が咲く。   統叙・陳述
  従属節 桜の花が咲く＋季節 統叙・展叙

形態的に見ると、主節の「咲く」は文成立に関わっているので、語基語幹＋文成立形式のsak-u、従属節はU語幹（連体形）のsakuであり、語幹の形が異なる。

3.2　種類

動詞語幹に接続する文成立形式とその異形態を整理すると、表2のようである。

表2　文成立形式

		書く	見る
平叙	-u〜-ru	kak-u	mi-ru
命令	-e〜-jo	kak-e	mi-jo
意志	-oo〜-joo	kak-oo	mi-joo
禁止	-na	kaku-na	miru-na
否定意志	-mai	kaku-mai	mi-mai

 文成立形式には、動詞述語に限っても、平叙の異形態として-φが追加されると考えている。-φは過去のタ〜ダ、否定のン接続する。なお形容詞述語や形容詞型接辞による派生語幹には -i が接続する。

 (17)　食べた　　　[tabe-ta]-φ　　　　[食べる＋過去]＋平叙
 (18)　食べません　[tabe-mase-N]-φ　　[食べる＋丁寧＋否定]＋平叙
 (19)　寒い　　　　[samu]-i　　　　　　[寒い]＋平叙

 ＊4　次章執筆者の品川氏は、文成立形式にほぼ該当するグループに「末尾辞」という用語を当てている。

(20) 食べない　　［tabe-na］-i　　　［食べる＋否定］＋平叙

　さらに私見ではダローが追加される。金田一（1953）でもダローをこのグループに入れているが、意味が重視されている。ダローを文成立形式と解釈する形態論的な根拠については4章「丁寧表現の構造と変化」で説明しているので、参照されたい。なおデスやデショーなどもこのグループに入るが、これらは丁寧表現という別の文体のものである。
　しかし、-φやダローは別としても、日本語の文法では、表2の形式を文成立形式という1個のグループに属する形式として認めることが少ない。学校文法ではこれらを別のグループに分類している。

　　活用語尾　　平叙 -u～-ru、命令 -e～-jo
　　助動詞　　　意志 -oo～-joo、否定意志 -mai
　　終助詞　　　禁止 -na

　金田一（1953）では、上のうちで活用しない助動詞類（-oo～-joo など）についての職能を論じている。動詞命令形にも触れているが、終止形の（-u～-ru）などまでを含んだ文法的なカテゴリーを提唱しているわけではないようである。学校文法などでは、述語や文の成立を、形態的な基準によらず、活用形の用法や表される意味などに求めることが多い。
　上のうち、カク＋ナ〈書くな〉のカクとナの間に他の形式が現れないし、このナは動詞語幹以外の形式に接続しないので、服部（1950）の基準によれば、カクナ〈書くな〉やミルナ〈見るな〉で1語であり、ナは付属形式である。意味の面でも、命令などと同様に、否定の命令（禁止）という話し手の表現意図を表している。従ってナは、文成立形式というグループに含まれる付属形式であり、付属語（疑問のカや強調のゾなどのような終助詞）ではない。
　文成立形式を同一職能のグループと認める意見は多くない。またこれらを1個のグループとする説でも、それぞれが細部まで一致しているわけではないし、そこに含まれる形式の種類も異なる。例えば宮岡（2002）では、述語の語末の形式をまとめて「屈折接尾辞」と命名し、主節の屈折接尾辞（本稿の文成立形式に当るもの）として次のものを上げている。本稿の表記に合せて一部表記を変更する。

　　-u～-ru（断定）、-oo～-joo（推量・意志・勧誘）、-ta～-da（完了・過去）、
　　-e～-ro～-jo（命令）、-mai（否定推量・意志）

これらと上の表2とを比べると、異なるのは、宮岡説では禁止の -na を含まないこと、過去の -ta～-da を加えること、-φ を設定しないことなどである。以下で宮岡説と私見との相違について検討する。なお宮岡説では従属節にも「屈折接尾辞」を認めているが、現在のところ、筆者はこれについて述べるだけの結論を得ていないので、従属節については保留とする。

3.3 過去のタ～ダ

　タに関しては多くの先行研究がある。未見のものが多く、筆者の力では全体を概観することはできないが、テンスやアスペクトと関連付けた意味面を扱うものが多く、職能については重視されていないようである。mi-ru〈見る〉と mi-ta〈見た〉とを対立させ、前者をル形、後者をタ形として、ル形とタ形で日本語のテンスを表すとしているものもある。これではルとタで文法カテゴリーを構成していることになる。両者は、意味的に対立させることはできるかもしれないが、文法的カテゴリーの中で意味分担しているとは言えない。私見では、タは接辞であり、ルは文成立形式である。接辞と文成立形式は連辞関係であり、カテゴリーを構成しない。タの接続した語幹にも文成立形式が接続するので、平叙の場合は mi-ta-φ という構造となる。-ru に文法的に対応するのは -φ である。文法的役割を曖昧にしたままで意味面の議論しても、形式面の規則としての文法にならない。

　宮岡（2002）では、過去を表すタ～ダ（以下ではタと略記）を、文成立形式（用語は屈折接尾辞）に入れている。これならば平叙の -ru と比べられるので、その点では問題ない。宮岡説でタを文成立形式とする理由は、多分、タが接辞部分と文成立形式部分とに分割できないこと、文成立形式に平叙の異形態 -φ を認めないこと、などであろう。タを文成立形式と解釈するためには、タが文成立形式としての意味と役割を持っていることを確認しなければならない。つまりタは「表現態度を表しているか」また「文を完成させているか」である。

　第一は、他の文成立形式との意味的な共通性があるか否かである。タの意味は一般に「過去」とされているし、宮岡説でも「過去・完了」としている。しかし過去や完了は、発話時点より前に事態が実現しているという認識である。話し手の認識は伝えようとする主観情報の一部である。話し手の意図や要求という表現態度とは異なるものである。

　第二の問題は、文法的な役割である。学校文法で言えばタの終止形と連体形は同形であるが、文法的な役割では、主節の述語を完成させるか、体言に繋ぐか、という相違がある。1個の形式タが前後関係によって文を成立させたり連体修飾成分を構成したりしていては、文法的に文の定義ができない。渡辺（1971）の陳述と展叙

とを区別するためには、タを接辞として、文成立形式が接続した -ta-φ と体言を直接接続させる -ta とに分ければよい。

　現代の標準語だけで考えると、タを接辞とする根拠は、過去という話し手の認識という意味面ぐらいである。しかしやや古い表現では、推量は「食べたろう」であり、タには -oo という文成立形式が接続していたという事実がある。-ta- と -tar- とは環境による異形態の関係である。

　　　(21) tabe-ta-φ　　［食べ＋過去］＋平叙
　　　(22) tabe-tar-oo　［食べ＋過去］＋推量

上のように対比すると、タが接辞であり、それに文成立形式が接続していたことは明白である。現在でも地域によって(22)の類の推量表現があるので、その方言でタは接辞である。現代日本語という段階では接辞と考えた方がよいと考える。

3.4　否定のン

　上のタと同様のことが「書きません」のンにも言える。ンはこれ以上分割できないし、述語の末尾に現れる。否定のナイが客観情報か主観情報かについてはいろいろ述べられているが、それについては丹羽（2005）で述べた。しかしマスに接続したンについての論は少ない。ンは宮岡説でも取り上げられていないが、タを文成立形式とする考え方を徹底させれば、このンも同様の解釈をすることになるだろう。しかし「書きません」のンの意味は、文成立形式のナ「否定＋命令」やマイ「否定＋意志」のように、「否定＋話し手の意図」ではない。このンの否定は話し手の認識だけであるから、それを表すンは接辞と考えられる。

　敢えて文成立形式とするならば、ンの意味は「否定＋平叙」ということになるだろうが、仮にこれ認めると、今度は「食べない」などのナイと文法的に矛盾する。同じ否定を表すのに、(23) の -na- は接辞、(24) の -N は文成立形式ということになるからである。

　　　(23) [tabe-na]-i　　　［食べる＋否定］＋平叙
　　　(24) [tabe-mase]-N　［食べる＋丁寧］＋否定

　上の (23) と (24) を矛盾のないものにするためには、ンを接辞と認め、それに接続する文成立形式 -φ を認めればよい。前述のタとこのンを接辞と認めると、平叙は -ta-φ と -N-φ とになり、(25) ～ (28) のように、語幹部分［　］の接辞の連辞

関係もそれに接続した文成立形式も、一連の整然としたものになる。

		[食べる	丁寧	否定	過去]	平叙
(25)	食べない	[tabe		-na	]	-i
(26)	食べません	[tabe	-mase	-N	]	-φ
(27)	食べた	[tabe			-ta]	-φ
(28)	食べなかった	[tabe		-nakaQ	-ta]	-φ

　以上のように、筆者はタモンも接辞であると考えている。文成立形式と言えるものは、話し手の意図を表現して主文を完成させる形式だけである。

3.5　文成立形式と文法範疇
　文成立形式は、文の成立という役割の中で話し手の態度という意味を分担しているグループであり、その中の1個が語幹に接続する。範例関係のグループから1個選択という点で文法範疇と似たところがある。ここで文成立形式と文法範疇の選択肢との異同を見ておく。
　文法範疇は一定の文法機能を表す付属形式（選択肢）のグループである。比較的少数の選択肢が同一カテゴリーの文法的意味を分担していて、相互に排他的対立をなしている。A・B 2個からなる文法範疇であれば、Aを選択すれば反Bであり、Bは反Aである。両方とか、どちらでもないということはない。文法範疇を持つ印欧語では、個々の語は抽象的な辞書項目であり、定められた数の文法範疇の選択肢を備えることによって具体的な文成分に加工される。
　文法範疇を持つ言語の典型は印欧語である。ラテン語の動詞には人称 person・数 number・時制 tense・態 voice・法 mood の5種類の文法範疇があり、述語となる動詞はそれぞれから1個を選択する。人称には1.2.3人称があり、1人称であれば2・3人称ではなく、2人称であれば1・3人称ではない。単数か複数、能動態か受動態など、1方を選択すれば、他方は排除される。例えば ama-t（愛する）の -t は、3人称・単数・現在・能動態・直説法という選択肢の束を表し、ama-mus の -mus は、その1人称・複数である。語尾の融合した付属形式は、その5種類のセットを表している。名詞は性 gender で分類されているが、文成分になる場合には、その性と数 number・格 case という3種を融合した形式で表すことになっている。ただしこれは屈折語の語構成法であって、融合した付属形式と文法範疇の間に関係はない。これについては後に触れる。
　文法範疇は、必須要素で、比較的少数の範例的形式によって表され、選択肢の対

立関係が明白である、と要約される。日本語の文成立形式は、必須要素であり、範例関係の形式であるが、選択肢の数とそれらの対立関係が明白ではない。文成立形式がカテゴリーを構成すると解釈するためには、それぞれの形式が文の成立という分野で対立する意味を分担していなければならない。しかしグループに入る形式についての意見の一致がないし、カテゴリーの中での意味の対立関係も明らかではない。平叙と残り全部とが対立するのか、意志／否定意志、命令／禁止（否定命令）が対立するのか、意志／命令、否定意志／禁止が対立するのか、これらについての議論が十分にされていない。

　従来の日本語の文法では、文を成立させる形式群について論じられることが少なかったのではないか。文成立形式と文法範疇については、今後一層の議論が必要である。日本語で範例関係にある重要な付属形式は文成立形式だけであるから、この文成立形式について、形態論ではグループの定義とメンバーとなる形式の決定、構文論ではその文法的役割、意味論では意味分担とその対立関係などについてもっと論じられるべきである。

3.6　述語の構造

　日本語の動詞述語は、動詞の核部分（必須要素）、n 個の接辞（オプション要素）、文成立形式（必須要素）の連続した形式である。核部分と接辞で連辞的構造の語幹を構成し、文成立形式は範例関係のグループから1個が選択されるが、これは語形変化（屈折）の部分と言ってよい。

　以上を図示すると、次のようになる。

```
                                    ┌─文成立形式
［核部分＋接辞₁＋接辞₂＋接辞₃…］＋ ─文成立形式
                                    └─文成立形式

［必須］ ［0≦オプション≦n　］    ［必須1個］
［連辞的構造の語幹　　　　　］    ［範例関係］
```

　接辞は全てがオプション要素であるから、語幹の接辞ゼロから接辞 n までのどの段階でも未完成ではない。語幹部分は、接辞の数に関係なく、それぞれの接辞の段階で文成立形式を接続させられる完成した語幹である。

4　用言複合体

　述語は語幹と文成立形式という必須要素で構成されるが、その後に他の形式が接

続するものもある。亀井他（1996）の用語ではその全体を「用言複合体」とする。

4.1 用言複合体の構造

　述語は用言複合体の中心部分であるが、文成分として現れるのは、疑問文の「食べる＋か」のカのように、「述語＋他の語」という形式が多い。このカなど、学校文法で終助詞とされているグループなどを「後接語」とする。

　後接語は、述語本体の「語幹＋文成立形式」を構成する付属形式ではなく、別の付属語である。

　　（29）食べるか　tabe-ru ka　　食べる＋平叙　疑問
　　（30）食べるよ　tabe-ru jo　　食べる＋平叙　強調

上の -ru と ka や jo の間には「食べる＋だけ＋か」「食べる＋のだ＋よ」などのように、他の形式が現れ得るし、カやヨは文法的に異なる形式にも接続する。従ってカやヨは、述語本体とは別の語である。これらは用言複合体の一部ではあるが、述語の一部ではない。

　用言複合体の構造は、上のように「述語＋後接語」だけでなく、（31）～（33）のように複数の語によって構成されている複合体もある。これらよりさらに長いものも考えられる。

　　（31）食べさせて　いました　よ　　　　　　　　　　3語
　　（32）食べさせたく　なかった　の　です　か　　　　5語
　　（33）食べたがり　さえ　しなかった　よう　です　ね　6語

4.2 範例関係の後接語

　標準語の終助詞（後接語）は疑問や強調などの意味を付加する。しかし方言には文法範疇のように一定範囲の意味を分担している範例的な終助詞もある。三重県尾鷲市方言（男性1898年生）によれば以下のようである。

　　（34）あなたは一人で来たのか
　　　①　オマイ　ヒトリデ　キタンカイ
　　　②　イノ　　ヒトリデ　キタンカレ
　　　③　ワレ　　ヒトリデ　キタンカ

このイやレなどは待遇を表し、①が目上、②が同等、③が目下という段階になっている。目下の場合、子供などに対しては優しさをつけるためにヨをつけることが多い。当方言で聞き手に働きかける表現では、この3段階の1個を選択しなければならない。何も付けない表現は、待遇に中立ということではなく、最下位のφを選んだことになるから、下位の者に向けた表現となる。従ってこれらは、働きかけ文の文末に現れる必須の枠と、待遇という分野で意味分担している範例的な形式群であるから、文法範疇に準ずるグループとも言える。しかしイ・レ・φは語であり、語の用法によって文の待遇の段階を表している。これは一種のコードであって、文全体を限定する役割である。従ってその影響は、用言複合体の中だけではなく、上の(34)のように「あなた」に当るオマイ、イノ、ワレにも照応している。

終助詞イやそれに準ずる形式は東北地方から九州まで広く分布している。「誰だい」「そうかい」など、丁寧さや親しさを表す形式としてかつての東京方言にもあった。しかしこれらの地域のイは、文末に付加されるオプション要素であり、連辞的な形式である。日本語の連辞的構造という特徴から見れば、こちらのイの方が一般的な形式である。範例関係の形式によって待遇を文全体に照応させる方言は、尾鷲市方言など、限られた地域の特徴的な構造である。

用言複合体を構成する形式には、このような地域的なものや位相に関係したものもある。さらに上述のように多数の語の連続となっている形式もある。日本語の用言複合体をモデル化しようとすれば、大規模で複雑なモデルを準備しなければならないだろう。これは本稿の語構成という範囲を超えたものであるし、現在の筆者の力を超えたものでもある。

5 体言の場合

1形式1意味の形態素の連辞的構造であるという特徴は、体言についても言える部分がある。本節では、派生名詞の構造と名詞に関係する文法的な形式について概観する。

5.1 派生語の構造

用言複合体タベ+サセ+マス〈食べさせます〉のような、核と接辞の連辞的構造の形式は、体言の派生にも見られる。

(35) オ+カシ〈お菓子〉　　　　　　接辞+核
(36) ハナ+ヤ+サン+タチ〈花屋さん達〉　核+接辞+接辞+接辞

(35)の接辞は接頭辞である。現代語の接頭辞は、オヤゴの他に「ど真ん中」「ど根性」のド、「まっ白」「まっ黒」のマッ、「まん真中」「まん前」のマンなど、種類はそれほど多くない。

接頭辞は核の前に現れるが、接尾辞は核の後に一定の順序に現れて意味を追加する。ただし述語の派生接辞のように文法情報としての意味を表すものはない。日本語の名詞は、性 gender による分類がないし、語の段階で文構成に関係する付属形式が接続しないから、派生語であっても構文論的には孤立語のように無色である。従って形態論では、単純語／合成語、複合語／派生語など、全体の構成とそれぞれを構成する形態素の分類だけが問題となる。

5.2 格の表示

体言に関する構文的な文法機能は「格」case と「数」number である。日本語に数という文法概念はない。格の方は、文成分間の関係を表す概念であるから、どの言語でも基本的な文法概念である。格関係の表示方法は、大まかにまとめれば、語の順序（中国語など）、他の形式の接続（日本語など）、語形の変化（ラテン語などの屈折語）など言語のタイプによって異なる。

日本語の体言を文成分にするには、格助詞（後接語）を接続させ、文成分としての構文的役割を表示しなければならない。「派生語＋格助詞」という形式の格助詞が交替して格を表す姿は、下の（37）～（42）のように、述語の語構成と似ている。体言が語幹部分に相当し、格助詞が文成立形式に相当すると見るわけである。

```
(37) 食べさせられる    [tabe -sase -rare ]-u
(38) 食べさせられよ    [tabe -sase -rare ]-jo
(39) 食べさせられよう  [tabe -sase -rare ]-joo
                      [核 ＋接辞＋接辞]＋文成立形式

(40) 花屋さんが       [hana -ja  -saN ] ga
(41) 花屋さんに       [hana -ja  -saN ] ni
(42) 花屋さんを       [hana -ja  -saN ] o
                      [核 ＋接辞＋接辞]＋格助詞
```

しかし体言と格助詞の間には「花屋さん＋まで＋が」「花屋さん＋だけ＋に」などのように他の形式が入るので、格助詞は付属形式ではなく、別の語である。従って文成分としての（40）～（42）は2語からなる形式であり、用言に模して言えば

「体言複合体」ということになる。

　文成分全体として見れば、格助詞は名詞に後続するから、「風が」「風に」のガやニは、ラテン語 vent-us〈風が〉、vent-o〈風に〉の -us や -o と同じ役割である。しかし文法的には次のような相違がある。大きな相違だけを見ると、第一に、格助詞は上述のように付属語であるが、ラテン語の語尾は付属形式である。第二に、格助詞は格だけを表すが、ラテン語 vent-us の -us は、融合した形式で「男性名詞・単数・主格」という複数の意味を表す。第三に、日本語の主格は名詞の種類に関係なくガ1種類で表されるが、ラテン語には、vent-us（風が・男性・単数）・vent-i（同・複数）・port-a（門が・女性・単数）・port-ae（同・複数）など、語ごとに定まっている。ラテン語の格表示は1語の語形変化であるが、日本語では別の語の意味・用法であり、名詞には関わらないのである。

　ただし、上で見た付属語と付属形式との区別は絶対的ではない。標準的日本語の格助詞は付属語であるが、融合して付属形式のようになっている方言もある。三重県熊野市山間部の湯之谷地区では、「が」に当る形式はア～ヤ、「を」に当る形式はオ～ヨである。主に2拍名詞の場合、これらは名詞と融合した形となる。

　(43)　クツァ　アル　　　　　〈靴がある〉
　(44)　ウミャ　アレル　　　　〈海が荒れる〉
　(45)　オター　キコエル　　　〈音が聞こえる〉
　(46)　クツォ　トンニ　キタ　〈靴を取りにきた〉
　(47)　ウミョ　ミニ　イコラ　〈海を見に行こうよ〉
　(48)　オトー　キータ　　　　〈音を聞いた〉

現段階では、融合は2拍名詞の場合に多いし、「が」と「を」の場合に限られる。仮に全ての名詞と全ての格助詞との融合が進み、「海＋まで＋が」「靴＋など＋を」のように「名詞＋他の形式＋格助詞」などの構造がなくなれば、名詞と格助詞とが一語となり、格は付属形式によって表されることになる。ただしその場合でも、格だけを表す1形式1意味の形態素であるから、後に見るスワヒリ語のようなスロット型膠着語の接辞に近いものということになる。長い歴史を考えれば、格助詞も語尾も一時的な現象なのであろう。

5.3　名詞の分類

　名詞が文法的に分類される言語があり、主な文法範疇は「性」gender である。名詞の性は、言語のタイプによって、範例的な付属形式（融合的な語尾や膠着的な

接辞)や付属語(冠詞など)によって表される。

　名詞の性は文法上での分類であり、自然界の性 sex と一致するとは限らない。ラテン語では、人間に関する名詞で、pater〈父〉が男性、mater〈母〉が女性というように自然界と一致しているが、porta〈門〉が女性、ventus〈風〉が男性というように、無生物では完全に約束事になっている。ただし人間に関する語でも、ドイツ語の Mädchen〈少女〉などのように、接尾辞 -chen が接続しているという文法的理由によって中性となっている名詞もある。印欧語の性という分類は文法的な約束事と考えてよい。

　日本語の名詞には、ラテン語のような文法的な性はないが、意味的なグループに分類されているものがある。それを表すのが「類別詞」といわれる形式で、数詞に接続する語「1枚」「2本」「3冊」の「マイ・ホン・サツ」、箪笥の「一棹(ヒトサオ)」や刀の「一振(ヒトフリ)」など、漢語出自のものも和語のものもある。この類別詞は名詞の種類によって使い分けられるので、ドイツ語などの冠詞の役割に似ている。しかし日本語の名詞分類は、自然界の意味的な分類で、文法的なカテゴリーとしての約束事ではない。名詞がいくつに分けられ、類別詞が何種類あるのかも不明である。その上、類別詞は、必須の形式ではないし、語構成や文法機能に関係する文法的な役割は乏しい。

　バントゥ諸語では、名詞を単数と複数の合計で15～20種類ほどのグループに分けていて、分類基準は、人間、植物、抽象名詞、場所など自然界の意味を反映したものである(品川 2009)。それでもその分類と用法は約束事としての文法範疇をなしていて、文法的な役割を果しているとのことである。歴史的に見れば、日本語のような自然観に基く分類から、バントゥ諸語のような文法化を経て、統合・単純化されて、印欧語などのような文法範疇になったのであろう。

　上の類別詞は数詞と付属語の2語からなる形式である。言語学的な分類では、全体で1語の「類別数詞」という別の種類の形式がある。日本語「一人」「二人」のヒト＋リ・フタ＋リ、「三日」「四日」のミッ＋カ・ヨッ＋カなどは付属形式2個で1語の類別数詞となっている。しかしその種類が少ない上に、ヒトリ・フタリなどは全ての数に存在するわけではない。中には「一重・二重……九重・十重・二十重」のように、ヒトエ・フタエからトエ・ハタエまで、かなり生産性の高いものもあるが、現代日本語で類別数詞の文法的な役割は無視してよい。

　日本語の名詞にも分類はある。しかしそれは文法範疇の性のような文法的なものではなく、名詞の意味的な下位分類に過ぎない。それを表現する形式は範例関係になっているが、文法的なカテゴリーを表すものではない。

6　言語のタイプ

　動詞「食べ＋させ＋られ＋る」、名詞「花＋屋＋さん＋達」のように、日本語では接辞が不定数連続するので、語の型が一定ではない。本節では、この一定でないという特徴を言語のタイプとして見る。言語のタイプについての類型論的な学説史や用語などは次章品川氏の論考を参照されたい。

6.1　膠着語

　本稿冒頭で述べたように、日本語の形態素は、切れ目が明白であり、1形式1意味である。この点でラテン語など印欧語の1形式多意味の言語（屈折語）とは区別される。1形式1意味でも、中国語のようにそのまま語とする言語は「孤立語」である。日本語などのようにそれを連続させて語を構成する構造を「膠着的構造」といい、古典的な分類ではこのタイプの言語を「膠着語」agglutinative language としている。ただし膠着語というのは、語が1形式1意味の付属形式の連続であるという分類であって、その形態素が配列される規則についての分類ではない。形態素の配列、つまり語の構成方法については別の分類基準がある。

　語の構成法による基準とは、語構成に一定の枠組みがあるか否かという問題である。本稿で見たように、日本語の語を構成する接辞は、用言も体言も意味表現に必要なものだけが優先順位に従って接続する。亀井他（1996）では、日本語など「アルタイ型」言語の特徴を「語また要素（形態素）が一定の連辞関係に従って、一定の配列の中にそれぞれの位置をもち、それが文法機能を果している」とまとめている。日本語の動詞語幹や派生名詞は、オプション要素の接辞が現れるための一定の順序があるだけで、接辞の総数は不定である。従って用言も体言も語の形や長さが不定であり、語を一定の型として把握することはできない。述語の場合、接辞ゼロからn個まで、それぞれの接辞の接続した段階で語幹として完成しているから、それぞれの段階で派生語幹の変種の一覧表（学校文法での活用表）は作成できるが、派生語幹として使用できる形式の種類は膨大であり、ゼロからn個までの全ての形式の変種全部を一覧表（パラダイム）として列挙することはできない。アジア大陸の韓国朝鮮、満州、モンゴル、トルコなどの諸言語もこの型の膠着語である。

　同じ膠着的構造の言語でも、スワヒリ語やバントゥ語（9章品川氏の論文）のような異なったタイプの言語がある。これらの言語では、分節容易な1形式1意味の形態素を連続させる構造（膠着語）ではあるが、語全体の型が一定数の枠（スロット）の連続となっている。各枠には文法範疇が割り当てられていて、該当する接辞で満たされる。このような「スロット型」言語では、接辞の数は枠の数に一致する

ので、語全体の姿は一定である。語は一定数の要素の連続であり、枠は必須のものが多いので、日本語の「食べ＋る」のような、接辞ゼロの述語は原則としてない。1形式1意味の形態素による膠着的構造であるが、語の形に一定の枠組みがあるという点で、日本語と異なるタイプの言語である。

　スロット型言語の語には、一定数のスロットという枠組みがあるので、一定量の文法的情報が含まれている。しかし日本語のような非スロット型言語では、接辞がオプションであるから、接辞が接続すれば文法情報も1個増えるが、接続しなければその分だけ情報が少ない。ある述語で表示される情報が他の述語では無視されているから、述語に含まれる文法情報の量が一定ではない。

6.2　不定範疇言語

　類型論的に見ると、述語の形が一定でない、あるいは一定である、ということはどう説明されるか。峰岸（2000）は言語を「一定範疇言語」「不定範疇言語」「無範疇言語」に分類し、動詞や名詞などが一定数の文法範疇に関係する言語を一定範疇言語、一定でないものを不定範疇言語としている。この分類によると、日本語などアルタイ型の言語は不定範疇言語、スロット型言語のスワヒリ語や屈折語のラテン語などは一定範疇言語となる。

　一定範疇言語は、1個の語が一定数の文法範疇に関係している。3.5で述べたように、ラテン語の動詞の -t や -mus などは1個の融合した形で、法、態、時制、人称、数という5種の文法情報を表しているが、融合した形式によるのは屈折語というタイプの言語だからである。膠着的構造の言語では1形式1意味であるから、1種類の文法情報を表すのに1個の形式を必要とし、複数の文法機能を表すためには複数の形式が必要になる。スロット型言語の語は、語の種類ごとに定められた一定数のスロットごとに1個の文法範疇が当てられているので、合計すればスロットの数に一致する一定数の文法情報になる。従ってスロット型言語は膠着語であるが、ラテン語などの屈折語と同様の「一定範疇言語」である。

　ところが日本語は膠着語であり、文法情報を付加する接辞が全てオプション要素であり、それぞれの語の文法情報量が不定であるから、「不定範疇言語」という。接辞Aはカテゴリーの中で範例的に対立している1個ではない。従ってAの接続しない形は、対立する他の意味を表すということがないから、非Aであり、反Aではない。接辞 -sase- を接続させると、tabe-sase-ru〈食べさせる〉という使役表現になるが、単なる tabe-ru は、使役とは無関係の形式であり、その分だけ文法情報が少ない。情報量が不定数の接辞によって決まるから、不定範疇言語である。というより「範疇」という接辞による文法的なカテゴリーがないのである。

日本語には必須の文法的情報を表す文法範疇がないので、動詞述語の語幹部分や派生名詞は長さ不定の連辞的構造である。範例関係になっている付属形式は文成立形式だけである。これは、文法範疇とまでは言えないが、述語末という指定席のスロットで話し手の態度という必須の情報を意味分担して表している。この部分が日本語で唯一「語形変化」に相当する形式である。

7 まとめ

日本語は連辞的構造が基本であるから、用言複合体を構成する大部分は、連辞的形式の連続体であり、範例関係の形式は少ない。範例関係の付属形式で文法的役割を担っているのは文成立形式くらいである。文法的に語形変化する唯一の形式であるから、もっと論じられるべきであろう。体言の複合体では、格助詞が範例的形式であるが、格助詞は付属語である。格助詞の表す文法情報は語の使い方であって、文法的カテゴリーでの語形変化とは異なる。

引用文献

亀井孝他（1996）『言語学大辞典』第6巻術語編　三省堂
金田一春彦（1953）「不変化助動詞の本質　上・下」『国語国文』22-2、3
品川大輔（2009）「言語的多様性とアイデンティティ、エスニシティ、そしてナショナリティ」『アフリカのことばと社会　多言語状況に生きるということ』三元社
丹羽一彌（2005）『日本語動詞述語の構造』笠間書院
服部四郎（1950）「附属語と附属形式」『言語研究』15
林　四郎（1960）『基本文型の研究』明治図書出版
南不二男（1962）「文法」『方言学概説』武蔵野書院
南不二男（1964）「述語文の構造」『国語学研究』18（『日本の言語学3 文法Ⅰ』大修館）
宮岡伯人（2002）『「語」とはなにか　エスキモー語から日本語をみる』三省堂
峰岸真琴（2000）「類型論から見た文法理論」『言語研究』117
渡辺　実（1953）「叙述と陳述―述語分節の構造―」『国語学』13/14
渡辺　実（1971）『国語構文論』塙書房

2　日本語動詞構造の形態類型論的位置づけ

品　川　大　輔

はじめに

　本章の目的は、日本語のとりわけ述語構造を特徴づける性質としての膠着語性に関する、言語類型論における諸説を概観し整理することにある。第1節[*1]においては、形態論に焦点を当てた言語類型論研究の歴史的展開の概略、およびその基本概念を確認するとともに、膠着語にまつわる近年の議論をとりあげて、膠着語性に関する現代の類型論の理解を整理する。第2節では、日本語の形態統語論的特性を十分に反映させた形で提唱されてきた諸類型を概観し、その枠組みのもとで、同様に典型的な膠着タイプに分類されるスワヒリ語（ニジェール・コンゴ語族、バントゥ系）との対照をとおして、日本語の形態類型論上の基本的特質をまとめる。

1　形態類型論概観
1.1　伝統的な3類型と古典的類型論

　多様な言語を、歴史的な系統関係からではなく、その形式的特徴から分類するという試みは、語の内部構造を基準とした類型化、すなわち形態論的類型論（morphological typology、以下、形態類型論）として、19世紀初頭にはその端緒が認められる。ドイツのシュレーゲル兄弟による、接辞型（affixal）、屈折型（flectional）、そして「無構造」型（"no structure"）という類型は、現在においても、それぞれ膠着語（agglutinating language）、屈折語（inflectional language）、孤立語（isolating language）という名称の下に広く用いられている。これら3類型の基本的な定義は、少なくとも表面上は明快である（参照、Croft [2003: 46]）。

　(1) 膠着語
　　　単一の文法的機能を示す接辞が、ほぼ音形上の交替を見せずに（＝形態素境界を明瞭に保って）語幹に接合するタイプの言語。
　　屈折語
　　　（通常）複数の文法的機能が1つの形式に融合した接辞が、語幹と結び

　[*1]　形態類型論の概説（1.1-1.3）については、とりわけ Croft（2003）、ウェイリー（2006）を参照し、両書の見解に従ってまとめた。

つく際に顕著な音形上の交替を見せる（＝形態素境界が不明瞭な）タイプの言語。
孤立語
　接辞を用いない（＝語幹のみで語が成立する、あるいは語に内部構造を有さない）タイプの言語。

これらはあくまでも類型を規定するうえでの（理想化した）基準であって、いずれかのタイプに完全に合致する言語の存在を前提としたものではないが、この定義を十分に具現化している構造として、以下に (2) スワヒリ語（膠着語）、(3) ラテン語（屈折語）、(4) ヴェトナム語（孤立語）から具現例を引く[*2]。

(2) a　*Ni-li-soma*　　　　　　*ki-tabu　hi-cho.*
　　　 1・単$_{SM}$-過$_{TA}$-読む　　 7ク-本　その-7ク
　　　「私はその本を読んだ。」
　 b　*U-na-soma*　　　　　　*vi-tabu　hi-vyo.*
　　　 2・単$_{SM}$-現$_{TA}$-読む　　 8ク-本　その-8ク
　　　「あなたはそれらの本を読んでいる。」

(3) a　*Non　dubi-um　　　　est　　　　　　　quin*
　　　 否　疑い-中・単・主　である・3・単・現・直　関・否
　　　redeat.
　　　 戻る・3・単・現・接
　　　「彼が帰ってくることには疑いがない」
　 b　*Non　dubi-um　　　　erat　　　　　　　quin*
　　　 否　疑い-中・単・主　である・3・単・未完過・直　関・否
　　　rediret.
　　　 戻る・3・単・未完過・接
　　　「彼が帰ってくることには疑いがなかった」

Smith（1948: 210, 279）

(4) a　*Tôi　đã　　　　đi*
　　　 私　もう〜した　行く
　　　「私は行きました」

＊2　単：単数、過：過去、（数字＋）ク：名詞クラス（番号）、現：現在、否：否定詞、中：中性、主：主格、直：直説法、関：関係詞、未完過：未完了過去

b　*Chúng tôi　đều　là　　　sinh　viên*
　　複　　　私　〜は皆　〜だ　大学生
　「私たちは皆、大学生です」

富田（1988: 779）

　スワヒリ語（2a）*ni-li-soma* は、動詞語幹 *soma*（「読む」）に、機能対応が明確な *ni-*（主語一致接辞：1人称単数）、*li-*（時制接辞：過去）という接頭辞が規則的に接合し、かつそれらの接合境界は明瞭である（（2b）と比較）。一方、ラテン語（3）の *dubi-um* における接辞 *-um* は、「中性、単数、主格」という文法概念を、これ以上分析できない一形式として融合的に標示し、また英語の be 動詞に相当する（3a）*est* には、（主語の）人称、数、時制、法といった文法概念が、語幹形式と不可分な形で表現されている（（3b）*erat* と比較）。さらにヴェトナム語の例（4）では、一音節からなる各語は、基本的にそれ以上分割されない一形態素であり、文法概念の表示は、自立的な語（（4a）*đã* を参照）と語順に大きく依存することになる。

　また、これらに加え、屈折語の一類型として、語形変化が語幹内部で生じる内部融合（introflexive あるいは symbolic）型言語[*3] を認めることができる。さらに（広義の）膠着語の類型の中に、文法的な接辞のみならず複数の語彙的要素をも一語の中に包摂しうる（その結果一語によって一文に相当する意味内容を表示しうる）抱合語（incorporating language）といった形態類型が認められる。

1.2　「手法」と「総合度」

　1.1 で概観した3類型は、分類基準としての簡明さから現在においても広く継承されているものの、これに対する批判や誤解をなしとはしなかった（Haspelmath 2009、また Plank 1999 も参照）。古典的類型に対する本質的な批判は、まずサピア（1921）に見出される。サピアは、i）言語が形式的に表示する概念のタイプ、ii）形態論的手法（technique）、iii）総合（synthesis）の度合い、という3つの基準を設定することで、より精緻な類型分類を提案している。ここでその分類自体に言及

[*3]　典型例としてアラビア語（カイロ方言）。*kátab*「書く」の完了形は *katábt/katábt/katábti/kátab/kátabit*、未完了形は *ʕáktibi/tíktibi/tiktíbi/yíktib/tíktib* のように活用する（1・単／2・単・男／2・単・女／3・単・男／3・単・女）。つまり子音 k-t-b の内部にある母音が変容することで文法機能を示している。したがって、この動詞の語幹形式は、子音のみ（√ ktb）によって与えられることになる（参考 Mitchell 1962）。

することはしないが、古典的な3類型との関係で重要な指摘は、それら類型が形態法レベルの分類基準（ii）であるのか、語の集約性すなわち総合度のレベルの基準（iii）であるのかを混同してはならないという点である。例えば「孤立語」という名称は、接辞を用いないという「形態論的手法」を指すと解釈することも、語の中に含まれる形態素数がただ一つに限定される（すなわち語幹のみ）という語が含む「形態素量」を指すとも解釈しうる。また「屈折語」という名称も同様に、形態素境界で形式的な融合（fusion）が生じるという形態法を指すのか、語幹形式のうちに（範例的なカテゴリーをなす）文法範疇が不可分な形で表示されるという量的な側面（すなわち表示概念の複数性）を指すのかが曖昧になってはならない。

　こういった問題を踏まえてコムリー（1992: 48）は、前者に対して融合の指数（index of fusion）、後者に対して総合の指数（index of synthesis）という、論理的に独立した基準を立てたが、これは上述のサピアの類型論を踏襲したものである（同書［p. 57］）。この基準から導き出される分類は、次のようにまとめることができる（以下の図式はウェイリー［2006：132（図 8-1），136（図 8-2）］による）。

　(5) 融合の指数

| 膠着的 agglutinative | ·············· | 融合的 fusional |

サピアの形態論的手法の基準に含まれている「孤立」は、コムリーの融合の指数(5)のパラメータからは除外されている（融合の指数とは複数の形態素の結合の仕方を測る指標であり、孤立という形態論的手法はそもそもその対象にはなりえない）。また、1.1において3類型に加えて提示した内部融合型言語は、このパラメータでは融合型の一類型に位置づけられる（(1)の定義に示されている屈折語は、外部融合型 external flection の典型に位置付けられる）。また(5)では、上述した「屈折（(in) flection）」という術語の曖昧さを回避するため、構造上の類型に対して「融合」という用語が用いられている。

　これに対して、一語に含まれる形態素量の基準に基づいた指標が、総合の指数である。一方の極は、一語の含む形態素量が最少（すなわち1）となるタイプの孤立型言語、もう一方の極にあるのが、文相当の内容が一語に集約される複統合型（多総合型、polysynthetic）言語である。

(6) 総合の指数

| 孤立的 isolating |------------| 総合的 synthetic |

　総合の指数に関しては、抱合語について言及する必要があるだろう。コムリー（1992: 46-47）にも指摘があるように、抱合語はしばしば複統合語と同義的に用いられることがあるが、両者は区別すべき類型である。複統合語とは、(6) のスケールに位置づけられるタイプ、すなわち一語に文相当の内容を纏めこみうるという総合度の尺度における類型を指すものであり、複数の語幹を接合して単一の語形式を構成するという形態法を指す「抱合」とは、位置づけるべき指標が異なる。

1.3　現代の形態類型論

　現代の類型論研究の嚆矢をグリーンバーグ（J. Greenberg）に見る向きは多い（Croft［2003: 46-48］、ウェイリー［2006: 29］）。グリーンバーグの言語類型論と言えば、Greenberg（1963）に打ち出した 45 の、主に統語論レベルの含意的普遍性（implicational universal）の法則がまず挙げられる。一方、形態統語論に関しては、上述の手法上の指標や総合度の指標に文法関係（grammatical relation）の表示法を加えた計 10 個の数量的基準を設定し、それを 8 つのサンプル言語を対象に統計的に分析した研究（Greenberg 1957）が挙げられる。これによって、伝統的な 3 類型に代表される各言語タイプは、それぞれが截然と排他的に区切られる性質のものではなく、むしろ連続的なスケールの中で相対的に位置づけられるものであることが客観的に示された。

　類型間の連続性は、通時的な側面においても妥当する。すなわち、ある言語が任意の一時点において属する類型は、その言語の通時態において固定的であるとは限らない。このことは、変化の過程が資料面から明らかであるような言語の事例からも理解されるところである（類型変化の循環的性質に関しては、ディクソン［2001: 58］、ウェイリー［2006: 139-142］等を参照）*4。

　グリーンバーグが示した類型論研究の方向性について、もう 1 点付け加えるとし

---

*4　つまり、孤立から膠着、膠着から屈折、屈折から孤立という大まかな循環的変化の傾向性を指すが、同様のことは、サピアが既に、より慎重に述べている（Sapir 1921: 145）。ただ一方では、いわゆる接触言語（とくにピジン）においては、膠着型言語を基層としていても、孤立的／分析的な性質に向かう強い傾向が認められることがある。例えば Heine（1979）によるケニア・ピジン・スワヒリ語の例を参照。

たら、類型論における個別言語の扱い方に関するものである。しばしば古典的な類型論においては、ある言語が、それ全体としてひとつの類型に嵌め込まれるといった理解が認められた。これは、いかなる言語も言語はそれ自体として有機的な統一体として存在し、それぞれに固有の特徴を有するとする言語観（フンボルト的言語観 the Humboldtian view of language）を反映したもので、類型論の個別化アプローチ（individualizing approach、Greenberg 1974, Croft 2003: 49）、あるいは言語全体をひとつの類型のもとに位置付けるという意味で全体的類型論（holistic typology）と呼ばれる（ウェイリー［2006: 28］）。一方で現代の類型論においては、各言語を構成するさまざまな形態・統語論的構成領域（コンポーネント）[5]を分離し、そのそれぞれについて広範な言語を対照し類型化するという方法、すなわち一般化のアプローチ（generalizing approach）、あるいは言語体系内の特定の構成素構造に対象を絞るという意味での部分的類型論（partial typology）が主流である。この流れにおける近年の主要な研究成果として WALS（*The World Atlas of Language Structures,* Haspelmath et al. (eds.) 2005）を挙げることができるが、いずれにしても、ここまで概観してきた各類型は、「言語全体」を語るものではなく、第一義的には言語を構成する諸要素（の体系）に対して適用されるものであるという点を確認しておく必要があろう。

1.4 「膠着語仮説」の検討とそれが示唆するもの

すでに述べてきたとおり、(1) に示した定義を全く満たすような完全な孤立語や、また完全に純化した融合型言語といったものは、実在する特定の言語によって確認されるものではない（ウェイリー［2006: 132, 137-138］）。換言すれば、各類型の定義は分類上の理想モデルを示すものであって、あらゆる面でこれに完全に合致する言語の存在を前提としたものではない（コムリー［1992: 48］）。一般に孤立型の典型とされる中国語にも、接辞と解釈しうる機能形式は存在する。一方で、完全に純粋な融合型言語を想定すれば、例えば（任意の語彙形式の）屈折変化形それぞれが、互いに無関係な形式をとることを許容するような言語、ということになる。すなわちすべての活用変化形が補充法（suppletion）によって供給される言語とい

---

[5] The current concept of a linguistic type (§2.2) is a characteristic of what Greenberg (1974a) calls the generalizing approach to typological classification, that is, the classification of language - or more precisely elements of a language - by structural features of maximal generality (Croft 2003: 47-48). 動詞、名詞、形容詞等といった品詞レベルの領域区分、あるいは数、人称、時制といった文法的概念の表示法に関する領域区分、構文レベル領域区分等々さまざまなコンポーネントにおいて類型分類が可能である。

うことになり、人間の記憶の効率上からもそのような言語が現実的に存在しうるとは想定しづらい（参照　コムリー［1992: 50］）。

　ただ、このような意味での典型的な膠着語とはいかなるもので（あると考えられていて）、世界の諸言語にそのような言語はどの程度存在するのかといった問題について、Haspelmath（2009）は興味深いデータを提示しつつ論じている。同論文は、典型的な膠着型言語であれば有すると（通常）期待される相関関係を膠着語仮説（Agglutination Hypothesis）と呼び、次のように定義づけている。

　　(7) 膠着語仮説
　　　　a. 第一の予測
　　　　　　ある言語がひとつの形態論的な領域（例えば名詞、あるいは未来時制標示など）において膠着的であるならば、それ以外の領域においても同様に膠着的なパターンを示す。
　　　　b. 第二の予測
　　　　　　ある言語がコンポーネントの形態論的特性（以下参照）のうちのひとつにおいて膠着的であるならば、それ以外の特性においても同様に膠着的である。

また第二の予測において、コンポーネントの形態論的特性（component properties）として言及しているものは、次の3つの基準である。

　　(8)[*6]　a. 形態素対機能の1対1対応（separation）
　　　　　　b. 語幹の不変性（stem invariance）
　　　　　　c. 接辞の同形性（affix uniformity）

膠着型言語であれば、(8a–c)の基準[*7]が一貫して満たされることを予測するのが、(7b)に示した膠着語仮説第二の予測である。そのうえで、言語体系における任意の1つの形態論的領域（名詞句であれ動詞句であれその他の句であれ）において膠着語性が認められるならば、その他の領域においても一貫して同様の性質が認

---

　*6　b)、c)はいずれも「形態素境界の明瞭さ」に対応。
　*7　言うまでもなく、融合の指数において対極にある融合語は、これらの基準が満たされない、あるいはこれらの基準の反対（表示機能の累積 cumulation、語幹交替 stem alternation、接辞補充 affix suppletion）がよく満たされるタイプということになる。

められることを示唆するのが、膠着語仮説第一の予測である（7a）。したがって、例えば単一の形態素に対して単一の意味機能が付与される、すなわち（8a）が満たされる一方で、語幹や接辞の同形性が著しく低い、すなわち（8b-c）を満たさないという言語を、膠着語仮説は予測しないということになる。これら2つの予測、および（8）に示した形態論的特性は、言うなればこれまでの言語研究において暗黙裡に共有されてきた「典型的な膠着語」観を一般化したものと捉えて差し支えないだろう。

さて、30のサンプル言語を対象に各基準を数値化した定量的な調査の結果、同論文では膠着語仮説を支持するような結果は得られなかったと結論付けている（ibid: 27）。すなわち、実際の言語データと膠着語仮説が予測する傾向との間に、有意な対応関係は見出されなかったわけである。とりわけ第2の予測に関しては、（8b）については膠着語的であるのに（8c）の観点では融合的であるなど、3つの基準による膠着語性の度合が一貫しない言語のほうがより多く認められたのである（ibid: 24）。

サンプルデータの少なさや、統計値の相関係数が有意とは言えないデータも含まれることから断定的な結論は避けつつも、同論文は、明示的な形ではないにせよ一般に想定されがちな膠着語仮説の妥当性に疑義を呈している。ただしこのことは、類型としての「膠着語」そのものの存在意義を否定するものではない。むしろ、対象言語の詳細を記述することなく、（部分的であれ）ある形態論的な領域において膠着的であれば（8a-c）に示した特性が付随的に必ず認められるとするような早計に対して、警鐘を鳴らすものとして理解されるべきであろう[*8]。そしてこのような膠着語観は（古典的類型論の創始以来、膠着語の典型とされてきた）とりわけトルコ語[*9]の影響によってもたらされたと考えられるとし、そのようなヨーロッパ中心的視点（Eurocentric eyes）による素朴な一般化に注意を促しているのである[*10]。したがって、膠着語仮説に関する議論から理解されるべきは、わけても非ヨーロッパ諸語の記述をとおして、一般に膠着型として括られる言語の多様性を、

[*8]　ただし separation は、多くの膠着語に当てはまる (ibid.: 22)。一方で「表示機能の融合は、印欧語を除けば単に珍しい現象に過ぎない（Cumulation is a simply rare phenomenon outside of the Indo-European family）」

[*9]　...it could well be that the models of these two well-known languages have been so powerful that linguists have unconsciously tended to define *agglutinating* as "Turkish-like" and *fusional* as "Latin-like". In this way, various properties that happen to be combined in these languages would have become part of the typological prototype, although there is in fact no tendency for these features to cooccur in languages cross-linguistically [p. 23].

実証的に明らかにしていくことが肝要であるということである。すなわち、対象とする言語固有の内在的な規則を明らかにする形で、もしくは真に普遍的な視点から、各言語を記述していく必要があるということである（ibid: 27）。

2　日本語の形態類型論的位置づけ：スワヒリ語との対照をとおして
2.1　「接頭辞型」vs.「接尾辞型」

　第1章で見たとおり、日本語の述語構造は、膠着を主要な形態法とする連辞的原理に従った構造体と見做すことができる。そしてその構造体は、語彙的意味を担う語基（＝語幹の最小形式）を先頭に、より抽象的あるいは文法的な機能を担う接辞が後続することで構成される。つまり、日本語の述語構造に現れる接辞の圧倒的多数は接尾辞である。一方で、同様に典型的な膠着タイプに属するスワヒリ語は、統語論的に関係する名詞句との照応（concord）、また時制等の屈折要素の標示については、これを専ら接頭辞によって行う（1.1（2）を参照）。

　このような形態素配列上の差異、すなわち接頭辞型言語（prefixing languages）と接尾辞型言語（suffixing languages）という類型的区分ついては、サピア（1998: 202）に次のような言及が認められる。

> ある語幹要素を発音する前に、その形式的な資格を決定する言語――実際、これこそ、トリンギット語やチヌーク語やバントゥ語のような言語が習慣的に行っていることなのだ――と、語の具体的な核から始めて、この核の資格を次々と制限することで規定し、その都度、先行するすべての一般性を少しずつ切り詰めていく言語とのあいだには、かなり重要な心理的区別のあるように、わたしには思われる。前者の方法の精神には、何か図式的、建築的なところ（something diagrammatic or architectural）があるのに対し、後者はあと思案で刈りこんでいく方法（a method of pruning afterthoughts）だ。

以下では、「接頭辞型」対「接尾辞型」という構造類型を起点に、これまでに提唱されている日本語の形態統語論的な特質を反映した形での諸類型を整理していく。その際、日本語と形態法上は同じ類型に属するものの、統語論的な原理を反映した視点からはきわめて対照的であるスワヒリ語を対置して概観することで、日本語の類型論的特質を確認していく。

　＊10　"agglutination" is just one way of trying to capture the strangeness of non-European languages, which all look alike to Eurocentric eyes [p. 13].

2.2 「DCL」vs.「ICL」

峰岸（2002a, 2002b 等）は、「パラメトリックな形態類型論」として、文法機能（同論文の用語でいう「統語的特質 grammatical property, G」）の標示にかかる形態統語論的原理に従った類型区分を提唱している。次のような3分類である。

(9) i) 一定範疇言語（Definite Category Language, DCL）:
語または句において、パラメータとしての G そのものの数および G のとる値の数が一定である（すなわち範例的（paradigmatic）に決定される）言語。
ii) 不定範疇言語（Indefinite Category Language, ICL）:
G そのものの数および G のとる値の数が一意に定まっていない言語
iii) 無範疇言語（Non-Category Language, NCL）:
G がパラメータとして存在しない言語

峰岸（2002b: 112-113）

これら3類型のうち、はっきりと ICL であると断定できるのは日本語のみであるとしつつ、「朝鮮語は ICL である可能性が高く、東南アジア島嶼部の言語やチベット・ビルマ系の言語も ICL である可能性がある。パレオアジア諸語も検討の余地がある」と述べている（峰岸 2002b: 126-128）。また、「試論的」との断りとともに挙げられた分布図を参照すると、ユーラシアおよび北アフリカ（アフロ・アジア語族）の全域を DCL の分布域としている。同論文においては直接言及されていないが、(11) の定義に従えば、スワヒリ語は DCL に分類されることが明らかである。同論文に挙げられている日本語の不定範疇性を示す例と対照させて示せば、次のようになる。

(10) (a) コ　　　　　　　　　$NP=\{L, G_1=number（\emptyset）\}$
　　 (b) コ—ドモ　　　　　　$NP=\{L, G_1=number（ドモ）\}$
　　 (c) コ—ドモ—タチ　　　$NP=\{L, G_1=number（ドモ、タチ）\}$
　　 (d) コ—ドモ—タチ—ラ　$NP=\{L, G_1=number（ドモ、タチ、ラ）\}$
　　 (e) コ—ドモ—ラ　　　　$NP=\{L, G_1=number（ドモ、ラ）\}$
　　 (f) コ—ラ　　　　　　　$NP=\{L, G_1=number（ラ）\}$

峰岸（2002b: 119）

(11) *m-toto* 'child'　　　　　*wa-toto* 'children'

$$\begin{aligned}
\text{NP} &= \{L, G_1, G_2\} & \text{NP} &= \{L, G_1, G_2\} \\
&= \{L = (child) & &= \{L = (child) \\
&= G_1 = class(human) & &= G_1 = class(human) \\
&= G_2 = number(singular)\} & &= G_2 = number(plural)\}
\end{aligned}$$

日本語は、数（number）の文法機能に対応する文法的特質 G（ここでは複数）を表示する形式が一定しないのみならず、異なった複数の形式を並列することも可能であり、またその形式を省いたとしても、句全体としての適格性が損なわれることはない。よって、(9) の定義で言えば ICL の典型と言うことができる[*11]。一方のスワヒリ語においては、単数 *m-toto* に対する複数形は *wa-toto* であり、**_-toto* という形式は存在しない。このとき、前者における接頭辞 *m-* が「単数」、「人間クラス」の名詞であることを示す形式で、後者 *wa-* が「複数」、「人間クラス」を示す形式であり、これらを省いては、構造的に適格な（well-formed）アウトプットを得ることができない。また、G_1、G_2、ともにパラメータの数は決まっている[*12]。すなわち、(11) に示したスワヒリ語名詞句が DCL の原理に従っていることが確認される。以上より、ともに伝統的な形態類型論においては典型的な「膠着語」とされるスワヒリ語と日本語との間には、文法範疇の構成原理という点において、明確な差異が存することが理解される。

2.3 「スロット型」vs.「非スロット型」

ここで「DCL」対「ICL」という類型的区分は、宮岡（2002）に示されている「スロット型」対「非スロット型」という形態法レベルでの2類型と有意義な対応を見せることに注意したい。同書において示されているスロット型に関する説明は次のとおりである。

> 「（語の統合度の）上限が比較的明確な言語もあれば、必ずしもそうではない言語もある。（中略）前者のタイプの複統合語の記述には、しばしば「スロット（枠 slots）」（中略）がたてられる。そしてスロットの各々は、パラダイムをなす（派生・屈折）形態素集合から選ばれた一つの形態素で埋められることによって、語全体の形態素連続が定まってくる（中略）。「スロット型」言語は、

[*11] より一般的にいえば、日本語において数は文法範疇として機能していない、ということになる。

[*12] $G_1 = class$ は（単複の対応を欠くものを含め）9、$G_2 = number$ は単複（すなわち2）。

(連辞的というよりむしろ)範例的、したがって全体として(広義の)屈折語的だといえるかもしれない。」

宮岡(2002: 65-66)

すなわち、スロット型言語とは、原理的には標示すべき統語的特質の数が一定であるDCLと同等の類型であると見做すことができる。このことをスワヒリ語の例で確認する。

(12) 主辞―時辞―語幹―末尾辞
 a. *ni-li-nunu-a*   「私は買った」
 b. *＿-li-nunu-a*
 c. *ni-＿-nunu-a*
 d. *ni-li-nunu-＿*
  主辞―時辞―客辞―語幹―末尾辞
 e. *ni-li-ki-nunu-a* 「私は(それを)買った」
 f. *ni-li-＿-nunu-a kitabu hicho* 「私はその本を買った」

スワヒリ語の基本的な動詞構造は、{主辞(主語一致接頭辞)―時辞(時制等標示接頭辞)―語基―末尾辞(屈折接尾辞)} という形で一般化される。このとき、主辞、時辞、末尾辞のいずれの構造的位置においても、範例的に閉じた体系をなす形式群のうちのひとつを義務的に充填しなくてはならない(12b–d)。一方で、その標示が随意的であるような接辞枠も存在する((12e-f)における客辞)が、これにしても充填できる形式は唯一つに限定される。したがってスワヒリ語の動詞構造は、典型的なスロット型と見做すことができる。それに対する非スロット型とは、次のような類型を指す。

「承接関係の定まったスロットをたてることがそもそも不可能であり、実際上はともかく、理論上は、語に纏めこみうる形態素の数の上限を定めえない(にくい)言語もある。(中略) その意味で「非スロット型」といわざるをえない言語である。日本語も用言にかんしては、すぐれて非スロット型である。」

宮岡(2002: 66)

これはそのまま、標示すべき統語的特質が不定である言語、と換言することが可能であり、すなわち非スロット型という類型は、「パラメトリックな形態類型論」に

おける ICL に概ね対応することが理解される。

また宮岡（2002: 67）では、上述のサピアの引用（2.1）に触れながら、サピアの言う「接尾辞型」言語と「非スロット型」言語との間には構造上有意義な対応のあることに言及し[*13]、接合しうる形態素の上限を体系的に設定しえない非スロット型言語は、原理的に接尾辞型構造でなければ許容し得ない点を指摘している[*14]。そして、スロット型言語の範例的性質に対する、非スロット型言語の連辞的性質という点は、以下の「アルタイ型」という類型との連関において示唆的である。

2.4 「印欧型」vs.「アルタイ型」

形態法のレベルにおける語形成原理に基づいた「スロット型」対「非スロット型」という類型対立は、文法範疇の有限性に焦点を当てた「DCL」対「ICL」という類型対立の、典型的な形式的投影と見ることができるかもしれない。日本語が位置付けられるところの「非スロット型」、「ICL」という類型は、同時に河野（1989）による言語類型としての「アルタイ型」の典型ということにもなろう。

亀井他編著（1996: 291）によれば、アルタイ型という類型を特徴づける指標として、次の3点が挙げられている：すなわち、i）単肢型、ii）連辞性、iii）述語が文末位置を占め、且つそのための形式（終止形）を有する、という3項目である。このうち i）に関しては、構造的に主語の存在が必須ではないという統語論レベルの特徴であるとともに、孤立型である中国語など他類型にも該当する特徴であることから、ここでの議論においては本質的な問題ではない。したがって重要な点は、ii）と iii）ということになるが、両者は相互に連関する特性である。

まず iii）に関してとりわけ重要な点は、述語の構造的な位置の問題ではなく、「終止形」という活用形式そのものの存在である。この形式は、要するに連辞関係上に占める「位置」情報を表示する活用形であると換言しうる。言うまでもなく印欧型言語における活用は、主語の人称、数、あるいは時制といった、閉じた体系内において唯一的に決定される情報が反映された形式である。つまり、述語と共起する主語の、あるいは述語動詞自体の、範例的に規定されるプロパティーを表示する形式であって、これはアルタイ型における連辞的位置関係を示す「終止形」[*15]とは明確な対照をなす（ibid.: 1371r）。日本語を含む「アルタイ型の言語の特徴は「連

[*13] 「この心理的な区別は（接頭辞型 vs. 接尾辞型というよりも）スロット型言語と非スロット型言語の差を巧みに衝いている」[p. 67]

[*14] 「上の意味でのスロットは、語基の前後いずれにもありうるが、非スロット的な拡張は接尾辞型言語にしか考えられない」[p. 67]

辞性」にある（ibid.: 29*l*）」、というのは、まさにこの点を指しているわけである。一方で、すでに2.3（12）で示したとおり、スワヒリ語動詞の各スロットを充填する形式は、基本的に閉じたメンバーから唯一つ選択されるという形で決定されるから、この言語における統辞原理は、類型としての「印欧型」の典型に位置づけられているわけである（河野［1989: 1577*r*］）*16。

2.5 類型間対応のまとめ

以上提示した類型間の対応関係は、(13) のようにまとめることができよう。ただし、もとよりこれら類型がすべて1対1対応をなすということではなく、あくまでも各類型が示唆する論理的な連関を示したものである。

(13)
	日本語	接尾辞型	アルタイ（連辞）型	非スロット型	ICL
	スワヒリ語	接頭辞型	印欧（範例）型	スロット型	DCL

ここで改めて確認しておくべきは、日本語の、とりわけ述語構造における形態法上の膠着語性とともに、統語的特性の非範疇性ということになろう。ここにおいて、文字どおりの範疇性を備えた印欧語的な文法範疇の捉え方を、そのまま日本語の分析に導入しうるかという検討の妥当性が導き出される。一方で、ここで対照に用いたスワヒリ語は、統語的特性の表示という点において、日本語とは対照的に、範例的な原理にしたがったふるまいをみせる。しかしながらスワヒリ語と系統的に近しいその他のバントゥ系言語が、すべからく同様の厳格な範疇性を見せるわけではない。この点については第9章を参照されたい。

3 結

本章では、日本語を特徴付ける形態法上の特性である膠着語性にかかる諸説を概観し、さらに形態統語論的特性としての文法機能表示の非範疇性について、既に提

---

*15　あるいは、日本語においては、体言の前に「位置」することを示す「連体形（連体法）」や、従属節として主節の前に「位置」することを示す「連用形（中止法）」等も参照。

*16　ちなみに、亀井他編著（1996: 1372*r*）「用言複合体」には、動詞複合体を構成する言語の例として、日本語、エスキモー語と、それとは「類型を異にする」言語の例としてスワヒリ語が挙げられている。

唱されている類型を整理する形で確認した。これら日本語の類型論的特性は、典型的なヨーロッパ諸語（いわゆる SAE（Standard Average European））に見られるそれとは際立って対照的であり、それは外来の（とりわけ英語の分析をとおして洗練されていった）言語理論の適用妥当性に対して、十分な検討を要する原理的な差異であると見做しえよう。

このような類型論的な相違をことさらに強調することは、現代の言語研究が目指す言語普遍的原理の探求という方向性に対し、ともすると逆行的に映るかもしれない。しかしながら、1.4 に言及した Haspelmath（2009）が指摘するように、個別言語に内在する論理を、出来合いのタームではなく現象の説明に必要な固有のタームで記述する必要性は、言語普遍性の解明を目指す言語類型論者によって主張されているところのことである。そしてこのような言語研究のアプローチは、ディクソン（2001）などが提唱する「基礎言語理論（basic linguistic theory）」の名で広く認識されている。

Dryer（2006）は、言語基礎理論を言語一般の記述理論（descriptive theory）と位置づけたうえで、その特徴を、例えば次のように述べている；「言語基礎理論が旧来の伝統的文法（理論）と最もはっきりと異なるのは、ヨーロッパの言語を基礎にしたモデルに対象言語を嵌めこむのではなく、対象言語を（その言語の現象を適切に説明するための）固有の用語法で記述しようとする点においてである」[*17]（[p. 211]）。

本章での議論を踏まえるまでもなく、日本語研究が言語研究一般において有意義なプレゼンスを得るためには、まず対象となる言語事象を類型論的な基盤に適切に位置づける必要性があるはずである。そしてそのために必要なことは、既存の理論的枠組みにデータを押し込むことではなく、データから帰納的に析出され、かつ対象とする言語事象を合理的に説明するような言語内在的な論理を記述することであり、そのような記述分析の集積こそが、有意義な類型論的研究の前提になるはずである。

参考文献

ウェイリー、リンゼイ・J（2006）『言語類型論入門―言語の普遍性と多様性』、大堀壽夫・古賀裕章・山泉実（訳）、東京：岩波書店（Whaley, L. 1997. *Introduction to Typology: The Unity and Diversity of Language*. California: Sage Publications）

[*17] また現代の理論研究に対する同様の警鐘が、Dixon（2010）の随所に見られる（例えば pp. 182-184）

亀井孝・河野六郎・千野栄一（編著）(1996)「アルタイ型」pp. 28-29、「形態法の変化」pp. 342-345、「言語類型論」pp. 493-500、「用言複合体」pp. 1371-1373、『言語学大辞典第6巻【術語編】』、東京：三省堂

河野六郎（1989）「日本語の特質」、『言語学大辞典第2巻【世界言語編（中）】』、東京：三省堂、pp. 1574-1588

コムリー、バーナード（1992）『言語普遍性と言語類型論』、松本克己・山本秀樹（訳）、東京：ひつじ書房（Comrie, B. 1989. *Language Universals and Linguistic Typology*. 2nd ed. Chicago: University of Chicago Press）

サピア、エドワード（1998）『言語―ことばの研究序説―』、安藤貞雄（訳）、東京：岩波書店（Sapir, E. 1921. *Language: an introduction to the study of speech*. New York: Harcourt, Brace & World）

ディクソン、R. M. W.（2001）『言語の興亡』、大角翠（訳）、東京：岩波書店（Dixon, R. M. W. 1997. *The Rise and Fall of Languages*. Cambridge, UK: Cambridge University Press）

冨田健次（1988）「ヴェトナム語」、『言語学大辞典第1巻【世界言語編（上）】』、東京：三省堂、pp. 759-787

峰岸真琴（2002a）「類型分類の再検討」、『アジア・アフリカ言語文化研究63』、pp. 1-36、東京外国語大学アジア・アフリカ言語文化研究所

峰岸真琴（2002b）「形態類型論の形式モデル化」、『アジア・アフリカ言語文化研究64』、pp. 101-128、東京外国語大学アジア・アフリカ言語文化研究所

宮岡伯人（2002）『「語」とは何か―エスキモー語から日本語をみる―』、東京：三省堂

Croft, W. (2003) *Typology and Universals* (2nd edition), Cambridge, UK: Cambridge University Press.

Dixon, R. M. W. (2010) *Basic Linguistic Theory, Volume 1 Methodology,* Oxford, UK: Oxford University Press

Dryer, M. (2006) "Descriptive Theories, Explanatory Theories, and Basic Linguistic Theory", In: Ameka, F., Dench, A. and N. Evans 8eds.) *Catching Languages: Issues in Grammar Writing,* Berlin: Mouton de Gruyter, pp. 207-234

Greenberg, J. H. (1954, 1960) "A Quantitative Approach to the Morphological Typology of Language" In: *International journal of American linguistics,* Vol. 26 (3), Chicago: The University of Chicago Press. pp. 178-194

Greenberg, J. H. (1963) "Some universals of grammar with particular reference to the order of meaningful elements" In: J. H. Greenberg (ed.) *Universals of language*. Cambridge, Mass.: M.I.T. Press. pp. 58-90.

Greenberg, J. H. (1974) *Language typology: a historical and analytic overview.* The Hague: Mouton

Haspelmath, M. (2009) "An empirical test of the Agglutination Hypothesis" In: Scalise, Sergio & Magni, Elisabetta & Bisetto, Antonietta (eds.) *Universals of language today.* (Studies in Natural Language and Linguistic Theory, 76.) Dordrecht: Springer, 13–29.

Haspelmath, M., M. Dryer, D. Gil, and B. Comrie (eds.) (2005) *The World Atlas of Language Structures.* Oxford, UK.: Oxford University Press

Heine, B. (1979) "Some Linguistic Characteristics of African-based Pidgins" In: I. F. Hancock (ed.) *Readings in Creole Studies,* E-Story Scientia, pp. 89–98

Mitchell, T. F. (1962) *Colloquial Arabic (Teach Yourself Books)*, Kent: Hodder and Stoughton

Plank, F. (1999) "Split morphology: How agglutination and flexion mix". In *Linguistic Typology* Vol. 3, Mouton de Gruyter, pp. 279–340

Smith, F. K. (1948) *Latin: A complete course for beginners (Teach Yourself Books).* Hodder and Stoughton.

II
日本語の用言複合体

3　動詞述語語幹の構造

丹羽　一彌

はじめに

本稿では、動詞述語語幹を構成する形式について次のことを述べ、語幹のモデルを考える。

　　客観情報と主観情報の接辞では、文法的役割が異なる。
　　語幹の核に接辞が埋め込まれた「拡張核」という文法的単位がある。
　　接尾辞化した動詞の役割は、派生接辞と同じではない。

1　語幹と接辞

主節の動詞述語は「語幹」と「文成立形式」という必須要素からなる。本稿では語幹を構成する形式のみを取り上げ、文成立形式には触れない。

1.1　語幹・語基

語幹 stem の必須部分は動詞であり、その部分を「核」とする。語幹は核だけあるいはそれに接辞が接続して構成される。接辞で拡張された（2）のような語幹は「派生語幹」である。

　　(1) 書く　　　　[kak]-u　　　　［語幹（核だけ）］＋文成立形式
　　(2) 書かせる　　[kak-ase]-ru　　［派生語幹（核＋接辞）］＋文成立形式

動詞だけの kak- も、動詞＋接辞の kak-ase- も、文法的には等しく語幹である。語幹とは、形態素や語というような意味と結びついた単位ではなく、述語を構成する必須要素という文法的な役割を持つ単位である。なお核の位置には、(1)のような語基語幹だけではなく、[kaki-mas]-u〈書きます〉や [kaku]-na〈書くな〉のように、I 語幹や U 語幹が現れることもある。

接辞は 1 個の語幹内で複数接続できる。派生語幹は、接辞ごとの段階で文成立形式を接続させ、それぞれの段階で動詞述語を完成させることができる。学校文法の用語で言えば、段階ごとに活用表ができるということである。各段階の [　] 内が語幹である。

	動詞	動詞+使役	動詞+使役+受身
平叙	[kak]-u	[kak-ase]-ru	[kak-ase-rare]-ru
命令	[kak]-e	[kak-ase]-jo	[kak-ase-rare]-jo
意志	[kak]-oo	[kak-ase]-joo	[kak-ase-rare]-joo

本稿で語幹という場合は、上のような動詞または動詞+接辞からなる形式で、述語を完成させることもできるし、さらに語幹を拡張することもできる形式を指す。日本語は非スロット型の膠着語であり、語幹全体の型を決める一定の枠組みがないから、語幹の長さは一定でない。

語基 basis は、動詞の意味を表す部分を取り出したものである。これは辞書項目であって、語幹のような文法的単位ではない。しかし上の (1) のように、そのまま語幹としての役割を持つことがある。これを語基語幹とする。

語基と似たものに「語根」という用語もある。語根 root は語源的に関係のある形式から抽象した単位であって、印欧語の比較文法などでは有力であるが、日本語の文法に利用するのは難しい。本稿では語根という用語を利用して論ずる問題は扱わない。語根という用語を使おうとすれば、ak-u〈開く〉と ak-e-ru〈開ける〉の ak- や or-u〈折る〉と or-e-ru〈折れる〉の or- などが考えられるが、それらと -e- とで構成される動詞の自他の区別は個々の語ごとであり、文法として整理するのは困難である。また watas-u〈渡す〉と watar-u〈渡る〉から wata- を、ucus-u〈移す〉と ucur-u〈移る〉から ucu- を抽出しても、残る -s- や -r- という形が生産性の高い接辞とは言えない。現代日本語では、これらの接続した ak-、ake-、or-、ore-、watas-、watar- など全体を語基として辞書に登録することになるだろう。

1.2 接辞

第1章「日本語の連辞的語構成」で述べたように、接辞は2種類に分類され、客観情報を表す接辞が主観情報を表すものより核に近い位置に現れる。接辞をSとすると、語幹の構造は下のようにモデル化される。

[(核)-(客観情報 S_1-‥‥-S_n)-(主観情報 S_1-‥‥-S_n)]

2種類に分類されたそれぞれのグループの中で、接辞の出現順序に優先順位があり、派生語幹はその順序に従って構成される。主な接辞の出現順位は下のようである。方言によっては、アスペクトのトルや敬語関係その他で、この序列の中に位置付けられるいろいろな接辞がある。

客観情報：セル〜サセル（使役）、レル〜ラレル（受身）
主観情報：レル〜ラレル（尊敬・可能）、マス（丁寧）、タ（過去）

受身と尊敬のレル〜ラレルは、伝える情報の種類が異なるし、次節で見るように文法的役割も異なる。現代語では文法的に別種の接辞と言える。

2　受身（客観情報）と尊敬（主観情報）

受身と尊敬の接辞で構成された派生語幹は、形態的な構造も文法的な役割も異なる。そのためにその相違が文構成にも現れる。

2.1　語幹の構造

同じレル〜ラレルでも、受身は客観情報、尊敬は主観情報を表す接辞である。これらが派生語幹を構成すると、異なった構造の語幹になる。接辞1個だけの「見られる」ではどちらもmi-rare-ruであるが、これを上の述語モデルの中に位置付けると、(3)(4)のように、それぞれの接辞は客観情報と主観情報という別の（　）の中に現れている。

　(3)　受身　　　　mi-(rare)-(　)-ru
　(4)　尊敬・可能　mi-(　)-(rare)-ru

(3)と(4)の構造の相違は、テオルやテイルとの位置関係で見ると明白になる。これらを共起させると、受身・尊敬・可能では下の(5)〜(7)のようになる。このことから、両者は文法的に別種の接辞であることが分かる。

　(5)　受身　　見＋<u>られ</u>＋て　い　　＋る
　(6)　尊敬　　見　　＋て　おら＋<u>れ</u>＋る
　(7)　可能　　見　　＋て　い＋<u>られ</u>＋る

しかし基準となっているテオル・テイルは、「テ＋動詞」であって、1個の接辞ではない。そのために動詞述語という1語の中での形態的な相違とは言えないが、用言複合体として異なる構造の形式ということになる。

上の相違を西日本型方言の例で見ると、テオルやテイルに該当する形式はトルという1個の融合した接辞である。従って全体が1語の中での相違となる。トルと受身と尊敬では(8)と(9)のように異なった構造の語幹となる。本稿では岐阜県土

岐市や愛知県犬山市のトルを資料とするが、この地方のトルの意味は「実現した状態」を表すアスペクトであるから、以下では「実現」とする。

 (8) 受身 mi-(rare-tor)-(　)-u　〈見られている〉
 (9) 尊敬 mi-(　　tor)-(are)-ru　〈見ておられる〉

(8)の受身の -rare- と実現の -tor- はともに客観情報を表すが、-rare- の方が順位上位であるから前に現れ、「受身＋実現」という順序となる。(9)では、実現の -tor- が客観情報、尊敬の -are- は主観情報であるから、別の（　）に入り、「実現＋尊敬」の順序になっている。なおこの地方での「実現＋可能」は、mi-tor-e-ru という可能動詞の形式で表されるから、-are- が(9)の順序で接続した形式は尊敬に限定してよい。なお(9)の形式については次節の核拡張のところでも述べる。
 上のように受身と尊敬は別種の接辞であるから、作例でならば、1 語の中で共起させることもできる。(10)では、前の -rare- が受身、後の -are- が尊敬である。ただしこのような共起は、両者の間にトルを挟まないと実現できないし、直接接続させた「見ラレラレル」という連続はない。

 (10) [mi-rare-tor-are]-ru 見る＋受身＋実現＋尊敬＋平叙
   〈見られていらっしゃる〉

(10)を標準語に直訳的に置き換えると、(5)と(6)を連続させた「見られて＋おられる」という 2 語からなる複合体となる。しかし標準語でのこのような表現は不自然な気がする。
 この受身と尊敬・可能との相違について、注目すべきは Bernard Bloch の見解である。ブロックは、日本語の派生動詞についての論文(1946)の注で、レル～ラレルによる尊敬の派生動詞について次のように述べている（林監訳 1975 p.103）。
  これは受動動詞の用法としてではなく可能動詞の用法としてみなすほうが意味
  的に正しいかもしれない
ブロックは、既に 1946 年という時期に、受身と尊敬の接辞が別種のものであるという見解を持っていた。ブロックがそう考えた根拠をどこかに書いているかもしれないが、残念ながら未見である。

2.2　文成立形式との関係

 語幹の構造や文法機能が異なれば、接続する文成立形式に関係するので、述語全

体の構造にも相違が出てくる。

　文成立形式は、どれもが全ての語幹に接続できるというわけではない。特に命令の -e〜-jo は、客観情報の接辞による動詞型の派生語幹にしか接続しない。学校文法で助動詞とされる形式で命令形のあるのは使役と受身（ともに客観情報）だけである。受身や使役の派生語幹は、形態的に見れば動詞型の語幹であり、意味的には客観的な行為や変化を表している。動詞と同様の客観的な事柄については、話し手も命令することができる。

　同じレル〜ラレルであっても、尊敬の接辞の表すのは、主語に対する話し手の評価という主観情報であり、話し手の責任で付加する自分の判断である。自分の判断を含む情報を命令の形にするのは不自然である。「お手を上げられい」のように、古い時代には尊敬の命令もあったが、現代語での通常の用法では、尊敬と命令とは意味的に両立しない。このことは、尊敬だけではなく、他の主観情報の接辞でも同様である。助動詞とされる形式で、使役と受身以外のものに命令形がないのは以上のような理由による。

　ただし主観情報の接辞であっても、マスには命令形がある。これはマスが特殊な接辞でからである。マスは、語構成の面では主観情報の接辞であるが、情報についての判断や心情を表すのではなく、丁寧さという情報の伝え方、話し手の姿勢を表す形式である。従って現代では、丁寧さと命令という態度とが矛盾するから、「いらっしゃいませ」などの残存形だけで、マスの命令形はないに等しい。マスの役割については第4章「丁寧表現の構造と変化」で述べるが、丁寧さが接辞で表されること自体が、標準語という言語の特殊な点である。

　現代語では、一部の固定した残存形を除けば、主観情報の派生語幹には命令の文成立形式が接続しない。

2.3　述語と文成分

　客観情報とは伝達される事柄を形作っている部分である。従って客観情報の接辞が接続すると、動詞を取り替えることと同じことになるから、述語によって伝達される内容が変更され、文法的な役割も変更される。この役割の変更を述語以外の文成分との関係から見る。

　亀井他（1996）の用語に従えば、日本語は「単肢言語」であり、印欧語のように主語は必須のものではない。文の必須要素は述語だけであり、他に必須のスロットは存在しない。主格について明確にする必要があれば、格助詞ガによる文成分が出現する。同様に他の文成分も述語の要請に応じて現れる。

　動詞が「立つ」「歩く」などであれば、必要とする文成分は主語だけまたはゼロ

である。行為の対象を必要とする「襲う」「殺す」などであれば、その対象となる文成分が現れるし、「教える」「与える」などのように、「誰に」「何を」という文成分を必要とする動詞もある。このような論理的に必須のものばかりではなく、「行く」の場合の「どこから」「どこへ」あるいは移動の手段など、意味をはっきりさせるために出現する文成分もある。このように、必須あるいは表現に必要な文成分は、動詞の種類によって決まる。客観情報の接辞の接続は、新しい動詞としての派生語幹を構成するから、その語幹の要請によって文成分が変ることもある。

　そこで客観情報の受身と主観情報の尊敬の派生動詞を比べ、文成分に関わる役割の相違を確認する。受身の接辞によって文法情報が付加されると、そのための文成分が必要になる。「Aが見る」から「Aが見られる」となることによって、主語Aは受動者 patient になるので、新たに動作主 agent を表す文成分が要求される。受身の文は、接辞、受動者、動作主がセットになった表現であるから、受身文であれば当然動作主が存在する。「Aはいつも笑われている」のように、動作主が顕在していない文においても、文法的な構造としては潜在している。主観情報の接辞は、伝達される事柄についての話し手の判断であるから、伝達される事柄には変更がない。「Aが見る」が尊敬「Aが見られる」になっても、Aに対する話し手の評価が加わるだけで、客観的な事柄としては同じ「Aが見る」であり、新たな文成分が要求されることはない。受身文では受動者と動作主の文成分が必要となるが、尊敬の場合の文成分は非尊敬の文と同じである。受身の場合、述語が受身であるから受動者と動作者が必要となるのであり、動作主の文成分が現れるのは、受身の派生動詞の要請によるものである。

　北原（1970）は、受身と尊敬・可能との相違を構文論的な基準によって説明している。ただしこの論文は、主語を含めた文成分と述語との関係全般を見渡した大規模なものであり、単に受身と尊敬の相違だけを論じたものではない。受身などに関係する部分では、1種類の接辞レル〜ラレルが文成分との関係で受身と尊敬などの異なった意味となって現れるとし、受身を「被格の統叙を述語に具備せしめる場合」、尊敬などを「被格の統叙を述語に具備せしめない場合」と定義している。「被格」は本稿での用語では動作主 agent の文成分である。

　北原説は難解で、筆者の手に余るところが多い。受身と尊敬の相違に関してだけを見ると、本稿も同じことを述べているように見えるが、筆者の理解では、原因と結果の関係が逆ではないかと思われる。北原説では、文成分を基準とし、それによってレル〜ラレルを受身と尊敬とに区別できるとしている。しかし私見では、述語の相違によってそれぞれの文成分が必要となるのである。レル〜ラレルの正体を判断するのに、被格の統叙を具備せしめるか否かを基準とすれば、今度は被格の統叙

を具備せしめる理由を説明しなければならない。被格は受身という接辞や派生動詞の要請によって現れているのであるから、それを根拠としてレル〜ラレルを受身とすることには問題がある。

北原（1969）では、受身と尊敬のレル〜ラレルとテイル相互の位置についても、主格との関係によっている。これも難解であるが、受身と尊敬になるのは「構文上の相違に由来していると解釈できる」としていて、構文論で説明している。しかし受身と尊敬の接辞は別物であり、それらが形態論の段階で役割の異なる述語を構成するから、その結果として構文的な相違ができるとした方が、日本語の構造に合った説明ではないか。文成分からでも受身と尊敬の相違について説明できるかもしれない。しかし筆者は、日本語のような、述語だけが必須要素である単肢言語では、述語の形態論レベルの相違による要請が構文論的な相違となって現れていると考えた方が合理的と思う。

以上のように、接辞を客観情報と主観情報という基準で分類し、それを基準とすれば、受身と尊敬のレル〜ラレルが別種の接辞であること、それらによる派生動詞の構造の相違、文構成における文法的な相違を説明することができる。

3　核の拡張

一般の派生語幹で使役と受身の接辞が共起した場合、出現順位に従って「使役＋受身」の順序で現れる。しかし逆の「受身＋使役」という順序の形式もある。本節では「拡張核」という文法的単位を設定し、この逆の連続の派生語幹及びその核部分の構造をモデル化する。

3.1　受身＋使役という形式

通常とは逆の「受身＋使役」という形式は、既に山田文法でも触れられているとのことであるが、古典文法にまでは遡らない。現代語では、金田一（1982）に「打たれさせる」「打たれさせなかった」などの例が紹介されているが、この構造についての文法的な論はない。佐伯（1983、1989）は「監督が女優をして男優に抱かれさせる」という例をあげて、この問題を論じている。同様の場面なら「斬られさせる」や「轢かれさせる」なども考えられるから、「受身＋使役」という形式が例外的なものというわけではない。通常の「抱か＋せ＋られる」と逆の「抱か＋れ＋させる」では、構造や役割にどのような相違があるだろうか。

使役と受身の接辞に関して、逆の順序の形式をテーマとした論考は佐伯氏の２点以外に見当たらないようである。ここでは詳しく述べられている（1989）の方を参照する。佐伯説では、この順序の構造を「受動使役態」と命名し、この表現が成立

する条件を「主文」と「補文」という用語によって説明している。要点をまとめると次の2点となる。

① 主文の格成分については「優位者が劣位者に（～せる）」の意味的条件を充たす必要がある。
② 主文には「有生者が有生者を他動詞」を補文とする受動態が使役態の補文として埋め込まれる。

問題が「受身＋使役」という順序の形式に関してだけなら、筆者の考えもこれに近い。佐伯説は細部に及んでいるので、「抱かれさせる」「斬られさせる」など、この順序の形式についての意味的な説明は詳しい。しかし文法は意味表現の規則ではなく、形式面の規則である。派生語幹の構造という形態論の視野で見ると、この形式を「受動使役態」とすることに賛成できない。

まずカテゴリーの問題がある。「態」という文法的な用語を使用しているが、それについての説明がない。この連続を受動使役態と命名する以上、受動使役態とそれ以外の態からなる文法カテゴリーの存在が前提となる。ところがそのカテゴリーの定義も受動使役態と他の態との意味分担も説明されていない。この形式に「受動使役態」という文法的な用語を当てた意図が不明である。ただ通常の順序の「使役＋受身」の形式に触れて「態として見れば使役受動態である」としているので、単に接辞の順序を並べただけかもしれない。

次は連辞的な枠組みの問題である。一般には「使役＋受身」は2個の文法的単位と考えられているが、佐伯説では「受動＋使役」を1個の単位として認めている。しかしその理由とその単位の述語構造の中での形態的位置付けがされていない。つまり述語の連辞的な語構成の一事象として一般化されていないのである。2個の形式が逆の順序で現れるのは「受動＋使役」の連続だけではない。使役や受身の接辞と接尾辞化した「～続ける」などが連続した場合でも、「抱かせ続ける」「抱き続けさせる」など逆の順序の形式が見られる。個別に「受身＋使役」の場合だけを取り上げて意味の面から論ずると、語構成の一般規則とならない。文法である以上、類似する構造を同一原理で説明する必要がある。

3.2 拡張核

通常と逆の順序の構造を考えるために、「受身＋使役」を例にして、語幹とその核部分の構造について整理する。

(11) AがBに抱かれる　　　　［dak　　-are］-ru
(12) AがBに抱かせられる　　［dak-ase-rare］-ru（Xを抱かせる）
(13) AがBに抱かれさせる　　［dak-are-sase］-ru（Xに抱かれる）

　(11) は -are- による受身の派生動詞である。(12) は通常の順序の形式であり、核となる kak- に -ase- を接続させて使役の語幹に拡張し、さらにそれを -rare- によって受身の語幹に拡張したものである。この (11) と (12) は受身の派生語幹であり、これらの受身表現の受動者は主語Aである。ところが (13) は -sase- による使役の派生語幹であるから、(12) と (13) では文法的に異なる語幹である。この相違を受身の受動者に着目して確認する。(11)～(13) における受身の接辞とその受動者を線で囲むと、(11')～(13') のようになる。

(11') 　Aが　［BがAを抱く］　られる
(12') 　Aが　［Bが［AがXを抱く］させる］　られる
(13') 　Aが　［Bが　［XがBを抱く］　られる］　させる

　(13) で受身に関係するのは、(13') のように、埋め込まれた部分であり、その受動者はBである。Bに関係する埋め込み部分の受身は、文の主語Aについての述語を直接構成する要素ではない。
　使役は出現順位1位の接辞である。(13) では、下位の受身の接辞が語基と結合して1単位の dak-are- となり、その連続体が核部分となって、-sase- の前に現れ、全体で使役の派生語幹を構成した。このように動詞と接辞が結合して、核相当の文法的単位となった形式を「拡張核」とする。拡張核という概念を設定することによって、(13) の語幹を直接構成する接辞は -sase- だけであり、受身を含む -are-sase- ではないことが説明できる。

　　　［［dak-are］-sase］-ru　　　［［拡張核］＋接辞］＋文成立形式

　佐伯 (1989) の「主文」「補文」という考え方は、上の (13') と同じことを言っていると思う。しかし (12) と (13) の構造の相違は、派生語幹を構成する接辞の順序ではなく、核という文法的単位の構成の問題である。(12) の語幹は核 dak- に2個の接辞を付加した拡張された語幹（派生語幹）であるが、(13) では、核自体が［dak-are］- という「拡張された核」になっている。接辞による同じような拡張でも、語幹を拡張させた「派生語幹」と核を拡張させた「拡張核」とでは、個々の

接辞の役割も全体の構造も異なる。

　連辞的語構成では下位形式が連なって上位形式を構成するが、同レベルの要素の連続だけではなく、複数の形態素が結合して１単位となった要素と単独の形態素からなる要素とが混ざった重層的な構造もある。(13)のような「受身＋使役」という形式は、拡張核と派生接辞の［dak-are］-sase-という２個の要素に跨った構造から部分的に取り出した形態素連続であって、文法的な分析に従って分節された形式ではない。そのような連続体を文法的単位として捉え、「受動使役態」などの特別な概念を与えても、述語の構造は説明できない。

　以上のように、語幹の一部を取り出せば、通常の順序に従わない接辞連続も見られる。しかし拡張した核を１個の文法的単位として認めれば、これも「核＋接辞」という原則に従った派生語幹であることが分かる。このような構造は受動と使役の場合だけではない。従って「拡張核」を述語構成の一つの文法的単位として捉え、上の「受身＋使役」という連続もそのような一般的な構造の現れの一つとして説明すべきである。

　拡張核やそれに似た形式を構成するのは、核となる動詞と同等の形式、つまり客観情報を表す接辞である。それは、受身のレル～ラレル、後述の「続ける」「始める」など動詞から接尾辞化した形式、それに西日本型方言のトルくらいである。主観情報を表す尊敬のレル～ラレルや丁寧のマスなどは、核部分に埋め込めない。また使役セル～サセルは、客観情報を表す接辞であるが、出現順位が１位であり、核（拡張核を含む）の直後に現れる。そのために上位の接辞と順序を逆にして拡張核を構成する必要はない。

　拡張核「語基＋受身」がセル～サセルの派生動詞となる場合、その核部分はセル～サセルの限定を受ける。佐伯（1989）に従えば、優位者の意志の下で「誰かに何かをさせる」意味的条件を充たさなければならないので、「雨に降られる」などを拡張核として埋め込むのは、「その迷惑を受け入れるように指示命令することは困難」であるから「文法的ではあっても意味的に成立困難」とされている（p185）。ただし筆者の内省では、セル～サセルが「放任」を表す場合なら、「降られさせておく」などの表現は容認できる。このことから、核の拡張は、「使役」という意味に関する規則ではなく、セル～サセルという形式の用法についての規則であることが分かる。文法は形式についての規則なのである。

3.3　トルによる拡の張核

　核の拡張に似た形式は、西日本型方言でアスペクトを表すトルと使役や受身との共起にも見られる。ここも例文は岐阜県土岐市の方言である。

トルは、「実現した状態」という客観情報を表しているが、2.1で見たように、受身よりも順位が下位である。しかし客観情報を表すから、主観情報である尊敬の接辞よりは前に現れる。

  （14）［mi-rare-tor ］-u 〈見られている〉 受身
  （15）［mi -tor-are］-ru 〈見ておられる〉 尊敬

出現順位通りの構造であれば、上の（15）の -are- は尊敬であるが、受身と解される場面を想定することもできる。mi-tor- という拡張核が構成され、それに -are- が接続し、全体で受身の派生動詞となっている場合である。
 通常の受身の派生動詞と拡張核の場合の構造を比べると、（16）と（17）のようである。これらを［Aが［BがAを見る］られる］という意味構造に当てはめ、実現アスペクトが関係する部分を見ると、（16'）（17'）のようになる。線で囲んだ部分がトルによって限定されている部分である。

  （16） AがBに見ラレトル ［［mi ］-rare-tor］-u 受身
  （17） AがBに見トラレル ［［mi-tor］-are ］-ru 受身
  （16'） Aが［BがAを 見る られる
  （17'） Aが［BがAを 見る ］られる

（16）の［mi］-rare-tor- のトルは、「見られ」という派生語幹を実現アスペクトで限定しているので、主語Aの述語を順位通りに構成する接辞である。それに対して（17）の［mi-tor］-are- のトルは、「Bが見る」行為のアスペクトだけを表していて、主語Aを説明する述語を直接構成する接辞ではない。これも一種の拡張核と言える。ただしこの形式面については後にも触れる。
 上の（16'）（17'）のように構造が異なると、意味も異なってくる。（16'）はAが「見られる」状態のアスペクト表現である。トルは発話時点において実現していることを表すから、過去のある時点で既に「見られる」状態が実現している場合と、発話時点で「見られる」状態が実現している場合を表す。従って「3年前に一度見ラレトル」「今見ラレトル」などの意味を表し得る。しかし（17'）の方は「Bが見る＋実現」を核とした受身の派生語幹であるから、見ることが実現している受身、つまり発話時点で今「見つめられている」場合だけを表している。過去に実現したこととして述べるためには、タを接続させて「3年前に一度見トラレタ」としなければならない。

トルによる核の拡張はトルと使役の接辞の場合にもある。上の受身に準じて考えれば、(18)のトルはAの見サセルという行為のアスペクトであるが、(19)のトルはBの見ル行為のアスペクトである。意味の相違は受身の場合と同様である。

(18) AがBに［見　　　］＋サセ＋トル
(19) AがBに［見＋トラ］＋セル

以上のように、トルも通常の順序で接続すれば主語Aを説明する接辞、逆の順序の場合はBの説明として拡張核を構成している。従って前の(12)などの使役に前節する［動詞＋受身］と(19)の［動詞＋トル］という構造は、原則として同じ構造の拡張核と考えてよい。しかし両者の間には相違もある。レル〜ラレルは、受身という意味とそれに伴う文法情報を付加して情報全体を変更する派生接辞であるから、複数個現れない。下の(20)は複雑な場面を想定すれば成立する形式かもしれないが、実際には使われないであろう。トルは、前接形式のアスペクトを表すが、辞書的意味を付加しない、つまり情報を変えないので、拡張核と派生語幹両方に出現した(21)のような形式も考えられる。ただし(21)で表される場面を話者に説明すればOKを出してはくれるが、実際の資料を整理してみると、使われているのは、「核＋トル＋文成立形式」という通常の順序の単純な形式ばかりである。

(20) 抱かれさせられる　［dak-are]-sase-rare-ru
(21) 抱いとらせとる　　［dai -tor]-ase -tor -u

3.4 拡張核に似た構造

拡張核に似た構造は、動詞が接尾辞化した「続ける」「始める」などが接続する語幹にも現れる。これらが使役などの接辞と共起する場合、相互の位置を入れ替えることによって意味を変えるので、核拡張に似た構造である[*1]。

(22) AがBに抱かせ続ける　　［dak-ase-cuzuke]-ru
(23) AがBに抱き続けさせる　［daki-cuzuke-sase]-ru

(22)の「続ける」はAの行為「抱かせる」を限定しているが、(23)はBの行為

[*1] 筆者の形態論では、-cuzuke- に前接する -ase- などの語幹（連用形）には語幹形成辞の -φ が接続するが、簡略化のために省略する。以下でも同じである。

「抱く」を限定している。「続ける」は、アスペクト的意味を表し、-sase-と順序を入れ替えて核拡張に似た形式を構成するので、トルと同様の役割を果していると思われる。しかし接尾辞化した動詞は、動詞としての辞書的意味によってアスペクトを表しているのであり、一般的に実現アスペクトを表すトルと同程度に接尾辞化しているかどうかは疑問である。接尾辞化した動詞については次節で述べる。

4 接尾辞化した動詞

　本節では、「動詞＋動詞」という構造で、「抱き続ける」のように後部分が接尾辞化している形式の文法的特徴を考える。

4.1 複合動詞後部分との異同

　最初に接尾辞化した動詞による「抱き続ける」と複合動詞「抱き起す」との相違を見ておきたい。下の（24）〜（27）のように、「抱き続ける」と「抱き起す」の語幹は構造が異なる。この両者と受身の接辞を共起させた場合、「抱き続ける」は逆の順序の形式が成立するが、複合動詞には逆の順序にした形式はない。（27）は非文法的な形式である。

　　（24）抱き続ける＋受身　　daki-cuzuke-rare-ru
　　（25）逆の順序　　　　　　dak-are-cuzuke-ru
　　（26）抱き起す＋受身　　　daki-okos-are-ru
　　（27）逆の順序　　　　　　×dak-are-okos-u

複合動詞の核部分は接辞によって分割されない。核部分は2個の動詞で1単位となり、単純動詞の「抱く」や「起す」などと同じ役割を果している。（24）「抱き続ける」は、接尾辞化した形式が受身の前に現れているので、複合動詞「抱き起す」と同じ役割を果しているのかもしれない。しかし（25）のように、接尾辞化した動詞の場合は受身の接辞によって分断され得ることから、常に2語で核を構成しているのではないことが分かる。

　この点については、接尾辞化した動詞と複合動詞後部分が同一の形式である場合を見ると分かりやすい。「出す」は接尾辞化すると「し始める」という意味で使われる。そこで「追い出す」という同じ形式で見ると、ダスが「し始める」という接尾辞化した場合は「追う」とダスの間に-are-が現れ得るが、複合動詞としての「追って外に出す」という場合には分断されない。形の上では同じダスでも、文法的、意味的には、既に別の形式になっている。

(28) 追い出す（追い始める）＋受身　oi-das-are-ru
(29) 逆の順序　　　　　　　　　　ow-are-das-u
(30) 追い出す（追って出す）＋受身　oi-das-are-ru
(31) 逆の順序　　　　　　　　　　×ow-are-das-u

　接尾辞化した「続ける」「始める」などの接続した形式は、(24)(28)のように「動詞＋動詞」という点で複合動詞と共通する部分もあるが、他の接辞によってそれが分割されるので、異なる種類の形式と見てよい。

4.2　派生接辞との異同

　接尾辞化した「続ける」などと受身の接辞は、「抱き続けられる」「抱かれ続ける」のように、順序を逆にして現れる。下の(32)の「続ける」は主語Aの行為のアスペクト、(33)ではBのアスペクトを表すから、通常の順序は(32)であり、複合動詞と同じ順序の(33)の方が拡張核に相当する形式ということになる。

(32) AがBに抱かれ続ける　　dak-are-cuzuke-ru
(33) AがBに抱き続けられる　daki-cuzuke-rare-ru

　AとBの行為のアスペクトという点から見ると、一方が拡張核ということになるが、語幹の中で -cuzuke- の現れる位置を見ると、(34)〜(40)のようにどのような位置にも現れてアスペクトを表している。この点で、一定の順位で前接の形式全体を限定する一般の接辞とは異なる。下の例ではやや不自然なものもあるが、非文法的とまでは言えないであろう。

(34) daki-cuzuke-sase-ru　　　　使役の前　　　　（複合動詞と同じ）
(35) dak-ase-cuzuke-ru　　　　　使役の後　　　　（一種の拡張核）
(36) daki-cuzuke-sase-rare-ru　　使役＋受身の前　（複合動詞と同じ）
(37) dak-ase-cuzuke-rare-ru　　　使役と受身の間　（受身の前の順位）
(38) dak-ase-rare-cuzuke-ru　　　使役＋受身の後　（受身の後の順位）
(39) [dak-are]-cuzuke-sase-ru　　拡張核と使役の間（最上位の順位）
(40) [daki-cuzuke-rare]-sase-ru　拡張核の中　　　（複合動詞と同じ）

　接尾辞化した動詞が語中で自由に現れ得るのは、接辞の順位関係の中に位置付けられていないからである。(34)と(35)では、(34)が拡張核に相当すると考えら

れるが、(36) 以下でどこにでも現れ得ることから、順位通りと拡張核とが区別できるどうか疑問である。一般の派生接辞の場合は、派生語幹と拡張核の相違が明白であるから、接尾辞化した動詞と一般の接辞とは、単独で核を構成しないという点では共通であるが、出現順位や拡張核に関しては異なる部分がある。

次に文構成の基準で考えると、派生接辞との相違が確認できる。使役や受身は特定の文成分を要求し、それとセットになっている。通常の派生語幹（核＋使役＋受身）と拡張核の語幹（［動詞＋受身］＋使役）では、文の構造が変る。(42) でBを受動者とすることは前出の (13) で見た通りである。

(41)　AがBに［抱か］せられる　　　　　Xを抱かせる
(42)　AがBに［抱かれ］させる　　　　　Xに抱かれる
(41')　 Aが ［Bが［AがXを抱く］させる］ される 　受動者A　動作主B
(42')　Aが Bが ［XがBを抱く］ される ］させる　受動者B　動作主A

使役と「続ける」が共起すると (43) と (44) のようになるが、どちらの意味も、「BがAを抱く」ことが「続く」ように「Aがさせる」である。「続ける」が特定の文成分を要求しないので、(43') のようにAが行為を「続け」ても (44') のようにBが「続け」ても、意味的に相違がない。形の上ではBのアスペクトを表す (44) が拡張核であるが、(43) (44) のどちらかが通常の順位と断定するのは容易でない。

(43)　AがBに［抱か］せ続ける
(44)　AがBに［抱き続け］させる
(43')　 Aが ［Aが［BがAを抱く］させる］ 続ける
(44')　Aが Bが ［BがAを抱く］ 続ける ］させる

接尾辞化した「続ける」「始める」などは、アスペクトだけを表し、構文に関する役割を持たない点でも受身の接辞とは異なる。

4.3　トルとの異同

まず構文的に見ると、トルはアスペクトを表し、特定の文成分に関わらない。上の (43) (44) の「続ける」をトルに置き換えても、ほぼ同様の結果が得られる。この点で接尾辞化した動詞とトルは近いところがある。

形態的に見ると、トルは客観情報を表す接辞として受身に次ぐ順位に位置付けら

れている。そのために核拡張とほぼ同様な事象も見られる。下の（45）は「受身＋トル」という通常の構造とその逆の拡張核の構造である。これについては既に3.3で述べた。（46）はそれに準じて「続ける」を接続させた構造である。

　　（45）（通常）抱かレトル　　／（拡張核）抱いトラレル
　　（46）（通常）抱かレ続ける／（拡張核）抱き続けラレル

ところが（34）～（40）で見たように、「続ける」はどの位置にも現れるので、受身などとの順位関係が曖昧である。
　トルと接尾辞化した動詞との共起を見ると、下の（48）は不自然である。実現アスペクトのトルを「続ける」が限定するという意味的な点もあるだろうが、「見トリ始める」でもやや不自然である。「続ける」などは、接尾辞化したとはいえ、動詞であるから、トルより客観性が高く、順位が上位なのであろう。

　　（47）見続けトル
　　（48）見トリ続ける

融合した形式トルは1個の接辞としての文法的な制約があるし、他の接辞との順位関係もある程度定まっている。このようなトルと、動詞的な特徴を残しながら自由に現れる「続ける」などの文法的な役割は異なるところもある。
　また意味的に見ると、接尾辞化した動詞は、その辞書的意味によってアスペクトを表している。方言のトルも実現状態のアスペクトを表しているが、これはテオルのテの意味を受け継いでいるものの、抽象化された「実現」であって、語の意味による具体的なものではない。両者は意味の表し方でも異なる。

4.4　接尾辞化した動詞の特徴

　接尾辞化した「続ける」などは、まだ十分に接尾辞化していないので、他の形式との順位関係が曖昧であり、使役や受身など客観情報の接辞の前後に現れることができる。これらの形式は、動詞の意味としてアスペクトを表しているので、主観情報の接辞の後には接続しない。下の（49）は受身であるが、レル～ラレルが尊敬ならば、後に現れて（50）のようになる。

　　（49）抱かれ続ける　　　　受身
　　（50）抱き続けられる　　　受身または尊敬

ただし（50）が拡張核として受身を表す場合もあるから、この順序でのラレが受身か尊敬かは文脈によることになる。接尾辞化した動詞では、通常の順序と逆の順序の区別が明白でないので、（50）が受身か尊敬派を形態論で説明するのは難しい。

以上のように、接尾辞化した動詞は、複合動詞の後部分、一般の派生接辞、方言のトルのいずれとも文法的に異なるところのある形式である。現在のところは、接辞の方向に変化していく過渡期の形式ということになろうか。宮岡（2002）では、このような「始める」「終る」などのグループを「二次接尾辞」とし、次のように述べている。

> 日本語では、「二次的接尾辞」と呼んだ上掲「-ハジメル、-スギル、-ニクイ、…」はいずれも、純接尾辞——願望-タイ、可能・受身-(ラ)レルなど——と形態法種別がおなじ接尾辞だと考えざるをえない（以下略）(p.96)

宮岡氏の形態論は複雑で難解である。またここで述べられている「形態法種別」という概念に分からないところもあるので、簡単には論評できない。しかし接尾辞化した動詞だけに限って言えば、これらは過渡期の段階の形式のように思われる。そのような形式とレル〜ラレルなどと「形態法種別がおなじ」と断言できるであろうか。詳しく検討すれば、接尾辞化した動詞独自の傾向や規則を発見できるかもしれないが、まだ結論を得るに至っていない。

5　語幹を構成する形式とその構造

本稿で述べてきたことを整理する。動詞述語の語幹を構成する要素は次のものである。このうち「核」だけが必須要素である。

　　核：動詞だけのものと、動詞＋接辞の拡張核がある。
　　接辞：客観情報を表すものと主観情報のものがある。
　　接辞 A 類：出現順位に従って派生語幹を構成する接辞。
　　接辞 B 類：客観情報の接辞で、拡張核を構成する接辞。
　　接尾辞化した動詞：客観情報を表す過渡期の形式。

以上から、語幹部分のモデルは次のように修正する必要が出てきた。（　）の形式はオプションの要素である。

　　［核＋（客観情報接辞 B）］＋（客観情報接辞 A）＋（主観情報接辞 A）
　　［dak-(are)]-(sase)-(mas)-

接尾辞化した動詞は、客観情報 AB の（　）の中でほとんどの位置に出現できる。それによって語幹の構造がどのように変るかは、まだ整理できていない。

引用文献

亀井孝他（1996）『言語学大辞典』第 6 巻術語編　三省堂
北原保雄（1969）「文の構造—展叙と統叙との関係—」『月刊文法』2-2 明治書院
北原保雄（1970）「助動詞の相互承接についての構文論的考察」『国語学』83 国語学会
金田一春彦（1982）『日本語・セミナー1』筑摩書房
佐伯哲夫（1983）「受動使役態」『国語学』135 国語学会
佐伯哲夫（1989）『現代語の展開』和泉書院
丹羽一彌（2005）『日本語動詞述語の構造』笠間書院
ブロック、B（1946）／林栄一監訳（1975）『ブロック日本語論考』研究社
宮岡伯人（2002）『「語」とはなにか　エスキモー語から日本語をみる』三省堂

4　丁寧表現の構造と変化

丹羽　一彌

はじめに

　現代日本語の丁寧表現はデス・マス体と言われ、ダを丁寧にしたデスの使用と接辞マスによる派生動詞によって表現されてきた。しかし現在では、形容詞などに接続した「寒いです」のようなデスも広く使われている。このダに対応しない新種デスについては丹羽（2009）でも述べたが、本稿では、デスの変質とマスの消失を日本語の構造と関係づけて考える。

1　丁寧表現の前に

　最初にダやダローの文法的特徴を確認し、それを踏まえて丁寧表現の構造や変化を見ることにする。現代日本語の動詞述語は、「核＋接辞」という語幹部分に文成立形式が接続する構造である。それぞれの用語や職能については第1章「日本語の連辞的語構成」で述べた。本節で述べるのは、ダローの文成立形式化という形式と職能の変化である。

1.1　ダによる述語

　名詞や形容動詞語幹には述語になる機能がない。「泥棒！」「賛成！」のような一語文は特別な例であって、これらは眼前の非言語的状況に支えられて伝達が成立する。非言語的状況に依存しない文とするためには、それらの形式にダを接続させ、文成立形式を接続できる形式にしなければならない。ダは名詞などに述語としての機能を持たせるための形式である。
　学校文法ではダの意味を「指定・断定」としている。しかし「Aだ」の基本的意味は、話し手が自分の知識や判断力でAであることを断定するのではなく、Aという情報を述語として指定することである。コピュラのように解釈できるのは、その特別の場合である。従って「昼は定食だ」「ぼくはうなぎだ」などでは、「昼」や「ぼく」に関する情報として「定食」や「うなぎ」を述語に指定しているのである。亀井他（1996）によれば、日本語は述語だけを必須とする「単肢言語」であり、主語と述語による「両肢言語」ではない。以下での「断定」という用語は、この述語化のための指定という意味で使用する。
　第1章で述べた述語のモデルは、基本的にはダによる述語にも適用できる。ダ述

語で最も単純な構造は、下の（1）の形式であり、述語として指定する「春」という名詞を客観情報としてそのまま叙述したものである。「春＋ダ」という形式では、その間に「春＋マデ＋ダ」のように、他の形式が現れるので、ダは付属語であり、「春だ」は2語からなる形式である。

(1) 春だ　　　［haru da　］-φ　［春＋断定　　　］＋平叙
(2) 春だろう　［haru dar　］-oo　［春＋断定　　　］＋推量
(3) 春だった　［haru daQ-ta］-φ　［春＋断定＋過去］＋平叙

（1）のダは、その意味が「断定＋平叙」であるから、それに対応するda-φという2個の形態素が連続した形式である。ダ述語には命令や意志などはないから、必須要素だけの構造は（1）平叙と（2）推量の2種類である。（3）は接辞タが接続した語幹である。タの意味は便宜的に「過去」としておく。（1）〜（3）のda-、dar-、daQ-は異形態の関係にある。

1.2　2種類のダロー

上の（1）（2）は文成立形式が異なるが、構造的な相違はない。しかしダローの全てが（2）のような「断定＋推量」というわけではない。ダローには2種類あり、両者には構造的な相違がある。ダローについては金田一（1953）でも触れているが、それは意味の面からであり、形態論の立場ではない。

ダとダローの出現状況は表1のようである。ダローは過去のタにも接続するが、タとの関係は表2で見るので、ここでは除く。

表1　ダとダローの出現状況

名詞	春ダ	春ダロー
形容動詞語幹	静かダ	静かダロー
そう（形容動詞型助動詞）	死にそうダ	死にそうダロー
動詞（派生動詞を含む）	×	書くダロー
形容詞	×	寒いダロー
ない（形容詞型助動詞）	×	書かないダロー
たい（形容詞型助動詞）	×	書きたいダロー

表1のように、ダは、名詞、形容動詞語幹、及び「ゆっくり」「春まで」などの語や語連続に接続して述語の核を構成するが、述語の機能を持つ動詞や形容詞など

には接続しない。しかしダローの方は全ての形式に接続する。この分布からダローには2種類あることが分かる。このうちダに対応して名詞に接続するダローをA類、動詞などに接続してダに対応しないダローをB類とする。両者の形式、意味、職能の相違は以下のようである。

　まず意味と形式を考える。A類ダローは、下の（4）（5）のように、da-φに対応する dar-oo であるから、dar- は断定を、-oo は推量を表し、全体で「断定＋推量」という意味である。一方、B類ダローは、ダに対応していないから、ダによる断定とは無関係であり、（6）のように、全体で（5）のA類ダロー後半部 -oo と同じ意味を表している。1形式1意味という膠着語の原則から、B類は -daroo という1個の形態素ということになる。

　　（4）春だ　　　　［haru da ］-φ　　　［春＋断定］＋平叙
　　（5）春だろう　　［haru dar］-oo　　　［春＋断定］＋推量　　A類ダロー
　　（6）書くだろう　［kaku　 ］-daroo　　［書く　　］＋推量　　B類ダロー

　職能の相違もダとの対応によって確認することができる。ダローの特徴は、過去のタと共起した場合に顕著に表れる。それぞれの環境でダ・ダローと過去のタとを共起させてみると、表2のようになる。

　　　表2　ダ・ダローと過去のタの共起

名詞	春ダッタ	春ダッタダロー
形容動詞	静かダッタ	静かダッタダロー
そう	死にそうダッタ	死にそうダッタダロー
動詞		書いタダロー
形容詞		寒かっタダロー
ない		書かなかっタダロー
たい		書きたかっタダロー

　タと共起したダは、名詞などだけに接続し、ダ＋タ［daQ-ta］-φ の順序で現れている。これは前の（3）であり、ダ＋タという構造は述語のモデル通りである。ところがタとダローが共起すると、名詞などの場合は、タとダローだけでなく、「名詞＋ダ＋タ＋ダロー」となり、ダとダローの両方が接続している。過去のタは語幹の最後尾に現れる接辞である。下の（9）では、語幹はタで完成していて、断定は語幹の daQ- が表しているから、-daroo はB類であり、推量の文成立形式ということ

になる。動詞などに接続した「書いた＋ダロー」も同様である。

(7) 春だろう　　　　［haru dar ］-oo　　　［春＋断定　　　　］＋推量
(8) 春だった　　　　［haru daQ-ta］-φ　　　［春＋断定＋過去］＋平叙
(9) 春だっただろう　［haru daQ-ta］-daroo　［春＋断定＋過去］＋推量

　表1で動詞などに接続したダローはB類であった。表2のダローは全てB類である。従ってA類ダローは前の表1で名詞などに直接接続した場合だけであって、それ以外のダローは全てB類である。
　AB2種類のダローの相違をまとめると表3のようになる。

表3　2種類のダロー

	A類ダロー	B類ダロー
接続	名詞・形容動詞語幹	動詞・形容詞・タ
形式	dar-oo	-daroo
意味	断定＋推量	推量
職能	核＋文成立形式	文成立形式

　服部（1950）の基準に照らして、ダやダローは付属語とされている。ダローはいろいろな形式に接続するし、「春＋ダロー」と「春＋マデ＋ダロー」のように、その間に他の形式が現れるからである。

春ダロー　　　　［haru　　　dar］-oo　　春ダ　　［haru　　　da］-φ
春までダロー　　［haru made dar］-oo　　春まで　［haru made da］-φ

　上のように、前接の語とダローとの間に他の語が現れるし、ダローは「春」「まで」など職能の異なる形式に接続している。しかし「春までダロー」という形式は、ダローが語連続（文節）に接続したと考えるべきである。というのは、動詞の「書くまで＋ダロー」という連続もあり、このダローもA類だからである。従って（10）も（11）も、語連続＋A類ダローという同じ構造である。

(10) 春までダロー　　　［語連続 dar］-oo
(11) 書くまでダロー　　［語連続 dar］-oo

一般には、「書く + ダロー」も「書いた + ダロー」も上の（11）「書くまでダロー」と区別されず、付属語のダローA類が接続した形式とされている。

しかしダに対応するA類と対応しないB類では構造が異なる。「書くまでダロー」は、「書くまで」という語連続にA類ダローが接続したものであって、「書く + ダロー」の間にマデが現れた形式ではない。「書くダロー」の「書く」は付属形式の語幹 kaku- だからである。このことはダと対応させると分かる。語連続の場合は「書くまでダロー」に対応した「書くまでダ」という形式はあるが、語幹の場合には「書くダ」が存在しない。

  語連続 + ダロー [kaku made dar]-oo ／ [kaku made da]-φ
  語幹 + ダロー [kaku]-daroo／× [kaku]-da
                × [kaku da]-φ

存在しない「書く + ダ」から、その間に他の形式が現れたり、推量の「書くダロー」ができたりはしない。「書くダロー」のダローは、語幹に接続した文成立形式、B類 -daroo なのである。「書いたダロー」の場合も同様である。

第1章「日本語の連辞的語構成」ではダローについて詳しく述べなかったが、以上のように、「書くだろう」のB類ダローは、ダに対応するA類とは文法的に異なる文成立形式である。

2 丁寧表現

デスは「ダ + 丁寧」とされている。しかしデスとダは、そのような単純な対応関係にある形式ではない。前節でのダやダローの構造を踏まえて、本節では丁寧表現の構造を考える。

2.1 デス

下の（12）〜（14）に丁寧さを表す形態素 -s-〜-si-〜-sj- を付加すると、（15）〜（17）となる。従って断定ダの異形態には de- が追加される。

  （12）春だ [da]-φ [断定   ] + 平叙
  （13）春だろう [dar]-oo [断定   ] + 推量
  （14）春だった [daQ -ta]-φ [断定 + 過去] + 平叙
  （15）春です [de-s]-u [断定 + 丁寧] + 平叙
  （16）春でしょう [de-sj]-oo [断定 + 丁寧] + 推量

（17）春でした　　　[de-si-ta]-φ　　　[断定＋丁寧＋過去]＋平叙

しかしデスの全てがこのようにダと対応しているわけではない。
　デスとダの出現する環境は表4のようである。なお本稿の表4と5は筆者の印象によるものであって、ある集団や世代を調査したものではない。動詞＋ナイに接続した「書かないデス」は、筆者個人としてはかなり違和感があるが、形容詞＋ナイに接続する「寒くないデス」の方は、最近「寒くありません」と同程度であるという印象である。

表4　デスとダ出現環境

名詞	春デス	春ダ
形容動詞語幹	静かデス	静かダ
そう	死にそうデス	死にそうダ
動詞	×	×
形容詞	寒いデス	×
ない	書かないデス	×
たい	書きたいデス	×

　表4で名詞などに接続したデスは、ダに対応するから、「ダ＋丁寧」であり、断定の意味を持つde-s-uである。しかし形容詞などに接続したデスには、対応する「寒い＋ダ」がない。形容詞などは述語になり得るので、それに接続したデスには述語化のための「断定」という意味はなく、丁寧だけを表している。そこで名詞などに接続した「断定＋丁寧」のデスをA類、形容詞などに接続した「丁寧」だけのデスをB類とする。ただしこのA類とB類は、前節のダローの分類と文法的に一致しているわけではない。
　次にデスと過去のタとの関係を見ると、次ページ表5のようになる。デスとタが共起すると、両者は異なった順序で現れる。
　A類デスはタの前に現れてデシタとなり、B類デスはタの後に現れてタ＋デスとなっている。タの前に現れるA類デスは語幹を構成する接辞であるが、タに後続するB類のデスは、語幹に接続する文成立形式である。A類のデシタとB類のタ＋デスの構造の相違は（18）（19）のようである。

（18）春デシタ　　　[de-si-ta]-φ　　　[断定＋丁寧＋過去]＋平叙
（19）寒かっタデス　[　-ta]-desu　　　　　　　過去＋丁寧平叙

表5　デスとタの共起

名詞	春デシタ	×
形容動詞	静かデシタ	×
そう	死にそうデシタ	×
動詞	×	×
形容詞	×	寒かっタデス
ない	×	書かなかっタデス
たい	×	書きたかっタデス

　この「丁寧平叙」は、丁寧と平叙という2個の意味ではなく、話し手の表現態度としての1個の意味を表している。「書くな」のナは、意味としては「否定＋命令」であるが、「禁止」という用語があるので、1個の意味として分かりやすい。しかし「書くまい」のマイの意味を1語で表す用語がないので、「否定意志」ということになるが、意味単位としては1個である。「丁寧平叙」もこれと同様であって、丁寧表現というモードでの平叙という話し手の表現態度を表している。

　以上のように、デスには文法的に異なるA類とB類の2種類がある。その相違をまとめると次のようになる。なおデスについてのABという分類は辻村（1964）でも使われているが、本稿とは逆になっている。

表6　2種類のデス

	A類デス	B類デス
接続	名詞、形容動詞語幹など	形容詞など、タ
形式	de-s-u	-desu
意味	断定＋丁寧＋平叙	丁寧平叙
職能	核＋接辞＋文成立形式	文成立形式
非丁寧形式	da-φ	-i -φ

　筆者の感覚では「春デシタ」の代わりに「春だったデス」を使うのは不自然である。表4の「書かないデス」より抵抗がある。しかし井上（1995）では「山だったです」を新形としているので、今ではこれもことばのゆれの一つかもしれない。そうすると表5の分布も少し変ってくる。このダッタ＋デスという形については後の体系変化のところで通時的に位置付ける。

2.2 デショー

前節で述べたように、ダローにはA類とB類という2種類がある。B類ダローについて必要な部分を要約すると次のようになる。このダローの特徴は、ここで述べるデショーに関係してくる。

① 推量だけを表す付属形式（文成立形式）である。
② 名詞には接続しない。（A類ダローが接続するから）
③ 動詞・形容詞に接続する。
④ 過去のタに接続する。

デショーの現れる環境は表7のようである。ここではタとデショーが共起する場合も含める。

表7　デショー

名詞	春デショー	春ダッタデショー
形容動詞	静かデショー	静かダッタデショー
そう	死にそうデショー	死にそうダッタデショー
動詞	書くデショー	書いタデショー
形容詞	寒いデショー	寒かっタデショー
ない	書かないデショー	書かなかっタデショー
たい	書きたいデショー	書きたかっタデショー

デショーは、動詞を含めた全ての形式に後続し、タと共起する場合にもタに後続する。表7のデショーは全てがダローに置き換えることができるので、両者は丁寧表現と非丁寧表現として対応している。

デショーは、ダローに対応した丁寧表現であるから、同様に分類すると、名詞などに接続するA類と、動詞など及びタに接続するB類になる。それぞれは表8の

表8　2種類のデショー

	A類デショー	B類デショー
接続	名詞・形容動詞語幹	動詞・形容詞・タ
形式	de-sj-oo	-desjoo
意味	断定＋丁寧＋推量	丁寧推量
職能	核＋接辞＋文成立形式	文成立形式
非丁寧形式	dar-oo	-daroo

ようである。

A類デショーはA類ダローdar-ooに丁寧を表す形態素-sj-を加えたde-sj-ooであり、意味も「A類ダロー＋丁寧」である。B類デショーは文成立形式-desjooであり、意味は「丁寧推量」である。この丁寧推量という意味も、上のデスの丁寧平叙と同様に、1単位の意味である。

2.3 デス等の丁寧表現のまとめ

上のデショーと前に見たデスは、ともにA類とB類に分けられる。しかし両者の分類には相違点がある。

デスの特徴は次のようである。

① A類はB類と文法的に異なる形式である。
② A類はダを丁寧にしたものである。
③ B類はダと無関係の丁寧表現である。
④ AB類ともに動詞には接続しない。

デショーの特徴は次のようである。

① A類はB類と文法的に異なる形式である。
② A類はA類ダローを丁寧にしたものである。
③ B類はB類ダローを丁寧にしたものである。
④ B類は動詞にも接続する。

上の①と②は共通であるから、A類デスde-s-uとA類デショーde-sj-ooは、文成立形式-uと-ooを取り替えただけで、同じ構造の形式と言える。A類に関してはデスもデショーも同じ「核＋接辞＋文成立形式」としてよい。タの接続したデシ＋タもde-si-ta-φ「核＋接辞＋接辞＋文成立形式」という核を含む構造であるから、同種類である。しかし③④を比べると、B類デスとB類デショーとは、分布や接続から、異なる種類の形式であることが分かる。以上をまとめると、丁寧表現を構成する形式は、A類のde-s-など、B類の-desu、B類の-desjooの3種類とすることができる。

1　A類　　de-s-、de-si-、de-sj-　　断定＋丁寧（核＋接辞）
2　B類　　-desu　　　　　　　　　丁寧平叙の文成立形式

3　B類　-desjoo　　　　　丁寧推量の文成立形式

　第1章「日本語の連辞的語構成」では文成立形式にダローだけを追加したが、デスやデショーのB類も文成立形式の一種である。しかしこれらには丁寧という別の文体の表現であるから、通常の文成立形式とは異なるところもある。

2.4　マスによる表現
　動詞の丁寧表現は「連用形語幹＋マス」である。この -mas- は、話し手の判断（丁寧）を表す接辞であるから、A類デスの -s-〜-sj-〜-si- と同様に考えてよい。

　　（20）書きました　　［kaki-masi-ta］-φ　［書く＋丁寧＋過去］＋平叙
　　（21）でした　　　　［de　　-si-ta］-φ　［断定＋丁寧＋過去］＋平叙

　マスによる表現には、A類のデス・デシタ・デショー（推量）に対応した「書きます」「書きました」「書きましょう」（現代では意志だけ）の他に、否定の「書きません」や古い表現としての「書きますまい」なども存在する。本稿でテーマとするデスにはこのような表現はない。

　　（22）書きません　　［kaki-mase-N］-φ　　［書く＋丁寧＋否定］＋平叙
　　（23）書きますまい　［kaki-masu　］-mai　［書く＋丁寧　　　　］＋否定意志

　ただし表4では、マス＋否定「書きません」と同じ意味の「書かないです」というB類デスの形式を認めた。
　非丁寧「書かない＋過去」は、（24）のように1語であるが、それを丁寧にした「書きません＋過去」は、（28）のようにA類デスを接続させ、2語で表現しなければならない。

　　（24）　書かない　　　　　［kaka　　　-na　　　　］-i
　　（25）　書かなかった　　　［kaka　　　-nakaQ-ta　］-φ
　　（26）　書きません　　　　［kaki-mase-N　　　　　］-φ
　　（27）×書きませなかった　［kaki-mase-nakaQ -ta］-φ
　　（28）　書きませんでした　［kaki-mase-N de-si-ta］-φ

　否定のンにはタを接続させる形式がない。そこで（28）では「書きません」という

語全体を述語化するためにA類デスが接続している。「書きません」はマスで丁寧にされているから、述語化だけならダを接続させればよい。明治初期には「マセン＋ダッタ」という形があったとのことである（松村1956）。しかし現在は消えている。現在使用されているマセン＋デシタではマスとデスで二重に丁寧にすることになり、非能率的であるためか、表5で見たような「書かナカッタ＋B類デス」という新しい表現も現れた。下の（29）より（30）の方が簡潔で合理的な構造とも言える。

(29) ［mase-N de-si-ta］-φ　［丁寧＋否定＋断定＋丁寧＋過去］＋平叙
(30) ［nakaQ-ta］-desu　　［　　否定　　　　＋過去］＋丁寧平叙

かつてマスによる推量の表現は「書きマショー」であった。その後 -oo に代わってB類 -daroo が推量を表すようになったので、マショーは意志だけを表すようになった。マスの推量表現にもB類ダローを接続させればよいはずであるが、マス＋B類ダローという連続はない。後の4.2で述べるが、丁寧のマスは、接辞としては異質のものであるから、B類ダローは接続しない。ダローの代わりにB類デショーを接続させると、丁寧が重複する。そこで自然な丁寧推量の表現としては、マスを除き、デショーを接続させるようになった。

×書きマス＋ダロー　　［書く＋丁寧］＋推量
?書きマス＋デショー　［書く＋丁寧］＋丁寧推量
　書く　　＋デショー　［書く　　　］＋丁寧推量

このようにして、動詞の丁寧表現の推量はマショーからB類デショーに交替した。次節で述べるように、丁寧表現は -mas- やA類 de-s- からB類を使う方向に変化しているのである。

3　丁寧表現の体系と変化

本節では表現形式の体系とその変化を見る。以下では、前掲の表4・5・7に関係する「平叙」「過去＋平叙」「推量」「過去＋推量」の形式を取り上げる。マスによる表現は、この範囲で取り上げることにする。

3.1　現在の丁寧表現

現代語の丁寧表現に用いられる形式は、前節でまとめたA類 de-s- など、B類デ

ス、B類デショーに -mas- を加えた合計4種類である。これらを接続させる形式を名詞、動詞、形容詞で代表させ、名詞は述語化のダを接続させた「名詞 de-」とする。この de- は A類ダの異形態を代表している。こうしてできた表9が前節までで述べてきた現代の丁寧表現の体系である。

表9 現在の体系

	平叙	過去平叙	推量	過去推量
名詞 de	-s-u	-si-ta-φ	-sj-oo	-ta-desjoo
動詞	-mas-u	-masi-ta-φ	-desjoo	-ta-desjoo
形容詞	-desu	-ta-desu	-desjoo	-ta-desjoo

表9の形式は、必要な接辞や文成立形式を語構成の順序通りに接続させたものであり、述語の構造としてはどれも問題のない形式である。しかし表にしてみると、全体を通して文法体系と言えるような形式的統一性が見られない。表9が一つの原理に基いて構成された形式の体系ではなく、A類とB類という文法的な役割の異なる形式が混在したものだからである。それも、例外もあるというような程度ではなく、A類が5個、B類が7個である。さらに動詞にはマスが接続したりしなかったりする。これでは、異種の体系の部分と部分を意味に合せて継ぎ合わせた一覧表であって、とても五十音図や学校文法の動詞活用表のような整然とした表とは比べられない。

現在の丁寧表現はこのように不統一であるから、名詞述語の場合、平叙の「春です」から推量の「春でしょう」は類推できるが、過去平叙「春でした」から過去推量「春だったでしょう」は類推できない。

（31）春でした　　　　　［de -si-ta］-φ
（32）春だったでしょう　［daQ -ta］-desjoo

ただし前に触れた新しい表現「春だったデス」からなら（32）は類推できる。「春だったデス」は、このような要請に応えられるように、デショーからの類推によって成立した形式かもしれない。

3.2 古い丁寧表現

ここでは丁寧表現が一つの原理に基いて構成されていた時代の体系を想定し、それと対比して、現在の体系の特徴を確認する。ここで述べるのは、形式を構成する

原理についてであって、個々の形式の史的変化ではない。

　現在、タと共起したデショーやダローが全てB類であるのは、史的変化の結果であって、日本語の構造で、A類ダ＋過去タによる過去推量表現ができないということではない。かつては (33) (34) のように、A類とタで表現されていた。

　　(33) 春だったろう　　[daQ -tar]-oo　[断定　　＋過去]＋推量
　　(34) 春でしたろう　　[de -si-tar]-oo　[断定＋丁寧＋過去]＋推量

前述のように、文成立形式 -oo に代わって、推量にはB類の -daroo や -desjoo を使うようになった。この新しいB類は文成立形式であるから、語幹最後尾のタの後に現れるようになったのである。

　上の (32)「春だったでしょう」のような名詞述語の過去推量は、現在の体系では他の形式から類推できない。ただしこれが (38) の伝統的な形であれば、他の形式と同じ構造で、整然と対応している。マスの場合も同様であり、マス・マシタ・マショー・マシタローとなる。

　　(35) 春です　　　　[de-s　　]-u　　[断定＋丁寧　　　　]＋平叙
　　(36) 春でした　　　[de-si-ta]-φ　　[断定＋丁寧＋過去]＋平叙
　　(37) 春でしょう　　[de-sj　　]-oo　[断定＋丁寧　　　　]＋推量
　　(38) 春でしたろう　[de-si-tar]-oo　[断定＋丁寧＋過去]＋推量

　このような伝統的な形が用いられていた時代には、体系全体をA類という一つの原理で説明できた。現在の体系は、A類だけの体系にB類が混入し、全体がA類からB類へと変化していく途中の状態だということになる。従ってA類だけの体系を構成する原理、さらに後に述べるB類だけの原理と対比すれば、現在の体系の歴史的位置とその特徴を確認できる。

　かつての「寒うございます」や「春でしたろう」から推測すると、A類だけの昔の体系は表10のようである。この時代、丁寧を表していた形式は、名詞では -s-、動詞では -mas-、形容詞では -gozai-mas- という、前接形式ごとに定められた形式であった。それらの後に文成立形式が接続し、述語が完成していたのである。ゴザイマスは、動詞ゴザル＋マスであるが、表10では形容詞に接続する形式を仮に1単位のものとして、-gmas- と略記する。

　表10では、平叙／推量の対立が文成立形式の -u〜-φ／-oo によって、過去／非過去の対立が接辞タの有／無によって表されている。対立関係を表現するこれらの形

表10　昔の体系（A類の体系）

	平叙	過去平叙	推量	過去推量
名詞 de	-s-u	-si-ta-φ	-sj-oo	-si-tar-oo
動詞	-mas-u	-masi-ta-φ	-masj-oo	-masi-tar-oo
形容詞	-gmas-u	-gmasi-ta-φ	-gmasj-oo	-gmasi-tar-oo

態素は全形式で共通である。形態法が分析的であって、形態素の取り替えや付加と除去が自由であるから、丁寧や過去などの意味を1個増減させるためには形態素を1個増減させ、平叙と推量とを取り替えるためには形態素を交替させる。これは非スロット型膠着語の基本原則であり、表10の諸形式はこの基本通りである。従ってA類の原理によっていた昔の体系では、形態素の形と意味及びそれらの接続の規則を整理すれば、表10がなくても説明できるし、それぞれの形式は他の形式との関連で類推できる。

　昔の体系ではゴザイマスを含めてマスが大きな部分を占めている。現在の体系はそのマスの領域にデスやデショーが侵入してきた状態である。この変化は、B類ダローやデショーという推量専用の文成立形式の発生と使用によって拡大された。このB類の使用によって、意志と推量が別の形式で表現できるようになったという利点はある。しかしそれによって意味の表現が若干整理されただけであって、そのために形式の統一性が崩れたという犠牲の方が大きい。

3.3　将来の丁寧表現

　現在の体系（表9）は、過渡期のものであって、固定されて長く存続するとは思えない。統一原理による体系へと向かおうとする力が働くはずであるから、今後さらにB類の方向へ進むであろう。現在では前接形式によってB類化の進行に差がある。予測される変化の到達点は、全ての表現にB類が用いられる表11のような体系である。B類の原則が徹底されると、前接の形式に関係なく、平叙にはデス、推量にはデショーを接続させるだけになるから、「書くデス」という表現も普通になる。ここでは同一の意味には同一形態素を当て、それらを所定の順序で接続させ

表11　将来の体系（B類の体系）

	平叙	過去平叙	推量	過去推量
名詞（de）	-desu	-ta-desu	-desjoo	-ta-desjoo
動詞	-desu	-ta-desu	-desjoo	-ta-desjoo
形容詞	-desu	-ta-desu	-desjoo	-ta-desjoo

るという原則が保たれているので、形式の類推も容易である。

　表11の名詞述語の場合、予測できないところもある。過去の場合は（39）（40）のように、タを接続させるために、A類の daQ-ta- が現れる。それに接続するデスとデショーはB類の文成立形式である。ところが非過去の場合、（41）のように、そのデスやデショーがA類かB類かが不明である。

　　(39) 春だったです　　　[daQ-ta]-desu　　[断定＋過去]＋丁寧平叙
　　(40) 春だったでしょう　[daQ-ta]-desjoo　[断定＋過去]＋丁寧推量
　　(41) 春です　A類の［de-s］-u　あるいはB類の［ ］-desu？

（41）がA類であれば、名詞非過去に接続したデスやデショーはA類、名詞過去と動詞や形容詞にはB類ということになる。またB類であれば、名詞非過去には述語化のための形式（A類の de-）が接続していないことになる。そうすると、下の（42）のように、文成立形式（B類デス・デショー）が接続して述語であることが分かっている場合、述語化のA類は不要になっているとしなければならない。現在でも非丁寧の質問では、（43）のようにカ（後接語）の前に断定のダも文成立形式も必要である。今の段階では表11の名詞述語非過去について予測できない。

　　(42) 春ですか　[haru-○]-desu ka　　　春＋丁寧平叙＋質問
　　(43) 春か　　　[haru-○]-○　ka　　　　春＋○　　　＋質問

　表11（B類）には丁寧さだけを表す形態素がない。表10（A類）では -s- や -mas- という丁寧専用の形態素があり、その接辞が付加されていれば丁寧、なければ非丁寧であった。ところが表11では -ta-desu の非丁寧は -ta-φ、-ta-desjoo の非丁寧は -ta-daroo であり、文成立形式の交替によっている。そのために、表現意図の区分が、丁寧平叙／非丁寧平叙／丁寧推量／非丁寧推量と細かくなっている。表10（A類）から表11（B類）へは、丁寧／非丁寧を表す方法が接辞から文成立形式へ、つまり形態素の付加（連辞関係）から交換（範例関係）へと変化している。丁寧さの表現法は、膠着的な構造を保持しながら、A類からB類へと文法体系が変化したのである。完成段階と思われる表11でも、名詞に接続するデスなどに不明のところがあるが、現在（表9）は原理の異なる2種類の混在する過渡的であるから、不均衡で複雑な様相を呈しているのである。

　最近のデスの使用拡大を、井上（1995）は「デスの進出過程」として表にまとめている。しかし社会言語学的視点から形の交替について述べている部分が多く、文

法的な説明はほとんどない。後の井上（1998）では表12のように整理されている。ここでは「動詞＋デス」の形を「将来の言い方？」としている。

表12　デスの進出（井上1998）

	名詞	形容詞	動詞
古い言い方	スーツです	高うございます	行きます
新しい言い方	スーツです	高いです	行きます
将来の言い方？	スーツです	高いです	行くです

表12からですの広がっていく様子が分かる。しかしこれを「古い言い方」→「新しい言い方」→「将来の言い方？」という直線的なデスの進出とするのは正確ではない。デスの構造や役割の変化が考慮されていないからである。形容詞や動詞に接続するデスは、本稿の用語で言えばB類という文成立形式としてのデスであって、従来のデス（A類）の単純な進出ではない。従って文法的には「新種のデスの発生と進出」というのが正確であろう。

3.4　体系変化と共時面

前掲の将来の体系（表11）では、名詞述語のデスなどで予測できないところもある。変化の方向はある程度予測できるが、個々の変化は、起きてみなければ何がどうなるのか分からない。従って将来のことは、現在のことばを資料として利用できる範囲で、今の段階より一歩進めた状態を推測する以外にない。

これに比べると、昔の体系（表10）は整然としたものである。過去の体系は存在する資料の整理と解釈であるから、その範囲で統一的に説明できる。丁寧表現だけではなく、言語全体に同じことが言えるであろう。しかしそのことは、ある時点に表10のような体系が個人のラングとして存在したということとイコールではない。表10は、ある期間内に使用された形式全てを集めて一つの共時面上に整理した結果である。若干の時間幅を持たせれば、動きの中でそれら全部が使用されていると思われるが、ある時代のある個人に使用されていた体系であったかどうかは別に考えなければならない。

静止した共時的な体系というものは所詮研究上の作業仮説に過ぎない。従って昔の体系というのは現在の体系を説明するために構築した仮説であって、ある時点に実在した体系であるという保証はない。というより表10に近い体系であった時点でも、A類の形式が有力ではあったが、それ以前や以後の形式も混在していた状態というのが正解であろう。どの時点の共時面を切り取っても、その体系はそれ以前

からの P 類と新しく侵入してきた Q 類とが混在するものとなっているはずである。そういう意味では、一つの原理で説明できない現在の体系も特殊なものではない。研究者は P 類または Q 類だけの純粋な体系を追求しようとするかもしれないが、追求できるのは、単一原理による純粋な共時的体系の姿ではなく、そういう体系を構成する原理である。研究者がすべきことは、それぞれの時代の支配的な原理と、それに至る、あるいはそれから離れる言語の流れを発見することである。それらを利用して構築された P 類や Q 類だけの純粋な体系が、実在の過渡期の体系を説明するための作業仮説となる。

4 変化の要因

前節で述べたように、デス・デショーの一部は文法的な役割を変えて、B 類という文成立形式となった。丁寧表現の変化を大きく見ると、デスの変質とマスの消失ということになる。これにはいろいろな要因が関係していると思うが、本節ではそれを日本語の構造や特徴に照らして見ることにする。

4.1 言語構造

まず、デス・マスによる丁寧表現の成立そのものが膠着的な言語構造の産物であると言えよう。昔の体系（表 10）での丁寧表現の形式は、A 類デスの -s- などとマス -mas- である。丁寧さがこのような接辞の付加によって表現できるのは、日本語が非スロット型膠着語であって、述語全体の型が定められていないからである。述語を構成する接辞の数が不定だから、語幹に接辞を 1 個付加して丁寧表現に変化させられるし、その接辞が接続しなくても、丁寧さと無関係というだけで、述語としては完成段階である。接辞の着脱が容易な不定範疇言語という特長が生かされた表現法といえる。

次に、丁寧表現の通時的変化も言語構造に関係している。聞き手に対する丁寧さの表現は、対話場面における話し手／聞き手という人間関係の現れであって、伝達しようとする情報の構成に直接関係するものではない。待遇は対話の場面で非言語的に表現されることも多く、いわば完成した情報にプラスされる装飾品のようなものに過ぎない。このような装飾品が語幹の中に取り込まれていては、不定範疇言語とはいえ、情報構成という点で語幹の構造が冗長になる。そこで古い A 類デスは文成立形式（B 類）に変質して語幹の後に現れるようになり、接辞 -s- や -mas- は消失の方向に向かうことになった。この変化は、個々の形式の職能変更であり、デスの意味や形に大きな変化が起きたわけではないから、話し手に違和感を持たれることなく進行している。

聞き手に配慮する表現はどのような構造の言語にもあるだろう。しかしスロット型や融合型の言語で、語構成によって丁寧な表現しようとすれば、そのための文法範疇が必要になり、全ての述語がそれに関係することになる。日本語のように必要な場合だけの装飾品ということはない。丁寧さは、情報そのものではなく、情報の伝え方である。このような伝え方が文法概念や接辞などの意味として確立していない言語（例えば英語など）で、丁寧表現を語構成の中に組み込むことは難しい。そのような言語で丁寧な表現にするためには、そのための語の使用、あるいは婉曲な表現という代用表現によるので、語彙や語用論の問題となる。

　結局、現代日本語の丁寧表現の成立と、その変化の大きな要因は、日本語の言語構造ということになる。非スロット型膠着語であるから、丁寧表現が接辞の付加として述語の中に組み入れられたし、非スロット型膠着語であるから、デスの変質と位置移動というような文法的変化も起こり得たということであろう。

4.2　述語の構造

　第二の要因は、上とも関連するが、日本語の述語の構造にある。述語を構成しているのは、次のような役割の形式群である。

　　　［核＋客観情報接辞＋主観情報接辞］＋文成立形式＋［後接語］

後接語（この場合は終助詞類）の一部は文成立形式とともに表現態度を表し、一部は文末の形式として聞き手に働きかける役割を果す。

　丁寧の接辞 -mas- や -si- は、語幹を構成する接辞である。

　　（44）　書きました　　［kaki-masi-ta］-φ
　　（45）　でした　　　　［de　　-si-ta］-φ

しかしマスで表現される丁寧さというのは、伝達する情報ではなく、聞き手に対する配慮という伝え方（コード）である。情報を構成する形式とそれの伝え方を表す形式では、伝達や文構成での役割が異なるから、形式面でも相違がある。

　日本語の語幹は不定数の接辞によって構成され、それぞれの接辞は前接の語幹全体を文法的・意味的に限定している。下線部が接続する接辞によって限定される部分である。

(46) 書かせる　　　　　［kak-ase　　　］-ru
(47) 書かせられる　　　［kak-ase-rare　］-ru
(48) 書かせられない　　［kak-ase-rare-na］-i

　(46)では -ase- が kak- を使役にしているし、(47)では -rare- が kakase- という使役の語幹を受身にしている。(48)では -na- が kakaserare- 全体を否定している。情報を構成する接辞はこのような構造になっている。
　マスの接続した派生語幹の否定を見れば、マスが特異な接辞であることが明瞭である。一般の接辞による派生語幹の場合、(49)のように、-na- は前接の kakase- を否定している。同様に考えれば、(51)の -N は kaimase- を否定するはずであり、「書く＋丁寧」を否定することになる。

(49) 書かせない　　［kak -ase　-na］-i　　(kak-ase- を否定)
(50) 書きます　　　［kaki-mas　　　］-u
(51) 書きません　　［kaki-mase-N ］-φ　　(kaki- だけを否定)

　しかし仁田(1991)が述べているように、意味上は kaki- だけを否定していて、前接の -mase- の意味は否定されない。マスまでを否定したら丁寧でなくなってしまうからである。
　上の(50)のマスは、前接の kaki- を限定（丁寧）しているのではなく、「書く」という情報全体を丁寧にしている。従ってその否定の場合の意味は、前接の「書く＋丁寧」を否定するのではなく、「書かない」という情報全体にかぶさって丁寧にしているのである。またマスに -ta が接続した masi-ta-φ では、マスは後続のタによって過去のこととされない。過去の情報としてではなく、発話時点の待遇表現としてマスが用いられているからである。過去に関しては、A類のデス de-si-ta-φ の -si- も同様である。標準語の丁寧表現には、語構成上の接辞という役割と、待遇表現という役割との間に矛盾がある。
　このような標準語の語構成とは異なり、方言の話しことばでは、述語全体に後続する後接語イヤンなどで丁寧さや親しさを表すことが多い。これらは、文末で聞き手に対して働きかけを表す形式であり、伝達の仕方を丁寧にしている。特に質問の場合を考えると、述語の構成としてはこちらの方が合理的である。デス・マスよって丁寧にされた情報を聞き手に質問する（乱暴な質問態度でもよいことになる）より、丁寧さと無関係に構成された中立の情報を丁寧な態度で質問する方が、合理的な文法構成である。

(52) 春デスか　　［春だ＋丁寧］＋質問
(53) 書きマスか　　［書く＋丁寧］＋質問
(54) 春かイ　　　　［春　　　］＋質問＋［丁寧］
(55) 書くかイ　　　［書く　　］＋質問＋［丁寧］

　標準語の丁寧表現を含む語幹は、情報の中身と伝え方とが混在する構造になっていて、文法的には混質的な形式である。このような特殊な語構成を整理して、情報の中身とそれの伝え方を分離する、つまりコードを表す形式を語幹の外に出そうとするのは必然の動きである。その結果、上述のように接辞であったデスやデショーが文成立形式に変質し、マスがＢ類デスに交替するのも当然である。Ａ類だけによる昔の体系では、コードと主観情報の形式の区別がされていなかった。表現の方法としては、その文法体系の方が矛盾を含んだものだったのである。

4.3　付属語と付属形式

　日本語の通時的変化では、複数の語が融合して付属形式化することが多い。古くは「に＋あり」が「なり」に融合しているし、新しくは、テ＋イルが接辞テルに、テ＋シマウがチャウになっている。また動詞である「出す」「掛ける」などが「始める」という意味の接尾辞に変化して、「書きダス」「書きカケル」のように使用されるようになった変化も、その一つである。

　デス変質の第三の要因はここにあるのではないか。付属語が付属形式に変質して出現位置を変える要請があっても、付属語と付属形式の区別が厳格であっては変質不可能である。日本語は、付属語と付属形式の区別も融通の付けやすい言語である上に、述語全体の型が一定ではない。従ってデスなどがＡ類からＢ類への文法的に変化することができたし、容易にその位置も変えられたのである。

　ただしどのような変化でも許容されたわけではない。待遇としての丁寧表現が末尾に現れるような、一つの流れに沿った変化だけが進行した。従ってダローも付属形式の文成立形式に変化したが、ダローは丁寧さに無関係である。従って丁寧表現を表すデス・マスより後に現れることができなかったので、丁寧推量のデショーが使われるようになった。

```
×春でしたダロー　　　×丁寧＋過去＋推量
　春だったデショー　　　過去＋丁寧推量
×行きましたダロー　　×丁寧＋過去＋推量
　行ったデショー　　　　過去＋丁寧推量
```

明治初期のマセンダッタは「丁寧語としての待遇度に矛盾が感ぜられる」から「マセンデシタ」の形になったとのことであるが（松村 1956)、マセンダッタはこのような流れに反する形式であったからである。

5　まとめ

　日本語の文法的な丁寧表現にはデスとマスが使用されてきた。その表現に変化が起こり、デスは変質し、マスは消失しようとしている。この変化はコードとしての丁寧表現が当然進むべき方向であった。現在はその過渡期であるが、動詞＋マスの形式は安定しているように見えるし、名詞＋A類デスも強力である。B類の原理だけによる前掲表 11 のような体系になるのは先のことであろう。しかしたとえ「行くデス」のような形式が日常的表現になる時代が来たとしても、そのときには、その体系の中に新しい C 類の形式が侵入していて、体系の一部に別の「ほころび」が発生しているにちがいない。共時的体系は常に通時の中で動いている。言語体系の研究では過渡期の折衷型体系という課題から逃れることはできない。

引用文献

亀井孝他（1996）『言語学大辞典』第 6 巻術語編　三省堂

井上史雄（1995）「丁寧表現の現在―デス・マスの行方」『國文学―解釈と教材の研究』40-14 学燈社

井上史雄（1998）『日本語ウォッチング』岩波書店

金田一春彦（1953）「不変化助動詞の本質　上・下」『国語国文』22-2、3

辻村敏樹（1964）「面白かったです・面白いでした」『口語文法講座 3 ゆれている文法』明治書院

仁田義雄（1991）『日本語のモダリティと人称』ひつじ書房

丹羽一彌（2009）「デスによる丁寧表現」『東海学園　言語・文学・文化』8 東海学園大学日本文化学会

服部四郎（1950）「附属語と附属形式」『言語研究』15

松村明（1956）「『ませんでした』考」『国文』6（引用は土屋信一編（1983）『論集　日本語研究 15　現代語』有精堂によった）

5　サ四動詞音便語幹と後続形式

丹羽一彌

はじめに

　三重県大紀町錦方言のサ四動詞音便語幹は、dai-sa〈出した〉のように、全てイ音便の形であり、それに後続するのはサ行音の形式である。本稿では、当方言のイ音便形述語の構造、サ行音の特殊な後続形式の成立などを考える。

1　音便語幹と後続形式

　最初に標準語の音便語幹とその後続形式を見て、問題を整理しておく。本稿では古い日本語に言及することがあるので、動詞に関しては、ハ四を含めて、古典文法の名称を使用する。

1.1　後続形式の選択

　四段型動詞の音便語幹は、通時的変化を受けた特別な形であり、他の語幹との形式的な統一性がない。ラ四動詞 mor-u〈漏る〉とタ四動詞 moc-u〈持つ〉の音便語幹はともに moQ- であるから、過去の表現ではモッタという同音異義語になる。バ四動詞とマ四動詞での撥音便の場合も同様である。ただし下の「呼んだ」と「読んだ」のようにアクセントの型が異なる場合もある。以下では音便語幹に接続する形式をタ〜ダで代表させる[*1]。

　　ラ四　mor-u〈漏る〉　moQ-ta〈漏った〉
　　タ四　moc-u〈持つ〉　moQ-ta〈持った〉
　　バ四　job-u〈呼ぶ〉　joN-da〈呼んだ〉
　　マ四　jom-u〈読む〉　joN-da〈読んだ〉

上のように同音異義語またはそれに近いものになるのは、音便語幹そのものが同

　＊1　筆者はタ〜ダを派生接辞と考えている。従って主文の述語で使用された場合には、文成立形式が接続した kai-ta-φ〈書いた〉と考えている。しかしタ〜ダの文法的役割は本稿の論旨に直接関らないので、-φ を略する。タ〜ダの意味についても仮に「過去」としておく。

形であるだけでなく、それぞれのグループ（促音便・撥音便）ごとに後続形式としてタまたはダの一方が選択されるからである。この場合のタ～ダの選択は、前接の形式によって決定されるので、受身のレル～ラレルなど、他の接辞の異形態選択と同様に考えてよい。

1.2　イ音便語幹の場合

　前接の形式によって異形態が選択されるのは当然のように思われるが、イ音便語幹の場合は例外である。下の「説いた」と「研いだ」では、同一の語幹トイにタとダの両方が接続しているから、語幹の形がタ～ダ選択の条件になっていない。この場合、後続形式は、直接の環境である前接のイ音便語幹ではなく、その元となった語基の形、tok- と -tog によって決定される。つまりカ四動詞にはタ、ガ四動詞にはダが接続している。

　　　説いた　toi-ta　　説く　tok-u　（カ四）
　　　研いだ　toi-da　　研ぐ　tog-u　（ガ四）

　カ四とガ四の音便語幹は同形トイであるから、語幹だけでは意味の区別ができない。ここまでは上述のラ四とタ四などの場合と同様である。ところがこれにタまたはダが接続することによって、語全体としてはトイタとトイダという異なった形式になる。同音異義語にはならず、意味の区別ができるようになるのである。このように語全体で「行為＋過去」という複数の意味を表すのは、英語の eat/ate などのような融合的な語構成法であり、膠着的ではない。
　膠着的な語構成では、分節容易な形態素、しかも 1 形式 1 意味の形態素を連続させる連辞的構造を基本とする。そのようなタイプの言語では、形式全体の意味はそれを構成する形態素の意味の合計である。従ってトイ＋タはトイの意味とタの意味の合計であり、トイ＋ダはトイとダの合計でなければならない。しかしトイは「説く」「研ぐ」という異なる意味でありながら形は共通、タとダは同じ意味でありながら形が異なる。しかもタとダは、それ自身は過去を表しながら、副次的に語幹の方の意味をも決めている。このような構成法は膠着的構造の原則から逸れている。日本語使用者は、タとダが「た」の異形態であることが分かっているから、これらの形式が「行為＋過去」と理解できる。しかし実際にはトイタやトイダという語全体で屈折語的な方法で意味が表されているのである。
　トイタとトイダという形を比べるだけでは、これらの意味や構造を膠着語として説明できない。トイタとトイダが膠着的構造と推測される未知の言語資料であった

とする。これらが「行為＋過去」という意味らしいと分かった段階で分析すれば、同形のトイが「過去」を表し、形の異なるタとダが動詞とするのが普通である。語頭のスロットにテンス類の接辞が現れる言語があっても不思議ではない。考察を進めれば、「た」以外にも「て」など他の後続形式もあるし、イ音便形以外の動詞もあることが分かる。資料を多く集めれば、他の形式との関係から最終的には正しい結論に至るであろうが、試行錯誤は避けられない。

　日本語の「イ音便語幹＋後続形式」という連続には、膠着的構造の原則から逸れているという形態的な問題がある。西日本にはサ四動詞もイ音便化する方言があるので、この非膠着的な特徴はさらに目立ってくる。

2　三重県錦方言の場合

　三重県大紀町の錦地区は、三重県の南部、熊野灘沿岸の漁村である。以下の資料は、1999年の調査で、昭和4年（1929）生れの女性を話者として得たものである。当方言の音便語幹等についての詳しい記述は丹羽（2000b）で述べたので、本稿では上のテーマに関する部分だけを取り出して、資料とする。当方言の音素と拍の体系は近畿中央部や周辺の諸方言とほぼ同じモーラ方言であり、いわゆる四つ仮名などはない。音声面で、話者の世代は /セ・ゼ/ を ［シェ・ジェ］ と発音するが、本稿ではこれを音韻的にセ se・ゼ ze と表記する。

2.1　四段型動詞の音便語幹

　錦方言の四段型動詞の「音便語幹＋後続形式」は次のようである。サ四以外の動詞については、当方言特有のものはない。サ四については次項で述べる。なお四段型動詞以外は、本稿で扱う問題に直接関らないので、省略する。

促音便	タ四	moQ-ta	〈持った〉
	ラ四	toQ-ta	〈取った〉
撥音便	ナ四	siN-da	〈死んだ〉
	バ四	toN-da	〈飛んだ〉
	マ四	noN-da	〈飲んだ〉
イ音便	カ四	kai-ta	〈書いた〉
	ガ四	koi-da	〈漕いだ〉
	サ四	dai-sa	〈出した〉
ウ音便	ハ四	koo-ta	〈買った〉

2.2 サ四動詞

　当方言のサ四動詞の音便語幹はイ音便である。西日本にはイ音便の地域が少なくないが、当方言が特徴的なのは、サ四型の動詞全てがイ音便語幹であり、それに後続する「た」「て」などに該当する形式がサやセのようにサ行音の形で現れることである。後続形式については後に述べるが、「た」の異形態はタ～ダ～サの3種あり、同様に「て」や「たり」など他の形式も3種の異形態がある。

　動詞を分類する基準を語基の拍数と語基末の音連続とすると、das-u〈出す〉は1拍語、nagas-u〈流す〉は2拍語であり、語基末はともに -as- である。この方法で分類すると、語基の長さや語基末の形に関係なく、サ四動詞の音便語幹は全てイ音便形である。

	語基1拍		語基2拍	
-as-	dai-sa	〈出した〉	nagai-sa	〈流した〉
	kai-sa	〈貸した〉	watai-sa	〈渡した〉
	sai-sa	〈指した〉	sarai-sa	〈晒した〉
-us-			kakui-sa	〈隠した〉
			ucui-sa	〈写した〉
			jurui-sa	〈許した〉
-es-	kei-sa	〈消した〉	tamei-sa	〈試した〉
-os-	oi-sa	〈押した〉	nokoi-sa	〈残した〉
	hoi-sa	〈干した〉	taoi-sa	〈倒した〉
	koi-sa	〈漉した〉	tooi-sa	〈通した〉

これ以上長い語でも、korogai-sa〈転がした〉、hijakai-sa〈冷かした〉など、全てイ音便形である。

　複合動詞においても同様である。

　　cuki-sai-sa　〈突き刺した〉
　　sasi-dai-sa　〈差し出した〉

　次にもう一つの形式面であるアクセントで見ると、終止形のアクセントの型が異なっても、全てイ音便である。当方言のアクセントの型は音便現象に関係していないので、以下ではアクセントを無視する。

高高　kai-sa　〈貸す〉　koi-sa　〈漉す〉
高低　sai-sa　〈指す〉　hoi-sa　〈干す〉

2.3　使役の派生動詞

　当方言の使役の接辞は、四段型動詞では -as-、他の型の動詞では -jas- である。これらによる派生動詞は、kak-as-u〈書かせる〉、mi-jas-u〈見させる〉というサ四型動詞となる。これらの音便語幹もイ音便形である。

　カ四＋使役　　kak-ai-sa　〈書かせた〉
　ガ四＋使役　　kog-ai-sa　〈漕がせた〉
　サ四＋使役　　sas-ai-sa　〈指させた〉
　タ四＋使役　　mot-ai-sa　〈持たせた〉
　ナ四＋使役　　sin-ai-sa　〈死なせた〉
　バ四＋使役　　tob-ai-sa　〈跳ばせた〉
　マ四＋使役　　nom-ai-sa　〈飲ませた〉
　ラ四＋使役　　tor-ai-sa　〈取らせた〉
　ハ四＋使役　　kaw-ai-sa　〈買わせた〉
　上一＋使役　　mi-jai-sa　〈見させた〉
　下一＋使役　　de-jai-sa　〈出させた〉
　カ変＋使役　　ko-jai-sa　〈来させた〉
　サ変＋使役　　si-jai-sa　〈させた〉

　以上見てきたように、派生動詞を含めて、サ四型動詞の音便語幹は全てイ音便形である。調査した範囲では例外が見当たらなかった。

2.4　後続する形式

　音便語幹に接続する形式には、派生接辞と接続助詞がある。主なものは次ページのようであり、それぞれにタ類～ダ類～サ類という3種類の異形態がある。
　後続する形式が派生接辞か接続助詞かは異形態選択に関係しないので、以下ではこれらを一括して後続形式として扱い、タ～ダ～サで代表させる。
　これらの異形態のうち、タ～ダの類はサ四以外の動詞に接続するので、この点では周辺の諸方言と同じである。
　　ダ類　ガ四、ナ四、バ四、マ四の音便語幹
　　タ類　その他の動詞の音便語幹

```
派生接辞    〈た〉      -ta-〜-da-〜-sa-
           〈ている〉   -tor-〜-dor-〜-sor-
           〈ておく〉   -tok-〜-dok-〜-sok-
           〈てやる〉   -tar-〜-dar-〜-sar-
接続助詞    〈て〉      -te〜-de〜-se
           〈たり〉    -tari〜-dari〜-sari
           〈ても〉    -temo〜-demo〜-semo
```

サ類が後続している例は見てきた通りであるが、錦方言では、サ四型動詞のイ音便語幹に後続する形式は全てサ類である。

	サ四動詞〈出す〉	複合動詞〈突き刺す〉	使役派生動詞〈書かせる〉
〈た〉	dai-sa	cuki-sai-sa	kak-ai-sa
〈ている〉	dai-sor-u	cuki-sai-sor-u	kak-ai-sor-u
〈ておく〉	dai-sok-u	cuki-sai-sok-u	kak-ai-sok-u
〈てやる〉	dai-sar-u	cuki-sai-sar-u	kak-ai-sar-u
〈て〉	dai-se	cuki-sai-se	kak-ai-se
〈たり〉	dai-sari	cuki-sai-sari	kak-ai-sari
〈ても〉	dai-semo	cuki-sai-semo	kak-ai-semo

文の形での例は以下のようである。

```
センダクモン ホイサ              〈洗濯物を干した〉
カカイサラ コガイニ ナッテ        〈書かせたらこのようになって〉
カカイサリ ヨマイサリデ ノー      〈書かせたり読ませたりでね〉
オイセ クレトラヘン              〈押してくれていない〉
ホン カイサッタ                  〈本を貸してやった〉
```

2.5 錦方言と他地域のサ類

　サ類の後続形式は、かつて近畿各地で使用されていたようである。サ類についての報告は、楳垣(1952)、楳垣(1953)、福山(1955)などで始まり、楳垣編(1962)の執筆者諸氏が続いている。しかし当時は、体系的な文法記述より珍しい

語形や使用地点の報告を優先していたので、少数の同じような例と使用地点を挙げるだけのものが多い。また『方言文法全国地図』2で「出した」「任せた」「貸した」の全部がサ類になっているのは1地点、カイサ〈貸した〉だけサ類である地点が2地点あるだけで、サ類の地点は少数派となっている。他方言で「イ音便語幹＋サ類」を文法として記述した報告や論考が見当たらないので、本稿の錦方言以外でこの現象を体系的に把握できる方言はなかった。

　現在の錦方言のサ類は、各地に存在した形式と共通の祖体系をそのまま保持してきたものかもしれないが、それほど古くからのものを保持してきたとも思えない。錦方言のサ四動詞音便形とそれに後続するサ類には例外がない*2。古い体系の残存であるにしては、整然とし過ぎている。

　奥村（1968）では、諸方言での「サ行四段式使役辞等附属語」「少音節語」「二拍語でアクセント分類一類の語」「通ス申ス等長音語」のイ音便化は少ないとして、次のように述べている。

　　現代諸方言におけるサ行イ音便の残存状態からすれば、京都語史におけるその消長は、語彙によって、かなり差があったらしい。
　　之等の傾向性は、現代サ行イ音便残存地域の大部分に、或程度、共通して認められ、国語史的事実の反映と見做し得る可能性が大きい。

そうであれば、使役の派生動詞や「押す」「通す」なども、さらにアクセントの型にも関係なく全てイ音便であるのは、錦方言特有のことになる。しかしこの錦方言のサ四イ音便化は後続形式のサ類と関連しており、京都語史の消長や他の残存地域と単純に比べることはできないようである。

　サ類後続形式について、奥村（1968）は次のように述べ、一般のサ四動詞のイ音便形とサ類後続形式をともなう当方言のような現象とを分けている。

　　特殊イ音便話イサ形（「話す」のイ音便語幹＋サ類＝引用者）は、比較的新しい時期に、京都語と関係なく、近畿周辺部で発生したものであろう。（中略）残存的形態現象ともいうべき、他地域のサ行イ音便一般と、全く性格が異な

＊2　丹羽（2000c）では、〈指した〉はサイサではなく、サイタという例外であるとしているが、これは中年層のことばも考慮したためである。例外はこの1語だけであるから、共通語化したのか、sai- の語頭の s- と後続形式 -sa との異化なのか、現在のところ断定できない。高年層にこのような例外はなく、後続形式は全てがサ類であった。

る。

　熊野灘沿岸地域には特徴的な方言が多い。錦地区の東方、三重県志摩市布施田地区では、ノーダ〈飲んだ〉やヨーダ〈呼んだ〉など、マ四やバ四の動詞に室町時代の中央語から続いていると思われる特徴的な音便形が観察される（丹羽 2000a、2011）。しかしこの布施田方言には、昔から例外として受け継がれてきた特別な形式や近年に共通語化したと思われる形も含まれていて、整然とした体系とは言えない「ほころび」の部分がある。それに対して、錦方言の徹底したサ四動詞イ音便化と後続のサ類現象を見ると、この現象が、京都語とは関係なく、比較的新しい時期に近畿周辺部で発生したとする奥村説は頷けるものである。

　サ類現象は、中央語の伝統を直接受け継いだものではないだろう。錦方言の昔の体系や当時の例外については不明であるが、現在、上で述べたように例外がないということは、絶えず類推などによって体系のゆがみが矯正されてきたということになる。錦方言は、2拍名詞のアクセントで4類と5類を統合してそれを再分割するなど、他の面でも特徴の多い方言であるから、地域内部で独自の動きがあったのかもしれない。近代になってからも共通語化などで例外が生じそうになることもあっただろう。外部からのいろいろな影響があったと思われるが、この方言には体系の均整を維持するために例外を排除してきた強い力が働いている。例外を出さないように、手当てしながら、その均整を保ってきた言語である。この体系の均整については後にも触れる。

3　サ四動詞音便形述語の語構成

　錦方言では、サ四動詞もイ音便化したために、カ四＋タ、ガ四＋ダ、サ四＋サという連続になった。後続形式で意味を区別する非膠着的な形式が標準語より1種類多いので、本節ではこれらの構造について考える。

3.1　形態素の境界

　当方言のカ四、ガ四、サ四動詞では、「書く」「嗅ぐ」「貸す」の音便語幹が kai- という同形となった（アクセントの型は考慮しない）。kai- は「意味を持つ最小の形式」という形態素の定義には合うが、「意味の区別できる形式」ではない。これら同形の語幹に後続形式 -ta、-da、-sa が接続すると、語全体で意味の区別ができるようになる。このことは koi-ta〈扱く〉、koi-da〈漕ぐ〉、koi-sa〈漉す〉なども同様である。

　カイ＋サ〈貸した〉は、標準語の kasi- と -ta のように、形態素の意味の合計とし

てではなく、形式全体で同量の意味を表している。この kai-sa が「貸す＋た」と分析できるのは、当方言が日本語の方言であることが分かっていて、カイタ〈書いた〉とカイダ〈嗅いだ〉が「音便語幹＋た」であることと対比してのことである。このような融合的構造になっているカイタ、カイダ、カイサを、分節容易で1形式1意味の形態素の連続として分析するためには、分割法を変更する必要がある。

3.2　意味による分割

音便形の述語を kai-ta、kai-sa などと分割すること自体、古典語文法やカナ書きを踏まえてのことである。資料を整理した結果としての分割法ではない。語幹部分も後続形式も1形式1意味という見地から、それぞれの形態素が意味区別のできる形式であることを強調して分割すると、kait-a、kaid-a、kais-a のように分割することができる。

この分割法によれば、動詞、形容詞、形容動詞に「た」が接続した場合、次のようになる。

kait-a	カイタ	〈書いた〉
kais-a	カイサ	〈貸した〉
aQkakaQt-a	アッカカッタ	〈赤かった〉
geNki-jaQt-a	ゲンキヤッタ	〈元気だった〉

この分割法なら、kait-/kais- のように、語幹だけで意味が区別できるし、過去を表す形式も -a という1種に統一されるので、-ta〜-da〜-sa という異形態を設定する必要がなくなる。同様にすれば「完了」の -tor-〜-dor-〜-sor- も -or- に統一できる。トル〜ドル〜ソルとヨルが -or- という同一の形態素となるから、トルとヨルによるアスペクト的意味の相違もなくなる。-or- は単に「継続」のみを表し、アスペクト的意味の区別は、前接の音便語幹と連用形語幹が担うことになる[*3]。

＊3　ただしトルやヨルをこのように分割すると、トルとヨルの共起する方言では同じ接辞 -or- が2個続く。
　　kait-ori-oQt-a 〈書いていたものだった〉
この構造は「動詞音便語幹＋-or- の連用形語幹＋-or- の音便語幹＋過去の -a」であり、-or- は1語の中で音便語幹にも連用形語幹にも接続することになる。トルが客観情報を表すという筆者の形態論では kai-tor-joQ-ta となる。

```
       完了         進行
       kait-or-u   kaki-or-u   〈書いている〉
       kaid-or-u   kagi-or-u   〈嗅いでいる〉
       kais-or-u   kasi-or-u   〈貸している〉
```

3.3 新分割法の不具合

　しかし上のような分割は、都合のよいことばかりではない。後続形式「て」などの場合、イ音便語幹以外の場合、不具合が起こる。「て」が形容詞の音便語幹に接続した場合は上の分割法でよいが、形容詞の連用形語幹に接続した場合、「て」を -e という形態素に分割することができない。なお標準語では「形容詞音便語幹＋て」という過去順接の形式はない。

```
       kait-e        カイテ      〈書いて〉
       kais-e        カイセ      〈貸して〉
       aQkakaQt-e    アッカカッテ（≒赤かったので）
       aQko-te       アッコテ    〈赤くて〉  ×aQkot-e
```

上のアッコテを aQkot-e と分割すると、同じ連用形語幹の aQko-nar-u〈赤くなる〉との形の共通性がなくなる。ただし aQko-te の -te を接続助詞、aQkakaQt-e の方を接辞 -a による語幹 aQkakaQt-a の連用形語幹とすれば、説明できる。しかしテモの場合も -temo と -emo となり、その説明ができない。この分割法を徹底させると後続形式の方を統一的に処理できなくなるので、このように分割した利点はない。文法的に簡潔にならなければ、kait-a や kais-a とする分割法は解決と言えない。

　次はイ音便以外の場合である。新分割法の方が合理的と考えられるのは、上のイ音便語幹以外では、上一型・下一型動詞くらいである。これらでは語基と音便語幹との区別ができるようになる。

```
       上一動詞   mi-ru と mit-a〈見た〉   mi- と mit-
       下一動詞   de-ru と det-a〈出た〉   de- と det-
```

撥音便 joNda や促音便 moQta では新分割法によっても語幹の同音意義が解消されない。また受身などの派生動詞では接辞の異形態が多くなる。従来の -are-〜-rare- に加えて、-aret-〜-raret- を設定しなければならないし、使役も -as-〜-jas-〜-ais-〜-jais- という4種の異形態を持つことになる。

他の音便　　撥音便　　joNd-a〈呼ぶ〉joNd-a〈読む〉
　　　　　　　　　促音便　　moQt-a〈漏る〉moQt-a〈持つ〉
　　　派生動詞　　受身　　kak-are-ru kak-aret-a〈書かれた〉
　　　　　　　　　使役　　kak-as-u kak-ais-a〈書かせた〉
　　　否定接辞　　kaka-N〈書かない〉　kaka-Nd-a〈書かなかった〉

　形態素は分節容易で、できるだけ異形態の数を減らす、ということを基本とするなら、1形式1意味を犠牲にするという問題があるにしても、やはり伝統的な分割法で kai-ta や kai-sa などとし、「音便語幹＋後続形式」とする以外に方法がないようである。形態素は、「意味を区別」する単位ではなく、「意味を持つ」最小の単位なのである。

4　サ類後続形式の成立

　本節ではサ類という特殊な後続形式が成立した変化過程を考える。以下では音変化に関係する部分があるので、音声表記をする必要がある。しかし筆者は近代以前の音声や音素については素人であるから、阪倉編（1976）の「室町時代における京都語の音節表」により音素表記する。「ち」の拍に推定される音価は、現代の錦方言と異なるところもあるだろうが、同化その他の変化を考えるには一般的に扱ってよいと考える。

4.1　連用形語幹→音便語幹

　錦方言のダイサ〈出した〉という形式の成立は、連用形語幹 dasi- が音便語幹 dai- となる変化と、それに後続する形式「た」が -sa という特殊な形となった変化、この2種の変化が重なったものである。これを分けて考える。
　まず連用形語幹から音便語幹への変化を見ると、これらは「音便」として一種類にまとめられる変化ではなく、変化過程は動詞のグループ（音便の種類）ごとに異なる。イ音便では、語基末の子音 k, g, s が消失しているので、変化は「子音脱落」という音に関する変化である。変化は子音が脱落しただけで、連用形語幹末尾の -i は保存されている。

　　　書く　　kaki- → kai-
　　　嗅ぐ　　kagi- → kai-
　　　貸す　　kasi- → kai-

しかし撥音便と促音便では、語幹末尾の -i を含めて、bi や ti という拍が N や Q という新しい拍に置き換わっている。従って単純な音変化などではなく、形態の問題である。

撥音便	飛ぶ	tobi-	→ toN-
	飲む	nomi-	→ noN-
	死ぬ	sini-	→ siN-
促音便	持つ	moti-	→ moQ-
	取る	tori-	→ toQ-

撥音便のバ四・マ四・ナ四の bi・mi・ni は全部有声音である。これらの唇音・鼻音の特徴が弱まるのに合わせて後続の「た」が有声化し、互いに影響しあって Nd の連続に変化したとすれば、語幹末が N になることに問題はないかもしれない。しかし促音便の場合、ti より ri が Q になるのを説明するのが難しい。歯茎の弾き音だから、有声音でありながら Q になったのであろうか。先に後続形式が無声音のタに決まって、それとの同化ということにすると、タがどのような基準で選択されたか説明できない。

イ音便語幹も他の型の音便語幹も、学校文法では同じように音便として扱われている。しかし撥音便と促音便語幹の成立した過程は、イ音便語幹の語基末子音の脱落と同じレベルの現象ではない。

4.2 イ音便語幹＋後続形式

次に後続形式の成立を見る。後続形式「た」は新しい形であるから、「て」など古くから存在する形式で説明する方がよいかもしれないが、論旨に影響がないと思うので、ここまでと同様に「た」で代表させる。

音便の種類によって分けたグループごとに連用形語幹＋「た」の変化を整理すると次のようになる。

イ音便	kak-i-ta	→ kai-ta	〈書いた〉
	kag-i-ta	→ kai-da	〈嗅いだ〉
	kas-i-ta	→ kai-sa	〈貸した〉
促音便	mot-i-ta	→ moQ-ta	〈持った〉
撥音便	tob-i-ta	→ toN-da	〈飛んだ〉
ウ音便	kah-i-ta	→ koo-ta	〈買った〉

イ音便の場合、異形態 -ta〜-da〜-sa の成立は、通時的に見ると、同じ i-○-a という環境にある t の一部だけが d や s に変化しているので、音法則に則った変化ではない。また共時的には、同じ形式 kai- に後続しながら -ta, -da, -sa で現れているから、相補分布でもなく、通常の異形態とは異なった性質のものである。3種の後続形式の成立が説明できるとすれば、隣接の環境によるのではなく、元となった語基の形からの同化ということになる。

サ類後続形式の成立について、楳垣（1962）は次のように述べている（p.25）。なおこれについては楳垣（1953）でも触れているが、この楳垣説は奥村三雄氏の意見を取り入れたものとのことである。

　　これ（本稿でいうサ類＝引用者）はおそらく、
　　　漕ぐ [kogita＞koida]　読む [jomita＞jonda]　飛ぶ [tobita＞tonda]
　　　死ぬ [ʃinita＞ʃinda]
　　のように、動詞の活用語尾が有声音節であると、それが音便化されると同時に、あとに続くタが、語尾の有声音性に同化されて有声化し、ダとなる現象と同じ種類の変化かと考えられる。すなわち、
　　　差す [saʃita＞saisa]　貸す [kaʃite＞kaise]
　　のように、動詞活用語尾の「きしみ音」が、あとに続くタを同化したとみるのである。

変化の大筋は、上のように語基末の子音の影響による通時的変化であろう。この楳垣説でダ類とサ類の出現について説明できたようであるが、音便語幹と後続形式全般を統一的に説明しようとすれば、イ音便語幹と他の音便語幹との相違、変化の過程など、もう少し細かく見る必要がある。

ダ類やサ類の発生が語基末子音の影響とすれば、kas-i-ta のような「語基＋語幹形成辞＋後続形式」という構造では、形態素の境界を越えた現象、特にこの場合は隣接形態素より遠い位置からの影響であり、一種の遠隔同化ということになる。同化の様子を筆者のやり方で表現すると次のようになる。本稿では音素表記をしているが、ここだけは音声的に扱い、IPA 表記に準じて音声学の用語を使用する。下の表記は、それぞれ、歯＝歯茎音、軟＝軟口蓋音、無＝無声音、有＝有声音、破＝破裂音、摩＝摩擦音である。

　　書く　kak-i-ta　(k＝軟無破)　→ kai-ta　(t＝t＋0)（×軟）
　　嗅ぐ　kag-i-ta　(g＝軟有破)　→ kai-da　(d＝t＋有)（×軟）

貸す　kas-i-ta（s＝歯無摩）→ kai-sa（s＝t－破＋摩）

　カ四動詞では無声破裂音のtのままであり、軟口蓋という調音点は影響しない。ガ四動詞の場合、語基末のgの影響で有声破裂音になっているが、これも歯茎音のままである。このdは、有声性だけの同化であるから、部分同化である。サ四動詞のサ類は、語基末のsと「た」のtとが無声歯茎音であったので、残る調音法を摩擦音に変えた完全同化である。

　上のようであれば、ガ四とサ四動詞の後続形式 -da と -sa は、語基末のg・sが消失する以前に成立していたことになる。影響の源となる子音が消失してしまった後では、それに影響された同化現象が起こり得ないからである。

4.3　イ音便以外の語幹

　イ音便語幹以外の場合、大部分は語基末が無声の場合は -ta、有声の場合は -da いうことで説明できる。しかしラ四「取る」では、語基末子音rが有声であるにもかかわらず、後続形式が -ta となっているので、全てを語基末の子音の影響とするわけにはいかない。

　促音便や撥音便語幹では、ti や bi が Q や N になっている。その新語幹と後続形式との関係を見ると、音便語幹末がQの場合は -ta、Nの場合は -da であるから、異形態選択に関係しているのは、新語幹のQやNであると考えられる。QとNの影響であれば、隣接音の同化ということになる。この場合、新語幹が発生しなければ後続形式が決定できないから、「た」の異形態が選択されるのは、新語幹発生以後ということになる。

　ただし上で述べたように、後続の -ta と -da が何らかの原因で先に決まり、それとの逆行同化によってNとQが決定されることも考えられる。しかし後続形式が先に決定される理由が分からないので、これは採らない。

　本稿のテーマはイ音便語幹とその後続形式に関してである。そのうちのサ類の発生は、上述のように語基末子音との同化によると思われる。他の音便語幹と後続形式については、筆者の力ではこの程度しか述べることができない。

5　サ類後続形式の必要性

　西日本にはサ四動詞のイ音便語幹を持つ方言があるが、その地域は限られているし、イ音便化があっても一部の動詞だけに限っている地域が多い。『方言文法全国地図』2によれば、「出した」がイ音便化しているのは、九州、中国、中部地方であるが、「貸した」は九州以外では少ない。

それでは、何故錦方言ではサ四動詞のイ音便化が完全に実現したのか。またそれに後続するサ類という新しい異形態が発生したのか。
　第一の問題、サ四イ音便化の完成についての解答は、多分、形式面での例外を減らすことであったと思われる。標準語を含めて各地の日本語では、「押す」「貸す」の便語幹はオシ・カシであり、サ四動詞だけが連用形語幹と同じ形の音便語幹となっている。そのために体系の枠としての音便語幹があっても、そこに入る形式は他の種類の動詞とは形態的に異なるものであり、均整を欠いている。2.5で述べたように、錦方言では例外を減らすための強い力が働いている。そこで全ての四段型動詞で音便形の語幹を持たせるために、イ音便化をサ四動詞にも徹底させ、形式面での均整化を図ったと考えられる。
　第二のサ類後続形式の成立は、同音衝突を避けるためではないか。形式面での均整を重視してサ四のイ音便化を進めれば、「押す＋た」も「置く＋た」もオイタとなり、同音衝突となる。それを避けるには、イ音便化を止めるか、他の手段を講ずるしかない。多くの方言では、均整を犠牲にして、サ四のイ音便化を全く受け入れなかったり、一部の動詞に限ったりした。近畿中央で始まったサ四動詞イ音便化が一部の地域における一部の語に止まったのは、同音衝突の回避を優先させたためと思われる。ところが錦方言では、形式面の均整は欲しいし、同音異義語の数は増やしたくなかった。そのための手段として、後続形式を変化させたのではないか。サ類という異形態を発生させ、「押す」にはオイサ、「置く」にはオイタと区別できるようにして、イ音便化が進行しても、同音衝突を避けることができた。4.2で述べたように、後続形式サ類は語基末子音との同化によって成立したものであれば、その成立は語幹がイ音便化する以前のことであった。サ類後続形式は、イ音便化が進行しても困らないように、それより前に成立していたのである。
　錦方言ではサ類という異形態を発生させてサ四動詞イ音便化による同音衝突を避けた。しかし「持った」と「漏った」など、タ四とラ四、バ四とマ四では同音異義語を避ける処置をしていない。サ四だけに対策が取られたのは、該当する語の数によるのではないだろうか。これを確認するためには錦方言での資料によらなければならないが、調査当時に全ての動詞について聞き取りをしたわけではないので、十分な資料がない。そこで日常語と思われる例で見ることにする。
　音便語幹＋後続形式で同音衝突を起す語を見ると、促音便となるタ四とラ四、撥音便となるバ四とマ四の間では以下のようである。

| タ四とラ四 | 打つ・撃つ／売る | 勝つ／刈る | 持つ／漏る・盛る |
| バ四とマ四 | 飛ぶ／富む | 呼ぶ／読む | |

この程度であり、アクセントの型の異なるものも多い。同音となっても前後関係で理解できるであろう。ところがカ四とサ四では次のような例が存在する。

置く／押す	書く・掻く／貸す	乾く／交す
砕く／下す	扱く・漉す・越す	咲く・裂く／指す・刺す
炊く・焚く／足す	抱く／出す	はたく／果す
巻く・蒔く／増す	向く・剥く／蒸す	吹く・拭く・葺く／伏す

　これら全てが「イ音便形＋タ」となれば、多くの同音異義語が発生する危険があった。さらに錦方言では使役の派生動詞もサ四型動詞であるから、タタク〈叩く〉とタタス〈立たせる〉、カワク〈乾く〉とカワス〈買わせる〉などもこの中に入る。地域特有の語形までを比べれば、さらに増えることも考えられる。サ類後続形式はこれら多数の同音衝突を避けるために採用されたのである。

　近畿中央語で始まったサ四のイ音便化は同音衝突の危険があったために衰え、全ての四段型動詞が音便形の語幹を持つ、という形式面で均整の取れた活用体系が全国に広がることはなかった。それに対して錦方言では、均整を得る代償として、後続形式にサ類という異形態を発生させたので、同音衝突を回避できた。それによって使役の派生動詞も含めて、サ四型動詞全てのイ音便化を例外のない状態にまでに実行し得たのである。

　ところが、1.2で述べたように「説いた」と「研いだ」では後続形式によって前接の動詞の意味が区別され、語全体で複数の意味を表すので、膠着的構造の原則から逸れている。錦方言のサ類後続形式はこの問題を拡大したことになる。サ類発生のために、カイタ〈書く＋た〉、カイサ〈貸す＋た〉、カイダ〈嗅ぐ＋た〉など、屈折語的な構造になる種類が増えたのである。イ音便化という通時的変化を完成させるためには、その問題点を補修するために別の変化が必要となる。言語の変化はこのようにして共時的な体系や構造に関わってくるのであろう。

引用文献

楳垣　実（1952）「傘サイセ行ケ」『近畿方言』16　近畿方言学会

楳垣　実（1953）「傘サイセ行ケ（補遺）」『近畿方言』18　近畿方言学会

楳垣　実（1962）「近畿方言総説」『近畿方言の総合的研究』三省堂

楳垣　実編（1962）『近畿方言の総合的研究』三省堂

奥村三雄（1968）「サ行イ音便の消長」『國語國文』37-1 京都大學國文學會

阪倉篤義編（1976）『国語学概説』有精堂

丹羽一彌（2000a）「三重県志摩町布施田方言の音便形とバ四・マ四動詞」『人文科学論集』34　信州大学人文学部

丹羽一彌（2000b）「三重県錦方言のダイサ〈出した〉」『ことばの研究』11 長野県ことばの会

丹羽一彌（2000c）「県内各地の方言」『三重県のことば』明治書院

丹羽一彌（2011）「志摩市布施田方言と室町時代口語」『三重県志摩市のことば』徳島大学総合科学部日本語学研究室

福山昭雄（1955）「"傘サイセ行ケ"について」近畿方言双書1『東条操先生古稀祝賀論文集』近畿方言学会

国立国語研究所（1991）『方言文法全国地図』2　大蔵省印刷局

6　二段動詞の一段化と一段動詞の五段化

黒木邦彦

はじめに

表1（次頁）、表2（次頁）から分かるように、日本語の動詞の音形は時代や地域に拠って異なる。日本語の研究者の多くは、表1、表2の音形を、学校文法に拠って表3（次々頁）、表4（次々頁）のように分析する（記号の意味はP. 120の「記号一覧」参照。学校文法に拠る場合は、"-"で語幹および活用語尾の境界を、"="で付属語の境界を示す）。

表3の「上げる」は：

(1) a. [1] 中古京都方言および [5] 串木野方言では二段動詞であるが；
　　b. [4] 日田方言では部分的に；
　　c. [2] 現代京都方言および [3] 五箇山方言では完全に一段化している。

表4の「見る」は：

(2) a. [1] 中古京都方言、[2] 現代京都方言、[3] 五箇山方言では一段動詞であるが；
　　b. [5] 串木野方言では大よそ；
　　c. [6] 出水方言では完全に五段化している。

学校文法で言うところの一段動詞、二段動詞、五段動詞の語彙的・形態的特徴は：

(3)
	所属語彙数	活用語尾の段数
二段動詞：一段動詞	多：少	2：1
一段動詞：五段動詞	少：多	1：5

であるから、二段動詞の一段化と一段動詞の五段化は、それぞれ次のように理解される。

(4) a. 二段動詞の一段化：活用語尾の段数を減らすためのもの。多数派の二段動詞が少数派の一段動詞に合流するわけであるから、少数派を多数派に合流させるためのものではない。
　　b. 一段動詞の五段化：少数派を多数派に合流させるためのもの。一段動

＊1　動詞の音形は時代や地域によって異なるので、現代標準語の辞書形で代表させる。

表1 動詞「上げる」*1 の音形

		[1]中古京都	[2]現代京都	[3]五箇山	[4]日田	[5]串木野
[A]	'上げずに'	agede	ageide ageɴde ageɴto	age|i|de ageɴto	ageɴna ageɴde[a]	ageɴzi
[B]	'上げよう'	agemu	agejo|o|	agejo|o|	agejoo	aguQ
[C]	'上げ'	age	age	age	age	age
[D]	'上げて'	agete	agete	agete	agete[b]	agete
[E]	'上げろ'	agejo	agei	age	agere	age agere
[F]	'上げると；上げれば'	agureba	agerja[c]	agerja[c]	ager|j|a agur|j|a	ageja agureba
[G]	'上げる'	agu[d] aguru[e]	ageru	ageru	ageru aguru	aguQ

a. ageɴzi とも。b. ageti とも。c. 堅く言えば、agereba。d. 終止形。e. 準体形。

表2 動詞「見る」の音形

		[1]中古京都	[2]現代京都	[3]五箇山	[5]串木野	[6]出水
[A]	'見ずに'	mide	miide miɴde miɴto	mi|i|de miɴto	miraɴzi	miraɴdeɴ mirazito|ɴ| mira|ɴ|ziɴ
[B]	'見よう'	mimu	mijo|o|	mijo|o|	miro	miro
[C]	'見'	mi	mi|i|	mi|i|	mi mii	mii
[D]	'見て'	mite	mite	mite	mite miQte	miQte
[E]	'見ろ'	mijo	mii	mi|i|	mire	mire
[F]	'見ると；見れば'	mireba	mirja[a]	mirja[a]	mireja mireba	mirja
[G]	'見る'	miru	miru	miru	miQ	miʀ

a. 堅く言えば、mireba。

表3 二段動詞の一段化

		[1] 中古京都	[2] 現代京都	[3] 五箇山	[4] 日田	[5] 串木野
[A]	'上げずに'	a-ge=de	a-ge=ide	a-ge={i}de	a-ge=Nna	a-ge=Nzi
			a-ge=Ø-N=de	a-ge=Ø-N=to	a-ge=Ø-N=de	
			a-ge=Ø-N=to			
[B]	'上げよう'	a-ge=Ø-mu	a-ge=jo{o}	a-ge=jo{o}	a-ge=joo	a-guQ
[C]	'上げ'	a-ge	a-ge	a-ge	a-ge	a-ge
[D]	'上げて'	a-ge=te	a-ge=te	a-ge=te	a-ge=te	a-gete
[E]	'上げろ'	a-gejo	a-gei	a-ge	a-gere	a-ge
						a-gere
[F]	'上げると；上げれば'	a-gure=ba	a-gerja	a-gerja	a-ger{j}a	a-geja
					a-gur{j}a	a-gure=ba
[G]	'上げる'	a-gu	a-geru	a-geru	a-geru	a-guQ
		a-guru			a-guru	

表4 一段動詞の五段化

		[1] 中古京都	[2] 現代京都	[3] 五箇山	[5] 串木野	[6] 出水
[A]	'見ずに'	Ø-mi=de	Ø-mi=ide	Ø-mi={i}de	mi-ra=Nzi	mi-ra-Ø-N=deN
			Ø-mi=Ø-N=de	Ø-mi=Ø-N=to		mi-ra=zito{N}
			Ø-mi=Ø-N=to			mi-ra={N}ziN
[B]	'見よう'	Ø-mi=Ø-mu	Ø-mi=jo{o}	Ø-mi=jo{R}	mi-ro	mi-ro
[C]	'見'	Ø-mi	Ø-mi{i}	Ø-mi{i}	Ø-mi	mi-i
					mi-i	
[D]	'見て'	Ø-mi=te	Ø-mi=te	Ø-mi=te	Ø-mi=te	mi-Q=te
					mi-Q=te	
[E]	'見ろ'	Ø-mijo	Ø-mii	Ø-mi{i}	mi-re	mi-re
[F]	'見ると；見れば'	Ø-mire=ba	Ø-mirja	Ø-mirja	mi-re=ja	mi-rja
					mi-re=ba	
[G]	'見る'	Ø-miru	Ø-miru	Ø-miru	mi-Q	mi-i

詞が五段動詞に合流するわけであるから、活用語尾の段数を減らすためのものではない。

ただし、(4)のように考えると、次のことが問題になる。

(5) a. (3)を踏まえると、二段動詞の一段化の動機と一段動詞の五段化のそれは相反する。
 b. 二段動詞の一段化が広域で観察されるのに対し、四段動詞および五段動詞の減段はないに等しい[*2]。
 c. 二段動詞が減段して一段動詞になるのに対し、四段動詞は増段して五段動詞になる。

そこで、本稿では次の問いを解き明かす。

 ［主問］どのような文法[*3]に拠れば、表1、表2の史的変化が矛盾なく説明できるか。

[*2] 別表1［1］のように、鹿児島県の川内地方から串木野地方にかけての地域では、他所のサ行五段動詞が下二段型に活用する。ただし、別表1［2］のように五段型にも活用するので、五段動詞が完全に下二段化（＝減段）しているわけではない（cf. 大久保 2002）。

別表1　川内・串木野方言における動詞「押す」の語形

		[1] 二段型	[2] 五段型
[A]	'押さずに'	oseNzi	osaNzi
[B]	'押そう'	osuQ	oso
[C]	'押し'	ose	osi
[D]	'押して'	osete	ete
[E]	'押せろ'	osere	ose
[F]	'押せば'	oseja	oseja
		osureba	oseba
[G]	'押す'	osuQ	osu

[*3] 文法とは言語の構造や仕組みに対する解釈で、記述の一貫性、整合性、経済性がその妥当性を保証する。したがって、南（1962）、丹羽（2005: Chap. 4）が述べるとおり、記述文法は次の要件を満たしていなければならない。

 (I) a. 記述に矛盾がなく、全体が首尾一貫している。
  b. 最小の記述で最大の利益を上げている。

[副問1] その文法の原理はどのようなものであるか（§2）。
[副問2] その文法に拠れば、学校文法の"段"はどのように解釈されるか（§3）。
[副問3] その文法に拠れば、表1、表2の史的変化はどのように解釈されるか（§4）。
[副問4] その文法に拠ることで、動詞活用体系の史的変化として新たに記述できる事例は存在するか（§5）。

1　形態音韻文法

本節では次の問いを解き明かす。
　[副問1] 表1、表2の史的変化を矛盾なく説明するための文法の原理は、どのようなものであるか。

1.1　語幹と接尾辞

日本語研究に限ったことではないが、語の分析にあたっては、前後の形式や文脈が変わっても、一定の意味、職能を有する形式を形態素（morpheme）として抽出する。

表5　現代標準語の動詞

		[1] '押(す)'	[2] '書(く)'	[3] '見(る)'	[4] '上げ(る)'
[A]	'〜せずに'	osazuni	kakazuni	mizuni	agezuni
[B]	'〜しながら'	osinagara	kakinagara	minagara	agenagara
[C]	'〜しよう'	oso$_R$	kakoo	mijoo	agejoo
[D]	'〜する'	osu	kaku	miru	ageru

表5に挙げるのは現代標準語の動詞である。列（＝縦の並び）を見ると、[1]には os-が、[2]には kak-が、[3]には mi-が、[4]には age-が共通して認められる。これらは、前後の形式や文脈が変わっても、一定の意味、職能を有する形式であるから、前述の方針に従い、形態素として抽出する。同じ要領で行（＝横の並び）を分析し、[A]からは -zuni を、[B]からは -nagara を、[C]からは -oo を、[D]からは -u を形態素として抽出する。(i) 縦の列から抽出した os-、kak-、mi-、age- を"語幹"(stem)*[4]と、(ii) 横の列から抽出した -zuni、-nagara、-oo、-u を"接尾辞"(suffix) と呼ぶ。どちらも動詞の構成要素であるから、前者は"動詞語

幹"で、後者は"動詞接尾辞"である。

　動詞語幹のうち、(i) [1] os-、[2] kak- のように子音で終わるものを"子音語幹"と、(ii) [3] mi-、[4] age- のように母音で終わるものを"母音語幹"と呼ぶ。そして、動詞接尾辞のうち、(i) [A] -zuni、[B] -nagara のように子音で始まるものを"子音接尾辞"と、(ii) [C] -oo、[D] -u のように母音で始まるものを"母音接尾辞"と呼ぶ。

1.2　連結音

　表5の動詞を語幹と接尾辞に分けると、表6のようになる。

表6　現代標準語の動詞の分析

		[1] '押(す)'	[2] '書(く)'	[3] '見(る)'	[4] '上げ(る)'
[A]	'〜せずに'	os-*a*-zuni	kak-*a*-zuni	mi-zuni	age-zuni
[B]	'〜しながら'	os-*i*-nagara	kak-*i*-nagara	mi-nagara	age-nagara
[D]	'〜しよう'	os-oo	kak-oo	mi-*j*-oo	age-*j*-oo
[C]	'〜する'	os-u	kak-u	mi-*r*-u	age-*r*-u

　[1C] osoo などは過不足なく二分できるが、[1A] osazu などはそうはいかず、斜体部の形式が余る。清瀬 (1971) はこのような残余形式を"連結子音""連結母音"と呼び（筆者は、両者を一括して"連結音"と呼ぶことがある）、接尾辞に登録する。(i) 子音語幹と子音接尾辞が接続する時は、連結母音が、(ii) 母音語幹と母音接尾辞が接続する時は、連結子音が両者の橋渡し役を務める（屋名池1986;

---

*4　ちなみに、学校文法では、動詞「押す」(e.g. osu '押す'、osi '押し'、ose '押せ' etc.) から o- を語幹として抽出する。確かに、動詞「貸す」(e.g. kasu '貸す'、kasi '貸し'、kase '貸せ' etc.) の語幹 ka- と対照させると、語幹 o- が '押(す)' を意味する（そして、語幹 ka が '貸(す)' を意味する）ように思われる。しかし、動詞「置く」(e.g. oku '置く'、oki '置き'、oke '置け' etc.) の語幹 o- と対照させると、そうは考えられない。この場合、「押す」の語幹も「置く」のそれも o- であるから、'押(す)' と '置(く)' の違いは活用語尾で表していることになる。
　このように、学校文法の語幹と活用語尾は意味が一定しない（多義的という意味ではない）から、形態素ではない。また、両者がどのような原理に拠って分析されているのかも定かではない。共に致命的な欠陥であって、立場の違いを理由に片づけられるものではない。

1987の"活用部"の職能も同様)[*5]。

1.3 連結音の登録先

　清瀬が-(r)uや-(a)zuniのように連結音を接尾辞に登録するのは、語幹よりも接尾辞に登録する方が経済的であることに拠る（屋名池1986; 1987も、同様の理由で活用部を接尾辞に登録する）。連結音の境界を"."で示すと、次のとおり。

(6) 連結音を語幹に登録する場合
　　a. os(a/i)-'押(す)'：e.g. *os*-u '押す'、*os.a*-zuni '押さずに'、
　　　 os.i-nagara '押しながら'
　　b. age(r/s/j)-'上げ(る)'：e.g. *age*-zuni '上げずに'、*age.r*-u '上げる'、
　　　 age.s-ase-ru '上げさせる'、*age.j*-oo '上げよう'

(7) 連結音を接尾辞に登録する場合
　　a. -(a)zuni '〜せずに'：e.g. os-*a.zuni* '押さずに'、age-*zuni* '上げずに'
　　b. -(i)nagara '〜しながら'：e.g. os-*i.nagara* '押しながら'、age-*nagara*
　　　 '上げながら'
　　c. -(r)u '〜する'：e.g. os-*u* '押す'、age-*r.u* '上げる'
　　d. -(s)ase- '〜させ(る)'：e.g. os-*ase*-r.u '押させる'、age-*s.ase*-r.u '上げさせる'
　　e. -(j)oo '〜しよう'：e.g. os-*oo* '押そう'、age-*j.oo* '上げよう'

　連結音を語幹に登録する場合は、os(a/i)-やage(r/s/j)-のように、一つの語幹に対して2種類以上の連結音を示さなければならない。一方、連結音を接尾辞に登録する場合は、-(a)zuniや-(r)ebaのように、一つの接尾辞に対して1種類の連結音を示すだけで済む。

1.4 経済性

　清瀬文法の長所はその簡易さにある。清瀬は動詞の構造を：

(8) 動詞＝[動詞語幹-|連結音.|動詞派生接尾辞-|連結音.|動詞屈折接尾辞[*6]]
　　と分析し、動詞の活用を形態音韻現象と捉えている[*7]。連結音の現れ方は次のとおり。

＊5　清瀬は、(i) -(s)ase- '〜させ(る)'を"母音で始まる接尾辞"（清瀬1971: 54）と、(ii) -(a)na_A- '〜しな(い)'を"子音で始まる接尾辞"（同上：52）と呼んでいる。したがって、連結音を接尾辞初頭音と考えているわけではない。

＊6　清瀬の用語では"統語動詞接尾辞"。

(9) 連結音の現れ方（—C-：子音語幹；—V-：母音語幹；-(　)C—：子音接尾辞；-(　)V—：母音接尾辞）
   a. — C- + -(V)C — → — C-V.C — （cf. * — C-C —）
   b. — V- + -(V)C — → — V-C — （cf. * — V-V.C —）
   c. — C- + -(C)V — → — C-V — （cf. * — C-C.V —）
   d. — V- + -(C)V — → — V-C.V — （cf. * — V-V —）

文法に従って希望の形式を得るためには、形態素が必要である。たとえ文法が簡易であっても、多くの語彙的知識を必要とするようでは意味がない。清瀬文法はこの点でも優れており、語形成の上で要求される語彙的知識は、(i) 音形、(ii) 意味、(iii) 形態素類だけである。動詞の構成要素である動詞語幹と動詞接尾辞は、その音形（語幹であれば末尾音、接尾辞であれば初頭音）を見れば、母音型／子音型のどちらであるか分かる[*8]。したがって、学校文法の活用型や接続を覚える必要はない。清瀬が指摘するように、学校文法は、文法の面でも語彙の面でも多くの知識を必要とする。

  今仮に、日本語を母国語としない者が［学校文法に従って］使役形で何かを表現しようとしたとする。其の場合、先づ其の動詞の未然形を六活用形の中から選り出さなければならない。而も、それには、使役の助動詞は常に未然形に接続すると言ふ知識が前提と成る。然る後、更に其の動詞が四段に活用するか一段に活用するかに従つて、「せる」又は「させる」のいづれか一方を採つて、それを接続させると言ふのである。而も、その助動詞自体も亦六活用形を有してゐると言ふ。
                            （清瀬 1971: 54–55；［　］内は黒木注）

以上のことから、筆者も残余形式を連結音とする。日本語の動詞の活用を形態音韻現象と見る清瀬は、語幹末尾音と接尾辞初頭音の組み合わせに着目して、文法を構築している。そこで、本稿ではこのような文法を"形態音韻文法"と呼ぶ。

＊7　副題に"日本語動詞無活用論"とあるように、日本語の動詞（清瀬に拠れば、形容詞も動詞の一種）は活用しないというのが清瀬の主張である。ただし、この現象を活用と呼ぶか否かの問題に過ぎないから、無活用であるか否かという問題は本質的ではない。

＊8　学校文法の場合、未然形を辞書形にすれば、ほとんどの動詞の活用型（e.g. 五段型、下二段型、上一段型 etc.）が一目で分かる。

(II)	切る	着る
終止形	kiru	kiru
未然形	*kira*	*ki*

2 学校文法の"段"

本節では次の問いを解き明かす。

　[副問2] 形態音韻文法に拠れば、学校文法の"段"はどのように解釈されるか。

2.1 五段動詞、一段動詞

前節で提案した形態音韻文法の分析原理は、学校文法のそれとは異なる。両者の違いを整理すると、次のとおり。

(10)

	形態音韻文法	学校文法
分析単位	音素	モーラ
無形の語幹	認めない	認める
無形の語尾	認める	認めない

それぞれに拠って現代標準語の動詞を分析すると、次のようになる。

(11)

	形態音韻文法		学校文法	
	'押(す)'	'見(る)'	'押(す)'	'見(る)'
'〜せずに'	os-a.zuni	mi-zuni	o-sa=zuni	Ø-mi=zuni
'〜しよう'	os-oo	mi-j.oo	o-so=o	Ø-mi=joo
'〜しろ'	os-e	mi-ro	o-se	Ø-miro
'〜し'	os-i.Ø	mi-Ø	o-si	Ø-mi
'〜して'	os-i.te	mi-te	o-si=te	Ø-mi=te
'〜すれば'	os-eba	mi-r.eba	o-se=ba	Ø-mire=ba
'〜する'	os-u	mi-r.u	o-su	Ø-miru

(11)に示すとおり、形態音韻文法に拠れば、(i) 五段動詞（四段動詞も同様）は子音動詞に、(ii) 一段動詞は母音動詞になる。どちらも語幹は一つであるから、学校文法の活用語尾のように、接続相手に合わせて母音交替を起こす形式を設ける必要はない。"段"という概念に拠らなくても、この両者の活用は記述できるのである。

2.2 二段動詞
2.2.1 大木文法に拠る分析

学校文法で言うところの二段動詞は、その語幹の分析方法がしばしば問題になる。たとえば、大木(2010: Chap. I)では、中古京都方言の二段動詞の語幹を子音語幹としている[*9]。大木が提案する中古京都方言の動詞活用体系は、表7（次頁）のとおり。

しかし、この分析では、子音語幹の型（=［1］四段型／［2］下二段型／［3］上二段型のいずれであるか）を見分けることができない。大木文法に従って、［1］四段動詞、［2］下二段動詞、［3］上二段動詞の語幹末尾子音の分布を示すと、表8のとおり。

表7　中古京都方言の動詞活用体系（大木 2010: 34）

		正格活用			変格活用				
		[1]	[2]	[3]	[4]	[5]	[6]	[7]	[8]
		os-	ag-	ot-ᵃ	mi-	ar-	k-	s-	sin-
		'押(す)'	'上げ(る)'	'落ち(る)'	'見(る)'	'有(る)'	'来(る)'	'す(る)'	'死(ぬ)'
[A]	未然	os-a	ag-e	ot-i	mi-Ø	ar-a	k-o	s-i	sin-a
[B]	連用	os-i	ag-e	ot-i	mi-Ø	ar-i	k-i	s-i	sin-i
[C]	命令	os-e	ag-ejo	ot-ijo	mi-jo	ar-e	k-ojo	s-ejo	sin-e
[D]	已然ᵇ	os-e	ag-ure	ot-ure	mi-re	ar-e	k-ure	s-ure	sin-ure
[E]	連体	os-u	ag-uru	ot-uru	mi-ru	ar-u	k-uru	s-uru	sin-uru
[F]	終止	os-u	ag-u	ot-u	mi-ru	ar-i	k-u	s-u	sin-u

a. 大木（2010: 34）の表では、[1] omoh- '思(う)'、[2] id- '出(る)'、[3] sug- '過ぎ(る)' であるが、このように変更した。
b. 大木（2010: 34）の表では、[A] 未実現、[C] 成立、[D] 存在、[F] 条件であるが、学校文法の用語に合わせた。

動詞接尾辞［A–E］の音形は次のとおり（（　）内は異形態の数）。
[A] -Ø ～ -i ～ -e～ -o～ -a (5)　[B] -Ø～ -i～ -e (3)　[C] -e～ -jo～ -ijo～ -ejo～ -ojo (5)
[D] -e～ -re～ -ure (3)　[E] -u～ -ru～ -i (3)　[F] -u～ -ru～ -uru (3)

表8　四段動詞、下二段動詞、上二段動詞の語幹末尾子音の分布

	h	b	m	w	t	d	n	r	s	z	j	k	g
四段動詞				*		*	*			*	*		
下二段動詞													
上二段動詞				*			*	*	*				

i. ＊：該当例なし

＊9　ただし、動詞「得る」からは子音終わりの語幹が抽出できない。このような二段動詞は他に見当たらないから、例外として処理するのかもしれない。
　　　（III）Ø-ede '得ずに'、Ø-ejo '得ろ'、Ø-e '得'、Ø-ure '得れ'、Ø-u '得る'〈終止〉、Ø-uru '得る'〈準体〉

表8に示すとおり、[1] 四段動詞、[2] 下二段動詞、[3] 上二段動詞の語幹末尾子音の分布は相補的ではない。語幹末尾子音が w/n/z のいずれかであれば、当該子音語幹は [2] 下二段型であるが、それ以外は型が分からない。このように、大木文法では、当該子音語幹の型を個別に覚えるしかない[*10]。

述語を重視する単肢言語ということもあってか、日本語の動詞語幹には種々の動詞接尾辞が後接する。その現象が個別的な語彙的知識に依存しているというのは、余りにも経済性を欠く説であって、筆者には受け容れがたい。

2.2.2　形態音韻文法に拠る分析

表7を注意深く観察すると、次のことに気づく。

(12) a. [2] 下二段動詞を作る動詞屈折接尾辞の初頭音は e、u に、[3] 上二段動詞を作る動詞屈折接尾辞の初頭音は i、u に限られる。
　　 b. 動詞屈折接尾辞のうち、[2] 下二段動詞を作る -e— と、[3] 上二段動詞を作る -i— は出現箇所が一致する。
　　 c. 動詞屈折接尾辞のうち、[2] 下二段動詞を作る -u— と、[3] 上二段動詞を作る -u— は出現箇所が一致する。

大木が表7の [2, 3, 6-8] で接尾辞初頭音としている母音を語幹末尾音と見ると、表9（次頁）のようになる。

動詞語幹の型が子音型／母音型の2種類（混交型は両者の混交）であるのに対応して、連結音の有無による動詞接尾辞の異形態も、[F] 以外では2種類に収まる。[4] 上一段動詞語幹は8種類[*11]、[5] ラ変動詞語幹は4種類[*12]しかないから、前者に後接する -ru と後者に後接する -i を不規則形式と処理すれば（＝個別に覚えれば）、[F] の異形態も2種類に収まる (cf. [F]-(u)∅〜-ru〜-i → -(u)∅)。

また、従来の文法では、[6] カ変動詞、[7] サ変動詞、[8] ナ変動詞を変格動詞とする理由は、所属語彙の少なさに求めるしかないが、形態音韻文法に拠れば、次の点も理由として挙げられる。

[*10] 注8で述べたように、学校文法であっても、未然形を辞書形にすれば、ほとんどの動詞の活用型が一目で分かる。この点では、学校文法の方が大木文法よりも優れている。

[*11] ki-'着(る)'、ni-'煮(る)'、ni-'似(る)'、hi-'干(る)'、mi-'見(る)'、i-'射(る)'、wi-'座(る)'、wi-'鋳(る)'

[*12] ar-'有(る)'、wor-'居(る)'、haber-'侍(る)'、imasugar-'いらっしゃ(る)'

表9　中古京都方言の動詞活用体系（形態音韻文法）

		子音型		母音型					混交型
		[1] os- '押(す)'	[5] ar- '有(る)'	[2] age/u- '上げ(る)'	[3] oti/u- '落ち(る)'	[4] mi- '見(る)'	[6] ko/i/u- '来(る)'	[7] se/i/u- 'す(る)'	[8] sin(u)- '死(ぬ)'
[A]	'〜せずに'[a]	os-a.de	ar-a.de	age-de	oti-de	mi-de	ko-de	se-de	sin-a.de
[B]	'〜し'	os-i.Ø	ar-i.Ø	age-Ø	oti-Ø	mi-Ø	ki-Ø	si-Ø	sin-i.Ø
[C]	'〜しろ'	os-e	ar-e	age-jo	oti-jo	mi-jo	ko-jo	se-jo	sin-e
[D]	'〜すれ'	os-e	ar-e	agu-r.e	otu-r.e	mi-r.e	ku-r.e	su-r.e	sinu-r.e
[F]	'〜する'〈連体〉	os-u	ar-u	agu-r.u	otu-r.u	mi-r.u	ku-r.u	su-r.u	sinu-r.u
[E]	'〜する'〈終止〉	os-u.Ø	ar-i	agu-Ø	otu-Ø	mi-ru	ku-Ø	su-Ø	sinu-Ø

a. 筆者が言うところの動詞は全て自立形式である。大木が言うところの未実現形動詞（e.g. os-a '押さ〜'、ag-e '上げ〜'、mi-Ø '見〜' etc.）は非自立形式であるから、ここでは -(a)de 形動詞でそれに代える。

動詞接尾辞 [A–E] の音形は次のとおり（（　）内は異形態の数）。
[A] -(a)de (2) [B] -(i)Ø (2) [C] -e〜-jo (2) [D] -(r)e (2) [E] -(r)u (2) [F] -(u)Ø〜-ru〜-i (4)

(13) a. [6] カ変動詞と [7] サ変動詞は、3種類の母音語幹が交替する点で；
　　 b. [8] ナ変動詞は、子音語幹と母音語幹が混交している点で変格である。

筆者の分析に拠れば、[2, 3, 6–8] の動詞語幹は、これに後接する動詞接尾辞に合わせて交替する。本稿では、このような動詞を"複語幹動詞"（⇔ "単語幹動詞"）と呼ぶ。

3　動詞活用体系の史的変化

本節では次の問いを解き明かす。
　［副問3］形態音韻文法に拠れば、表1、表2の史的変化はどのように解釈されるか。

表1、表2の史的変化を形態音韻文法に従って解釈すると、表10（次頁）、表11（次々頁）のようになる。
表10の「上げる」の語幹は：
(14) a. [1] 中古京都方言および [5] 串木野方言では母音複語幹であるが；
　　 b. [4] 日田方言では部分的に；
　　 c. [2] 現代京都方言および [3] 五箇山方言では完全に母音単語幹化している。

表10　母音複語幹の母音単語幹化*13

		[1] 中古京都	[2] 現代京都	[3] 五箇山	[4] 日田	[5] 串木野

[A]	'上げずに'	age-de	age-ide
			//age-n-i.Te//ᵃ
			//age-n-u=to//ᵃ
				age-l|de
				//age-n-u=to//ᵇ
					age-Nna
					//age-n-i.Te//ᵃ
						age-Nzi

[B]	'上げよう'	age-m-u	age-j.o |o|	age-j.o |o|	age-j.oo	//agu-r.u//
[C]	'上げ'	age-Ø	age-Ø	age-Ø	age-Ø	age-Ø
[D]	'上げて'	age-Ø=te	age-te	age-te	age-te	age-te
[E]	'上げろ'	age-jo	age-i	age-Ø	age-re	age-Ø age-r.e
[F]	'上げると； 上げれば'	agu-r.e=ba	age-r.ja	age-r.ja	age-r.|j|a agu-r.|j|a	age-ja agu-r.eba
[G]	'上げる'	agu-Ø agu-r.u	age-r.u	age-r.u agu-r.u	age-r.u	//agu-r.u//ᶜ

a. 当方言の動詞、特に語幹末尾音がn (e.g sin-'死(ぬ)')のものの活用を踏まえると、ageNde '上げずに；上げないで'、agenja '上げなければ'、ageN '上げない'は //age-n-i.Te// //age-n-ja// //age-n-u// と分析できるから。

b. 当方言の動詞、特に語幹末尾音がn (e.g sin-'死(ぬ)')のものの活用を踏まえると、ageNde '見ずに；見ないで'、agenja '見なければ'、agenedo '見ないけど'、ageN '見ない'は、//age-n-i.Te// //age-n-ja// //age-n-edo// //age-n-u// と分析できるから。

c. 当方言の動詞の活用を踏まえると、aguQ は //agu-r.u// と分析できるから。

　　表11の「見る」の語幹は：

(15) a. [1] 中古京都方言、[2] 現代京都方言、[3] 五箇山方言では母音単語幹であるが；

　　b. [5] 串木野方言では大よそ；

　　c. [6] 出水方言では完全に子音単語幹化している。

形態音韻文法で言うところの母音単語幹、母音複語幹、子音単語幹の語彙的・形態的特徴は：

(16) 　　　　　　　　　　　　所属語彙数　　語幹の数
　　母音複語幹：母音単語幹　　多：少　　　2：1
　　母音単語幹：子音単語幹　　少：多　　　1：1

---

*13　清瀬(1971)に倣い、融合形式を生じさせる接尾辞は、その初頭音を大文字で表記する (cf. -(i)Ta '〜した'：e.g. os-*i.ta* '押した'、age-*ta* '上げた'、kaita //kak-*i.Ta*// '書いた'、joNda //jom-*i.Ta*// '読んだ'、taQta //tat-*i.Ta*// '立った')。

表11　母音単語幹の子音単語幹化

		[1] 中古京都	[2] 現代京都	[3] 五箇山	[5] 串木野	[6] 出水

[A]	'見ずに'	mi-de	mi-ide
			//mi-n-i.Te//[a]
			//mi-n-u=to//[a]
				mi-i̥de
				//mi-n-u=to//[b]
					mir-a.Nzi	mir-a.NdeN
						mir-a.zito {N}
						mir-a.{N}ziN

[B]	'見よう'	mi-m-u	mi-j.o {o}	mi-j.o {o}	mir-o	mir-o
[C]	'見'	mi-Ø	//mi-Ø//[c]	//mi-Ø//[c]	mi-Ø //mir-i.Ø//[d]	//mir-i.Ø//[d]
[D]	'見て'	mi-Ø=te	mi-te	mi-te	mi-te //mir-i.Te//[e]	//mir-i.Te//[e]
[E]	'見ろ'	mi-jo	mi-i	//mi-Ø//[c]	mir-e	mir-e
[F]	'見ると；見れば'	mi-r.e=ba	mi-r.ja	mi-r.ja	mir-eja mir-eba	mir-ja
[G]	'見る'	mi-r.u	mi-r.u	mi-r.u	//mir-u//[f]	//mir-u//[e]

a. 当方言の動詞、特にn語幹（語幹末尾音がnの動詞語幹；e.g sin- '死(ぬ)'）のものの活用を踏まえると、miNde '見ずに；見ないで'、minja '見なければ'、miN '見ない' は //mi-n-i.Te// //mi-n-ja// //mi-n-u// と分析できるから。
b. 当方言の動詞、特にn語幹（e.g sin- '死(ぬ)'）のものの活用を踏まえると、miNde '見ずに；見ないで'、minja '見なければ'、minedo '見ないけど'、miN '見ない' は、//mi-n-i.Te// //mi-n-ja// //mi-n-edo// //mi-n-u// と分析できるから。
c. 当方言では、1拍語を2拍で発音するから。
d. 当方言では、riおよびruがiで実現するから。
e. 当方言の動詞、特にr語幹（e.g. tor- '取(る)'、ar- '有(る)' etc.）のものの活用を踏まえると、miQteは //mir-i.Te// と分析できるから。
f. 当方言の動詞の活用を踏まえると、miQは //mir-u// と分析できるから。なお、mire, mirja, miQは //mi-r.e// //mi-r.ja// //mi-r.u// とも分析できる。

であるから（cf. (3)）、母音複語幹の母音単語幹化と母音単語幹の子音単語幹化は、それぞれ次のように理解される（cf. (4)）。

(17) a. 母音複語幹の母音単語幹化：複語幹を単語幹にするためのもの。多数派の母音複語幹が少数派の母音単語幹に合流するわけであるから、少数派を多数派に合流させるためのものではない。
b. 母音単語幹の子音単語幹化：少数派を多数派に合流させるためのもの。どちらも単語幹であるから、複語幹を単語幹にするためのではない。

形態音韻文法の分析では、四段動詞も五段動詞も子音単語幹動詞である。§1で述べたとおり、学校文法に従って解釈すると、(5) (p. 4) が問題になるが、形態音韻文法に拠れば、その心配もない。

4　連結子音の史的変化

本節では次の問いを解き明かす。

　　［副問4］形態音韻文法に拠ることで、動詞活用体系の史的変化として新たに記述できる事例は存在するか。

　形態音韻文法の射程は学校文法のそれよりも広く、これに拠れば、動詞活用体系の史的変化として記述できる事例が増える。
　形態音韻文法で設定される連結子音は、ほとんどの方言において、次の3種類（あるいはそれ以下）に限られる。

　　(18)　a.　r: e.g. -(r)are-, -(r)eba, -(r)u etc.
　　　　　b.　j: e.g. -(j)oo, -(j)aN〈終止／連体．否定〉（大阪），-(j)aqsar-〈主格尊敬〉（五箇山）
　　　　　c.　s: e.g. -(s)ase-, -(s)as-

これらのうち、s は使役動詞語幹を派生させる時にしか観察されない（cf. os-*ase*-r.eba '押させれば'：age-*s.ase*-r.eba '上げさせれば'）。s は連結子音の中では少数派であるから、他に合流することがあっても不思議ではない。たとえば、田附 (2004) が資料とする五所川原方言では、連結子音 s が衰退しつつあるように映る。表12（次頁）にそれを示す。

　表12 ［2E, 3E］の分析に対しては、次のような異議が出るかもしれない。

　　(19)　a.　［2E］ irahe- は ir-ahe- と、［3E］ haberahe- は haber-ahe- と分析するのが妥当である。なぜなら；
　　　　　b.　［2E-I］からは ir- が、［3C-I］からは haner- が動詞語幹として抽出できるからである。
　　　　　c.　したがって、五所川原方言で進行しつつある変化は、連結子音 s の衰退（cf.-(s)ahe- → -(r)ahe-）ではなく、母音単語幹の子音単語幹化（cf. i-, hane- → ir-, haner-）である。

筆者は異議 (19) には次のように反論する。

　　(20)　a.　［2E-I, 3E-I］を以って、母音単語幹の子音単語幹化を主張するのは妥当ではない。なぜなら；
　　　　　b.　［2E-I, 3E-I］の動詞（語幹）の構造は、体系性を考慮しなければ、(i) ［母音語幹-連結子音.母音接尾辞］(e.g. i-r.ahe-, hane-r.u etc.) とも、(ii) ［子音語幹-母音接尾辞］(e.g. ir-ahe-, haner-u etc.) とも解釈できるからである（言うまでもなく、筆者は体系性を考慮して、(i) のように解釈している）。

表12　五所川原方言における連結子音 s の衰退

		[1] '押(す)'		[2] '居(る)'		[3] '跳ね(る)'	
		音形	分析	音形	分析	音形	分析
[A]	'〜しな(い)'	osane-	os-a.ne-	ine-	i-ne-	hanene-	hane-ne-
[B]	'〜した(い)'	osite-	os-i.te-	ite-	i-te-	hanete-	hane-te-
[C]	'〜しま(す)'	osis-	os-i.s-	is-	i-s-	hanes-	hane-s-
						haneris-	haner-i.s-
[D]	'〜して'	osite	os-i.te	ite	i-te	hanete	hane-te
						haneqte	//haner-i.Te//[a]
[E]	'〜させ(る)'	osahe-	os-ahe-	*isahe-*	*i-s.ahe-*	*hanesahe-*	*hane-s.ahe-*
				irahe-	*i-r.ahe-*	*hanerahe-*	*hane-r.ahe-*
[F]	'〜しろ'	ose	os-e	iro	i-ro	hanero	hane-ro
				ire	i-r.e	hanere	hane-r.e
[G]	'〜でき(る)'	ose-	os-e-	ire-	i-r.e-	hanere-	hane-r.e-
[H]	'〜すれば'	oseba	os-eba	ireba	i-r.eba	hanereba	hane-r.eba
[I]	'〜する'	osu	os-u	iru	i-r.u	haneru	hane-r.u

a. 当方言の動詞、特に r 語幹（e.g. tor- '取(る)'、ar- '有(る)' etc.）のものの活用を踏まえると、haneqte は //haner-i.Te// と分析できるから。

  c. また、[2A-D, 3A-B] から子音単語幹 ir-haner- は抽出できない。
  d. したがって、[2E] irahe- と [3E] haberahe- を以って、確実に例証できる変化は、連結子音 s の衰退である。なお、この解釈は、母音単語幹の子音単語幹化の可能性を否定するものではない。

5　結論

本稿では次の問いを解き明かした。
 ［主問］どのような文法に拠れば、表1、表2の史的変化が矛盾なく説明できるか。
   ——清瀬 (1971) に由来する形態音韻文法。
 ［副問1］その文法の原理はどのようなものであるか（§2）。
   ——動詞の構造を［動詞語幹-|連結音.|動詞派生接尾辞-|連結音.|動詞屈折接尾辞］と分析し、動詞の活用をその語形成に関する形態音韻現象として捉える。他の文法よりも経済性が高い。
 ［副問2］その文法に拠れば、学校文法の"段"はどのように解釈されるか（§3）。

　　　　　——二段動詞および変格動詞は複語幹動詞。その他は単語幹動詞。
　［副問3］その文法に拠れば、表1、表2の史的変化はどのように解釈される
　　　　　か（§4）。
　　　　　——表1の史的変化は母音複語幹の母音単語幹化。表2の史的変化
　　　　　は母音単語幹の子音単語幹化。学校文法に従って解釈すると、（5）
　　　　　（p.4）が問題になるが、形態音韻文法に拠れば、その心配もない。
　［副問4］その文法に拠ることで、動詞活用体系の史的変化として新たに記述
　　　　　できる事例は存在するか（§5）。
　　　　　——連結子音の史的変化として記述できる事例が存在する。

記号一覧

-：接辞（＝附属形式）の境界　　＝：接語（＝附属語）の境界　　//…//：基底形
*：文法的に不適格　　A～B：AとBは異形態の関係　　A(B)：A～ABに同じ
AB/C：AB～ACに同じ　　A|B|：AとABは自由変異の関係

方言一覧

出水方言＝鹿児島県出水市の方言
　　（A）1928年生まれ、女性；居住歴：［0-現在］鹿児島県出水市；2011年調査
　　（B）井島（1979）の資料
現代京都方言＝京都府京都市の方言
　　（A）1940年代生まれ、女性；居住歴：［0-30代半ば］京都府京都市→［30代半ば-現
　　　　在］兵庫県神戸市；2011年調査
　　（B）Website "京言葉" の資料
　　　　〈http://www.akenotsuki.com/kyookotoba/〉（2011年12月19日現在有効）
串木野方言＝鹿児島県串木野地方（同県旧串木野市）の方言
　　（A）1927年生まれ、女性；居住歴：［0-現在］鹿児島県串木野市〉同県いちき串木野
　　　　市；2009-11年調査
五箇山方言＝富山県五箇山地方（同県旧上平村）の方言
　　（A）1929年生まれ、男性；居住歴：［0-現在］富山県東礪波郡上平村〉同県南砺市；
　　　　2009-11年調査
　　（B）1932年生まれ、男性；居住歴：［0-現在］富山県東礪波郡上平村〉同県南砺市；
　　　　2009年調査
　　（C）1920年代生まれ、男性；居住歴：［0-現在］富山県東礪波郡上平村〉同県南砺
　　　　市；2011年調査

五所川原方言＝青森県五所川原市の方言
- (A) 田附（2004）の資料

日田方言＝大分県日田市の方言
- (A) 1980年生まれ、男性；居住歴：［0-3］鹿児島県指宿市→［3-14］大分県日田市→［14-18］同県佐伯市→［18-22］熊本県熊本市→［22-］大阪府；被調査者は筆者自身
- (B) 松田・日高（1996）の資料

参考文献

井島六助（1979）『出水方言—カゴシマ語の一特異分野—』、私家版（印刷：南日本新聞開発センター）

大木一夫（2010）『古代日本語連体形の機能とその変遷—係り結び文・連体形終止文を視座として—』（平成21年度日本学術振興会科学研究費補助金研究成果報告書；基盤研究（C）；課題番号：19520383）、東北大学文学研究科

大久保寛（2002）『さつま語辞典』、高城書房

清瀬義三郎則府（1971）「連結子音と連結母音と—日本語動詞無活用論—」、『国語学』86、pp. 42-56、国語学会

田附敏尚（2004）「青森県五所川原市方言の一段・ラ行五段動詞の活用」、『言語科学論集』8、pp. 25-35、東北大学大学院文学研究科言語科学専攻

丹羽一彌（2005）『日本語動詞述語の構造』、笠間書院

松田正義・日高貢一郎（1996）『大分方言30年の変容』、明治書院

南不二男（1962）「三　文法」、国語学会（編）『方言学概説』、武蔵野書院［訂正増補版：pp. 209-55］

屋名池誠（1986）「述部構造—東京方言述部の形態＝構文論的記述—」、『松村明教授古稀記念　国語研究論集』、pp. 583-601、明治書院

——— （1987）「活用—東京方言述部の形態＝構文論的記述〔2〕—」、『学苑』565、pp. 194-208（左開き）、昭和女子大学

7　中古和文語の動詞派生接尾辞 -ツ-、-ヌ-
──承接順位を巡って──

黒木邦彦

はじめに

『源氏物語』などの中古和文で使用されている日本語（以下"中古和文語"[*1]）では、完成的な意味（perfective）を明示する場合、動詞派生接尾辞 -ツ-、-ヌ-（学校文法で言うところの"完了の助動詞"）[*2] を動詞語幹に後接させる。どちらも、後接させる接尾辞に拠って、次のように音形を交替させる。

(1) a. -ツ- = -(i)te-〜-(i)tu-[*3]: e.g. os-*i.te*-ba '押したら'、age-*tu*-r.u '上げる'
  b. -ヌ- = -(i)n-〜-(i)nu-: e.g. tir-i.*n*-a.ba '散ったら'、kie-*nu*-r.u '消える'

18世紀後半に本居宣長が著した『詞玉緒』以来、一定の範囲に限れば、-ツ- を選ぶ動詞語幹と -ヌ- を選ぶ動詞語幹が相補的に分布しているということを、様々な研究者が指摘している（cf. 小林1941；春日1942: §10 of Chap. 6；井手1966；大野1968；鈴木1999[2]: §3 of Chap. 4）。先行研究の成果を踏まえると、両者の使い分けの原則は次のとおり (-ツ-、-ヌ- の研究史は、小林1941、鈴木1999[2]: §1 of Chap. 4、井島2005 に詳しい)。

(2) a. 動作主に主格を与える動詞語幹（以下"能動詞語幹"）には -ツ- を；
  b. その他の動詞語幹（以下"所動詞語幹"）には -ヌ- を後接させる[*4]。

次に例を挙げる。

(3) a. [QNC 思し止まりぬべからん]　人=を　聞き出でてばや.
    　　　　　　　　　　　　　　　　　kik-i.Ø + *ide-te*-baja
    　　　　　　　　　　　　　　　　　〈'聞(く)'-既然-'出(る)'-ツ-願望[*5]〉
    '想っている人を聞き出したい'　　　　　　　　　(狭衣、4：[79] 406[*6])

---

*1　調査文献は p.135 の「言語資料」のとおり。
*2　筆者は学校文法には拠らないが、本文中での形式の表記は、妥協できる範囲で、日本語学界に浸透しているものに合わせる。各形式を厳密に表記すると、p.135 の「形式一覧」のようになる。
*3　( ) 内の音素は、清瀬 (1971) で言うところの"連結子音"ないし"連結母音"。前者は母音動詞語幹に後接する時に、後者は子音動詞語幹に後接する時に現れる。
*4　能動詞／所動詞の別については三上 (1953: §4 of Chap. 2) を参照。なお、筆者は、(i) -(サ)ス- 語幹を能動詞語幹に、(ii) -(ラ)ル- 語幹、-カ(リ)- 語幹を所動詞語幹に含める。

b. 幼き 人=に 冠り せさせてむ.
se-s.ase-te-m-u
〈'す(る)'-使役-ツ-非現実-平叙〉
'幼い人に元服させよう'（かげろふ、中：[20] 207）

(4) a. いと かなしき 妻子=も 忘れぬ.
wasure-nu-Ø
〈'忘れ(る)'-ヌ-平叙〉
'とても愛しい妻子（のこと）も忘れた'（源氏、玉鬘：[22] 101）

b. 召し寄せられなば　　　　　年頃=の 思ひ=は
mes-i + *jose-rare-n-*aba
〈'召(す)'-既然＋'寄せ(る)'-所動-ヌ-仮定.順接〉
方々=に 徒ら=にて 止みぬべきか.
'召し寄せられたら、長年の思いは様々に無駄に終わるだろうか'
（狭衣、2：[79] 130）

-ツ-、-ヌ-の形式的特徴を纏めると、次のとおり。

(5) a. -ツ-語幹に後接できる／できない動詞接尾辞と -ヌ-語幹[*7]に後接できる／できない動詞接尾辞は、ほぼ一致する。

b. (5a) とは対照的に、-ツ- が後接できる／できない動詞語幹と -ヌ- が後接できる／できない動詞語幹は、いくつかの点で異なる。

c. -ツ- と -ヌ- は１語中で共起できる（その場合、後者が前者に先行する）。

(5a) を踏まえると、次のことが推測される。

(6) -ツ- と -ヌ- は、動詞接尾辞同士が承接する際の順位（以下 "承接順位"）がほぼ等しい。

しかし、(5b) のとおり、-ツ- が後接できる／できない動詞語幹と -ヌ- が後接できる／できない動詞語幹は、いくつかの点で異なる。また、(5c) から分かるように、-ツ- と -ヌ- の関係は必ずしも排他的ではない。よって、現時点で (6) と結論するのは勇み足である。そこで、本稿では次の問いを解き明かす。

---

*5　本稿で用いる略号は p.135 の「略号一覧」のとおり。なお、-ツ-、-ヌ- に対する glossing は保留する。

*6　挙例にあたっては、次のように出典情報を示す。
（文献名、巻：[所収テキストの巻数] 頁数）

*7　派生接尾辞 -X- を末尾要素とする第二次語幹を "-X- 語幹" と呼ぶ。以下同様。

[主問] -ツ-、-ヌ- は、承接順位の面からどのように性格づけられるか。
　　[副問 1] -ツ- の形式的特徴と -ヌ- のそれが、一方では（5a）のように共通し、他方では（5b）のように異なるのは、なぜか（§2）。
　　　　[副問 1.1]-ツ-語幹、-ヌ-語幹に後接できる／できない動詞接尾辞から何が分かるか（§2.1）。
　　　　[副問 1.2]-ツ-、-ヌ- が後接できる／できない動詞語幹から何が分かるか（§2.2）。
　　[副問 2]（5c）のように、-ツ- と -ヌ- が1語中で共起できるのは、なぜか（§3）。

1　-ツ-、-ヌ- の形式的特徴

本節では次の問いを解き明かす。
　　[副問 1] -ツ- の形式的特徴と -ヌ- のそれが、一方では（5a）のように共通し、他方では（5b）のように異なるのは、なぜか（§2）。

1.1　-ツ-語幹、-ヌ-語幹に後接できる／できない動詞接尾辞

本節では次の問いを解き明かす。
　　[副問 1.1]-ツ-語幹、-ヌ-語幹に後接できる／できない動詞接尾辞から何が分かるか。

（5a）で述べたように、-ツ-語幹、-ヌ-語幹に後接できる／できない動詞接尾辞はほぼ一致する。具体的には表1（次頁）のとおり。

表1の事実から、-ツ-、-ヌ- の承接順位は次のように推定される。
　（7）-ツ-、-ヌ- の承接順位は；
　　　a. 表1 [D] の動詞接尾辞のそれよりも低く；
　　　b. 表1 [A] の動詞接尾辞のそれよりも高い。

なお、-ツ-語幹動詞、-ヌ-語幹動詞に後接できる／できない接続助詞は、次のとおり一致する。
　（8）a. 後接できるもの：=バ〈連用.継起〉、=ド〈連用.譲歩〉、=ヲ〈連用.譲歩〉
　　　b. 後接できないもの：=テ〈連用.既然〉[*8]

表1 -ツ-語幹、-ヌ-語幹に後接できる／できない動詞接尾辞

		[1] 派生	[2] 屈折
[A] どちらにも可		-タ(リ)-〈完了〉(-ツ-：1)ª -ベ-〈妥当〉 -メ(リ)-〈証拠性推量〉 -ナ(リ)-〈証拠性推量〉 -キ-〈過去〉 -ケ(リ)-〈回想〉 -マシ-〈反事実〉 -(ム)-〈非現実〉 -ケ(ム)-〈過去.推量〉 -ラ(ム)-〈推量〉	-バヤ〈終止.願望〉 -シカ〈終止.希求〉 -e～-jo〈終止.希求〉 -ジ〈非連用.非現実.否定〉 -バ〈連用.仮定.順接〉 -トモ〈連用.仮定.逆接〉 -(u)∅〈終止.平叙〉 -(r)u〈準体.平叙〉 -(r)e〈終止.曲調〉
[B] -ツ-語幹には可		—	—
[C] -ヌ-語幹には可		-マホシ-〈願望〉	—
[D] どちらにも不可		-(サ)ス-〈使役〉 -(ラ)ル-〈所動／尊敬〉 -(i)∅〈名詞語幹化〉 -ズ-〈否定〉 -マジ-〈妥当.否定〉 -マウ-〈願望〉 -ウ-〈願望〉	-ツツ〈連用.並行〉 -(i)∅〈連用.既然〉 -デ〈連用.未然〉 -ナム〈終止.希求〉

a. 5例以下しか確認できないものは、（　）内に例数を示す。以下の表でも同様。

1.2 -ツ-、-ヌ- が後接できる／できない動詞語幹

本節では次の問いを解き明かす。

　　　［副問 1.2］-ツ-、-ヌ- が後接できる／できない動詞語幹から何が分かるか。

-ツ-、-ヌ- が後接できる／できない動詞語幹は表2（次頁）のとおり。

　＊8　(i) =テは -(i)∅ 形動詞ないし -ク形形容詞に、(ii) =ヲは -(r)u 形動詞ないし -キ形形容詞に、(iii) =バおよび =ドは -(r)e 形動詞ないし -ケレ形形容詞に後接する。
　　なお、=テは次の場合に限り、-ヌ-語幹動詞に後接できる。
(I)　　[v 動詞語幹 -ヌ-(i)∅=テ]=[v ハベ(リ)⊦派生⊦-屈折⊦=接続助詞⊦]
　　　e.g. [v nar-i.n-i.∅=te]=[v haber$_R$-e=ba]
　　　　　'成ってございますと'
　　　　　　　　　　　　　　　　　　　　　　　　　（紫式部：[19] 501）

表2 -ツ-、-ヌ- が後接できる／できない動詞語幹

どちらも可	所動詞語幹、-タ(リ)-語幹 (-ヌ-：1)
-ツ- は可	能動詞語幹、-ザ(リ)-語幹、-メ(リ)-語幹、-ナ(リ)-語幹
-ヌ- は可	—
どちらも不可	-キ-語幹、-ケ(リ)-語幹、-マシ-語幹、-(ム)-語幹、-ケ(ム)-語幹、-ラ(ム)-語幹

(5b)（p.123）で述べたように、-ツ- が後接できる／できない動詞語幹と -ヌ- が後接できる／できない動詞語幹は、いくつかの点で異なる。具体的には次のとおり。

(9) a. -ツ- は、能動詞語幹だけでなく、所動詞語幹にも後接できる（30例以上）が[*9]、-ヌ- は所動詞語幹にしか後接できない（つまり、前述の (2a)（p.1）は鉄則であるが、(2b) は原則に過ぎない）。

　b. -ツ- は次の第二次動詞語幹に後接できるが、-ヌ- はこれらには後接できない。
　　● -メ(リ)-語幹（-ツ-：9例）、-ナ(リ)-語幹（-ツ-：6例）

　c. -ツ- は次の第二次動詞語幹に後接できるが、-ヌ- がこれらに後接するのは稀である。
　　● -タ(リ)-語幹（-ツ-：100例以上；-ヌ-：1例）、-ザ(リ)-語幹（-ツ-：200例以上；-ヌ-：1例）

そこで、以下では次の問いを解き明かす。

　［副問 1.2.1］所動詞語幹に後接する -ツ-（以下 "所動-ツ-"）はどのような特徴を有するか（§2.2.1）。
　［副問 1.2.2］-メ(リ)-語幹、-ナ(リ)-語幹に後接する -ツ-（以下 "証拠-ツ-"）はどのような特徴を有するか（§2.2.2）。
　［副問 1.2.3］-タ(リ)-語幹、-ザ(リ)-語幹に後接する -ツ-（以下 "完了-ツ-" "否定-ツ-"）はどのような特徴を有するか（§2.2.3）。

1.2.1 所動-ツ-

本節では次の問いを解き明かす。

＊9　必要に応じて、p.14 の「言語資料」に挙げる文献での例数を示す。

［副問 1.2.1］ 所動-ツ- はどのような特徴を有するか。

(2)（p. 122）で述べたように、(i) -ツ- は能動詞語幹に、(ii) -ヌ- は所動詞語幹に後接する。ところが、(9a) で述べたように、-ツ- はこの原則に反して、所動詞語幹にも後接できる。

(10) a. 日頃　雨など　降りつれ=ど
　　　　　　　　　　　fur-i.tu-r.e=do
　　　　　　　　　　〈'降(る)'-ツ-曲調〉
　　　　　'数日雨などが降ったけど'　　　　　　　　（栄花、23：[76] 158）
　　b. [QNC 懲ぜられつる]=に　　　　　困じ=て
　　　　　teuze-r.are-tu-r.u
　　　　　〈'懲らしめ(る)'-所動-ツ-準体.平叙〉
　　　　'懲らしめられたことに困って'　　　　（うつほ、蔵開下：[15] 538）
　　c. かう=こそ　　聞こゆべかりつれ.
　　　　　　　　　kikoju-be$_A$*-kar*$_R$*-i.tu*-r.e
　　　　　　　　　〈'申し上げ(る)'-妥当-動幹化-ツ-曲調〉
　　　　'このようにこそ申し上げるべきだった'　　（浜松、5：[77] 411）

-ツ- が所動詞語幹にも後接できることは、春日 (1942) が早くに指摘している。ただし、所動-ツ- が次の形式的特徴を有することには気づいていない。

(11) a. 常に -(i)tu- で実現し（＝決して -(i)te- では実現せず）；
　　b. 次に挙げる動詞接尾辞のいずれかを後接させる（＝これら以外は後接させない）。
　　　　　派生：-ラ(ム)-〈推量〉
　　　　　屈折：-(r)u〈準体.平叙〉、-(r)e〈終止.曲調〉、-(u)∅〈終止.平叙〉

本来、-(i)tu-語幹には次の動詞接尾辞が後接できる。しかし、これらのうち、所動-(i)tu-語幹に後接できるのは、◆を印すものだけである。

(12) a. 派生：-ベ-〈妥当〉、-マジ-〈妥当.否定〉、-メ(リ)-〈証拠性推量〉、-ナ(リ)-〈証拠性推量〉、◆-ラ(ム)-〈推量〉
　　b. 屈折：-トモ〈連用.仮定.逆接〉、◆-(r)u〈準体.平叙〉、◆-(r)e〈終止.曲調〉、◆-(u)∅〈終止.平叙〉

1.2.2　証拠-ツ-

本節では次の問いを解き明かす。

[副問 1.2.2]　証拠-ツ- はどのような特徴を有するか。

(9b) (p.126) で述べたように、(i) -ツ- は -メ(リ)- 語幹、-ナ(リ)- 語幹に後接できるが、(ii) -ヌ- はこれらには後接できない。

(13) a.　関白=の　里人　今宵　出ではべめりつ.
　　　　　　//ide-Ø + faber$_R$-u.mer$_R$-i.tu-Ø//
　　　　　　〈'出(る)'-既然 + '侍(る)'-証拠-ツ-平叙〉
　　　'関白の里人が今夜外出いたすようだった'　　　(寝覚、4：[78] 264)

b.　[$_{QNC}$ 女=の　声=にて　[$_S$…]=と　問ふなりつる]=は
　　　　　　　　　　　　　　　tof-u.nar$_R$-i.tu-r.u
　　　　　　　　　　　　　　　〈'問(う)'-証拠-ツ-準体.平叙〉
　　　'女の声で「…」と尋ねてるようだったのは'　　(紫式部：[19] 482)

証拠-ツ- は次の形式的特徴を有する。

(14) a.　常に -(i)tu- で実現し (＝決して -(i)te- では実現せず);
　　 b.　次に挙げる動詞接尾辞のいずれかを後接させる (＝これら以外は後接させない)。
　　　　1.　派生：なし
　　　　2.　屈折：-(r)u〈準体.平叙〉、-(r)e〈終止.曲調〉、-(u)Ø〈終止.平叙〉

(11) と (14) の比較から分かるように、証拠-ツ- と 所動-ツ- は、-ラ(ム)- を後接させることができるか否かという一点で異なるに過ぎない。

なお、証拠-ツ-語幹に -ラ(ム)- が後接できないのは、おそらくは -メ(リ)-、-ナ(リ)- に起因する。なぜなら、-メ(リ)、-ナ(リ)- と -ラ(ム)- は (おそらくは意味的制約から) 1 語中では共起できないからである。

(15) a.　*su-|mer/nar|-u.ram-
　　 b.　*su-ram-|u.mer/u.nar|-

したがって、-ラ(ム)- を後接させることができるか否かで 証拠-ツ- と 所動-ツ- を区別するのは、適切ではない。

1.2.3　完了-ツ-、否定-ツ-

本節では次の問いを解き明かす。

[副問 1.2.3]　完了-ツ-、否定-ツ- はどのような特徴を有するか。

(9c) (p.126) で述べたように、(i) -ツ- は -タ(リ)- 語幹、-ザ(リ)- 語幹に後接で

きるが、(ii) -ヌ- がこれらに後接するのは稀である ((17) に挙げるものが全て)。
 (16) a. 伏せ籠=の うち=に 籠めたりつる=ものを.
        kome-*tar*$_K$-*i.tu*-r.u
     〈'籠め(る)'-完了-ツ-準体.平叙〉
   '伏せ籠の中に閉じ込めてたのに'   (源氏、若紫：[20] 206)
  b. など=か 今まで 言はざりつる.
        if-*a.zar*$_K$-*i.tu*-r.u
     〈'言(う)'-否定-ツ-曲調〉
   'どうして今まで言わなかったんだ'   (落窪、4：[13] 223)
 (17) a. か=の 家=に=も 隠ろへ=て=は 据ゑたりぬべけれ=ど
          suwe-*tar*$_K$-*i.nu*-be$_A$-kere
      〈'据え(る)'-完了-ヌ-妥当-曲調〉
   'あの家にも、(姫君を) 匿っては、住まわせていられるけど'
             (源氏、東屋：[25] 78)
  b. [$_{QNC}$ たびたび=の 御文 見つ=と=だに 宣はざりにし]
          notamaf-*a.zar*$_K$-*i.n*-i.si$_{Ir}$-∅
      〈'仰(る)'-否定-ヌ-過去-準体.平叙〉
   便なき こと=と 見て
   '「たびたびのお手紙を見た」とさえ仰らなかったのを、宜しくないことと見て'
             (落窪、1：[13] 59)
 完了-ツ-、否定-ツ- の形式的特徴は、所動-ツ- のそれ (cf. (11)) と一致する。

1.3 まとめ
1.3.1 -ツ$_1$- と -ツ$_2$- の違い
 本節で明らかにしたことを整理すると、次のとおり。
 (18) a. 所動-ツ-、完了-ツ-、否定-ツ- は (11) の形式的特徴を；
  b. 証拠-ツ- は (14) の形式的特徴を有する。
 §2.2.2 で述べたとおり、(11) と (14) は、-ラ(ム)- を後接させることができるか否かという一点で異なるに過ぎない。しかも、その原因は、-ツ- ではなく、これと共起する -メ(リ)-、-ナ(リ)- に求められる (cf. §2.2.2, 2.2.3)。よって、本節で取り上げた 所動-ツ- や 証拠-ツ- などは、おそらくは同一のものである。そこで、(i) 所動-ツ- や 証拠-ツ- などを "-ツ$_2$-" と、(ii) その他の -ツ- を "-ツ$_1$-" と呼んで、区別する。
 -ツ$_1$- と -ツ$_2$- は別々の動詞接尾辞で、承接順位も異なる。このことを示すために、

(i) -ヌ-語幹、-ツ₁-語幹、-ツ₂-語幹に後接できる動詞接尾辞を表3（次頁）に、(ii) -ヌ-、-ツ₁-、-ツ₂-が後接できる動詞語幹を表4（次頁）に挙げる。

表3、表4から次のことが分かる。

(19) a. -ツ₁- と -ヌ- は承接順位がほぼ等しい。
b. -ツ₂- は -ツ₁-、-ヌ- よりも承接順位が低い。

-ツ₁- と -ツ₂- が別々の動詞接尾辞であることは、次の例からも支持される。

(20) いと　良う　謀りつべかりつる＝ものを．
tabakar-*i.tu*-be_A-kar_R-*i.tu*-r.u
〈'謀(る)'-ツ₁-妥当-動幹化-ツ₂-準体．平叙〉
'うまく出し抜けたのに'　　　　　　　　　　（うつほ、国譲下：[16] 368）

(20) では、(i) -ベ-カ(リ)- の前に -ツ₁- が、(ii) -ベ-カ(リ)- の後ろに -ツ₂- が接続している。同様の例が他に見当たらないのは惜しいが、-ツ₁- と -ツ₂- の違いを示す好例である。

1.3.2　-ツ₂- の承接順位

表3、表4から知られる -ツ₂- の承接順位は次のとおり。

(21) -ツ₂- の承接順位は；
a. 次の動詞接尾辞よりも低く；
1. 派生：-(サ)ス-〈使役〉、-(ラ)ル-〈所動〉、-タ(リ)-〈完了〉、-ザ(リ)-〈否定〉、-ベ-〈妥当〉、-マジ-〈妥当．否定〉、-マウ-〈願望〉、-ウ-〈願望〉、-メ(リ)-〈証拠性推量〉、-ナ(リ)-〈証拠性推量〉
2. 屈折：-ツツ〈連用．並行〉、-(i)∅〈連用．既然〉、-デ〈連用．未然〉、-ナム〈終止．希求〉、-バヤ〈終止．願望〉、-シカ〈終止．希求〉、-e〜-jo〈終止．希求〉、-ジ〈非連用．非現実．否定〉、-バ〈連用．仮定．順接〉、-トモ〈連用．仮定．逆接〉
b. 次の動詞接尾辞よりも高く；
1. 派生：-ラ(ム)-〈推量〉
2. 屈折：-(r)u〈準体．平叙〉、-(r)e〈終止．曲調〉、-(u)∅〈終止．平叙〉
c. 次の動詞派生接尾辞と等しい。
● -キ-〈過去〉、-ケ(リ)-〈回想〉、-ケ(ム)-〈過去．推量〉、-マシ-〈反事実〉、-(ム)-〈非現実〉

表3　-ヌ-語幹、-ツ₁-語幹、-ツ₂-語幹に後接できる動詞接尾辞

		-ヌ-語幹-	-ツ₁-語幹	-ツ₂-語幹
派生		-タ(リ)-〈完了〉(1) -ベ-〈妥当〉 -マホシ-〈願望〉 -メ(リ)-〈証拠性推量〉 -ナ(リ)-〈証拠性推量〉 -キ-〈過去〉 -ケ(リ)-〈回想〉 -マシ-〈反事実〉 -(ム)-〈非現実〉 -ケ(ム)-〈過去.推量〉 -ラ(ム)-〈推量〉	-タ(リ)- -ベ- -メ(リ)- -ナ(リ)- -キ- -ケ(リ)- -マシ- -(ム)- -ケ(ム)- -ラ(ム)-	-ラ(ム)-
屈折		-バヤ〈終止.願望〉 -シカ〈終止.希求〉 -e〜-jo〈終止.希求〉 -バ〈連用.仮定.順接〉 -トモ〈連用.仮定.逆接〉 -(u)∅〈終止.平叙〉 -(r)u〈準体.平叙〉 -(r)e〈終止.曲調〉	-バヤ -シカ -e〜-jo -バ -トモ -(u)∅ -(r)u -(r)e	-(u)∅ -(r)u -(r)e

表4　-ヌ-、-ツ₁-、-ツ₂- が後接できる動詞語幹

-ヌ-	-ツ₁-	-ツ₂-
所動詞語幹 -タ(リ)-語幹 (1)	能動詞語幹	能動詞語幹、所動詞語幹 -タ(リ)-語幹、-ザ(リ)-語幹 -メ(リ)-語幹、-ナ(リ)-語幹

2　-ツ- と -ヌ- の共起

本節では次の問いを解き明かす。

　　　［副問2］(5c) のように、-ツ- と -ヌ- が1語中で共起できるのは、なぜか
　　　　　　（§3）。

(5c) (p.123) で述べたように、-ツ- と -ヌ- は1語中で共起できる。

(22) a. 夜=の　更けぬべかりつれ=ば
　　　　fuke-*nu*-be$_A$-kar$_R$-*i.tu*-r.e
　　　　〈'更け(る)'-ヌ-妥当-動幹化-ツ-曲調〉
　　　　'夜が更けそうだったから'　　　　（かげろふ、中：[20] 207）
　　b. はや　忘れ=て　止みぬべかりつる=ものを.
　　　　jam-*i.nu*-be$_A$-kar$_R$-*i.tu*-r.u
　　　　〈'止(む)'-ヌ-妥当-動幹化-ツ-準体. 平叙〉
　　　　'さっさと忘れて、終わるべきだったのに'　　（栄花、25：[76] 187）

-ツ- と -ヌ- が1語中で共起する例は、いずれも次の条件を満たしている。

(23) a. -ツ- と -ヌ- の間に -ベ-カ(リ)- が介在し、「-ヌ-・-ベ-カ(リ)-・-ツ-」の順で承接する。
　　b. -カ(リ)-語幹に後接していることから分かるように、(22) の -ツ- は -ツ$_2$- である。

§2.3 で述べたとおり、-ヌ- と -ツ$_2$- は承接順位が異なるので（前者の方が上位）、両者が1語中で共起しても、問題はない。

3　本研究の意義

-ツ-、-ヌ- の研究は近世に始まり、先行研究の蓄積も膨大である。したがって、新規の研究については、研究史上の意義を説く必要もある。そこで、本節では本研究の意義を説く。

橋本 (1931: Chap. 2) は、-ザ(リ)-語幹、-メ(リ)-語幹、-ナ(リ)-語幹に後接する -ツ$_2$- を -ツ$_1$- と混同し、古典語の助動詞を表5（次頁）のように序列化している。

橋本は、「ざり・つ」や「べから・ず」のように、上位の助動詞 X が下位の助動詞 Y に後接する現象を、承接順位が例外的に「上にかへる」（同上：252）ものと解釈する。

(24) a. 「ざり」「べかり」の如きありを含みたる助動詞と逢ふときは、この連
　　　　結の順序を紊すことあり。　　　　　　　　　　　　　　（同上 252）
　　b. 「あり」を含むもの、「めり」「けり」などは上にかへる事がある。
　　　　　　　　　　　　　　　　　　　　　　　　　　　　　　（同上 252）

という橋本の指摘は研究史上重要であるが、-ツ$_1$- と -ツ$_2$- の違いは認識していない。

-ツ$_2$- の存在に初めて目を向けたのは、竹内 (1984: 20–25) である。竹内は：

(25) a. -ヌ-、-タ(リ)-、-ツ- = "Aグループ"
　　b. -キ-、-ケ(リ)-、-ケ(ム)- = "Bグループ"

表 5　古典語助動詞承接表（橋本 1931: 253 表甲、表乙）

［上位］

す、さす、しむ
る、らる
たし
ぬ
たり（→ぬ）
つ
ず、ざり（→しむ、ぬ、つ）
べし、べかり（→しむ、つ、ず）、まじ、まじかり
めり（→つ）
けり（→ず）、き
らし、らむ、けむ、む、まじ、じ

［下位］

とした上で、-ツ- には「A グループから B グループへ移動した」（同上：23）ものがある（あるいは、「A グループの助動詞としての用法とは別に、B グループの助動詞に相当する用法が、新たに加わった」（同上：23））と述べる。A グループの -ツ- は -ツ$_1$- に、B グループの -ツ- は -ツ$_2$- に該当する。

　-ツ$_2$- に関する竹内の主張は、次の動詞語幹に -ツ- が後接できることに拠る。

(26)　-ザ(リ)- 語幹、-メ(リ)- 語幹、-ナ(リ)- 語幹

　しかし、-ツ$_2$- の存在を実証するには、これだけでは不十分である。少なくとも、次の問いを解き明かす必要がある。

(27)　a.　-ツ$_1$- と -ツ$_2$- を区別するのはなぜか。安易に例外を認めるべきではないが、橋本 (1931: Chap. 2) のように、ラ変動詞語幹ア(リ)- を含む動詞派生接尾辞を特別視し、承接順位が例外的に「上にかへる」と解釈するのも、一つの手ではある。
　　　 b.　-ツ$_1$-（＝A グループの -ツ-）と -ツ$_2$- は次の属性以外でも区別できるか。
　　　　● -ザ(リ)- 語幹、-メ(リ)- 語幹、-ナ(リ)- 語幹に後接できるか否か（-ツ$_1$- は不可、-ツ$_2$- は可）。

  c. -ツ₂の特徴は、同グループの他の動詞派生接尾辞（=-キ-、-ケ(リ)-、-ケ(ム)-）のそれと共通するか。

本稿で明らかにしたことは、先行研究では解明されなかった問い（27）に対する回答にもなる。

 (28) a. 問い（27a）に対する回答：-ツ₁- と -ツ₂- は形式の面から明確に区別できるから（cf. §2.3.1）。
   b. 問い（27b）に対する回答：次の属性で区別できる（cf. §2.3.1）。
    1. どのような音形で実現するか（-ツ₁- は -(i)te- ～ -(i)tu- で、-ツ₂- は -(i)tu- で実現する）。
    2. 所動詞語幹、-タ(リ)-語幹に後接できるか否か（-ツ₁- は不可、-ツ₂- は可）。
    3. 次に挙げるもの以外の動詞接尾辞を後接させることができるか否か（-ツ₁- は可、-ツ₂- は不可）。
     a. 派生：-ラ(ム)-
     b. 屈折：-(r)u、-(r)e、-(u)∅
     c. 問い（27c）に対する回答：共通する（cf. §2.3.2）。

-ツ₂の形式的特徴を詳細に記述し、-ツ₁- との違いを明確にした点に、本研究の意義がある。

4　結論

本稿では次の問いを解き明かした。

[主問] -ツ-、-ヌ- は、承接順位の面からどのように性格づけられるか。
  ── -ツ- と -ヌ- は承接順位がほぼ等しく、排他的関係にある。ただし、-ツ₁- とは異なる -ツ₂- の存在を看過してはならない。-ツ₂- の承接順位は -ツ₁-、-ヌ- のそれよりも低い。

  [副問1] -ツ- の形式的特徴と -ヌ- のそれが、一方では（5a）のように共通し、他方では（5b）のように異なるのは、なぜか（§2）。
    ── -ツ₁- と -ツ₂- を混同した状態で、-ツ- の形式的特徴と -ヌ- のそれを比較しているから。

   [副問1.1] -ツ-語幹、-ヌ-語幹に後接できる／できない動詞接尾辞から何が分かるか（§2.1）。
     ── -ツ-、-ヌ- の承接順位は、(i) 表1-[D]（p.125）の動詞接尾辞のそれよりも低く、(ii) 表1-[A] の動詞接尾辞のそれよりも高い。

［副問 1.2］-ツ-、-ヌ-が後接できる／できない動詞語幹から何が分かるか
　　　　（§2.2）。
　　　　――（i) 所動-ツ-、完了-ツ-、否定-ツ- は（11）(p.127) の形式的特
　　　　　徴を、(ii) 証拠-ツ- は（14）(p. 128) の形式的特徴を有する。
　　［副問 2］(5c) のように、-ツ- と -ヌ- が 1 語中で共起できるのは、なぜか
　　　　（§3)。
　　　　――-ヌ- と 1 語中で共起する -ツ- は、-ツ$_1$-ではなく、-ツ$_2$-であるか
　　　　　ら。-ツ$_2$-の承接順位は -ヌ- のそれよりも低いので、両者が 1 語中で
　　　　　共起しても、問題はない。
　-ツ$_2$-の形式的特徴を詳細に記述し、-ツ$_1$-との違いを明確にした点に、本研究の
意義がある。

略号一覧

QNC：準体節（quasi-nominal clause) 　S：文（sentence) 　V：動詞（verb)

記号一覧

-：接辞（=附属形式）の境界 　　=：接語（=附属語）の境界 　　+：複合語中の語の境
界 　　[…]：語／句／節／文の境界 　　//…//：基底形 　　*：文法的に不適格 　　AB〜
CD：AB と CD は異形態の関係 　　X$_A$-：形容詞語幹 　　X$_{Ir}$-：変格語幹 　　X$_R$-：ラ変動詞
語幹

形式一覧

-ウ-：-(i)u$_A$- 　　-キ-：-(i)ki$_{Ir}$- 〜 -(i)si$_{Ir}$- 　　-ケ(ム)-：-(i)kem- 　　-ケ(リ)-：-(i)ker$_R$- 　　-(サ)ス
-：-(s)ase- 〜 -(s)asu- 　　-ジ-：-(a)zi- 　　-シカ-：-(i)sika- 　　-ズ-：-(a)zu- 〜 -(a)zar$_R$- 〜 -
(a)n- 　　-タ(リ)-：-(i)tar$_R$- 　　-ツ$_1$-：-(i)te- 〜 -(i)tu- 　　-ツ$_2$-：-(i)tu- 　　-ツツ-：-(i)tutu
-デ-：-(a)de 　　-トモ：-(u)tomo 　　-ナム-：-(a)namu 　　-ナ(リ)-：-(u)nar$_R$- 　　-ヌ-：-
n- 〜 -(i)nu- 　　-バ-：(a)ba 　　-バヤ-：(a)baja 　　-ベ-：-be$_A$- 　　-マウ-：-(a)mau$_A$- -
マジ-：-(a)mazi$_A$- 　　-マホシ-：-(a)mafosi$_A$- 　　-(ム)-：-(a)m- 　　-メ(リ)-：-(u)mer$_R$- 　　-ラ
(ム)-：-(u)ram- 　　-(ラ)ル-：-(r)are- 〜 -(r)aru-

言語資料

中古和文語の資料は次の文献から得た。いずれも、10 世紀前半から 12 世紀初頭にかけ
て成立したと考えられる。
　『竹取物語』『古今和歌集』（仮名序と詞書も含む）『伊勢物語』『土左日記』『平中物語』

『落窪物語』『かげろふ日記』『うつほ物語』『大和物語』『和泉式部日記』『枕草子』『源氏物語』『紫式部日記』『更級日記』『栄花物語』『浜松中納言物語』『夜の寝覚』『狭衣物語』『大鏡』『篁物語』

　『うつほ物語』『源氏物語』以外は『日本古典文学大系』（岩波書店）の本文に拠る。『うつほ物語』『源氏物語』は『日本古典文学大系』の底本に問題があるとされるため、『新編日本古典文学全集』（小学館）の本文に拠る。いずれも表記は私に改めた。

　調査にあたっては、次の作業を行なった。

(i) 国文学研究資料館がweb上で公開している「日本古典文学本文データベース」（=『日本古典文学大系』の電子版；URL：http://base3.nijl.ac.jp/Rcgi-bin/hon_home.cgi）から、「タグ無し・傍記無し」のテキストファイルをコピーする。

(ii) そのテキストファイルをテキストエディタ（筆者は「秀丸エディタ」（URL：http://hide.maruo.co.jp/software/hidemaru.html）を使用）で開く。

(iii) 問題の形式を検出するための正規表現を入力し、grep（＝複数のテキストファイルから正規表現に合致する文字列を同時に検索すること）を実行する。

参考文献

井島正博（2005）「古典語完了助動詞の研究史概説」、『成蹊大学一般研究報告』36（第4分冊）、モノグラム、成蹊大学

井手　至（1966）「古代日本語動詞の意味類型と助動詞ツ・ヌの使いわけ」、『国語国文』35-5、pp. 25-47、京都大学文学部国語学国文学研究室

大野　晋（1968）「日本人の思考と述語様式」、『文学』36-2、pp. 25-36、岩波書店

春日政治（1942）『西大寺本金光明最勝王経古点の国語学的研究』、斯道文庫［復刻版：勉誠社、1969年］

清瀬義三郎則府（1971）「連結子音と連結母音と―日本語動詞無活用論―」、『国語学』86、pp. 42-56、国語学会

小林好日（1941）「上代における助動詞「つ」「ぬ」の本質」、『国語学の諸問題』、pp. 242-343、岩波書店

鈴木　泰［1992］（1999²）『改訂版　古代日本語動詞のテンス・アスペクト―源氏物語の分析―』、ひつじ書房

竹内美智子（1984）「1　助動詞の分類」、鈴木一彦・林巨樹（編）『研究資料日本文法6　助辞編（二）　助動詞』、pp. 1-42、明治書院

橋本進吉（1930）「助動詞の研究」、東京帝国大学講義案、未公刊［再録：橋本進吉（1969）『助詞・助動詞の研究』、pp. 223-420、岩波書店］

富士谷成章（1776）『あゆひ抄』［再録：中田祝夫・竹岡正夫（1960）『あゆひ抄新注』、風

間書房]

三上　章（1953）『現代語法序説―シンタクスの試み―』、刀江書院［復刻版：くろしお出版、1972年］

III
膠着語としての日本語の特徴

8　満洲語動詞述語の構造

田 村 建 一

はじめに

　本稿で扱う満洲語は、シベリア東部から中国東北地方にかけて広く話し手が点在するツングース諸語のひとつであるが、形態論的に膠着語としての特徴を示し、また典型的な SOV 型語順をとるという点で、日本語や韓国朝鮮語と類似する言語構造をもつといえる。満洲語の文章語としての成立は、16世紀末に女真族（後の満洲族）をまとめ上げて後金国を建てたヌルハチがそれまでの記録文書におけるモンゴル語の使用に代えてモンゴル文字による満洲語の表記を命じたときに遡る。それ以来、後金および清の時代に政府の多くの公文書が満洲語で書かれ、また満洲語による啓蒙書や文学作品、特に中国文学からの翻訳作品が多く産み出された。

　満洲語の形態・統語的な特徴を示すために、以下にホンタイジ（清の太宗）の時代の清国政府の記録文書から数行を引用する。崇徳2年（1637年）1月18日に、清と交戦中であった朝鮮国の王から太宗に届けられた、和を請う書簡からの引用である[1]。歴史的背景として、この前年にホンタイジは清の建国を宣言した。清軍の北京入城の8年前のことである。

　満洲語の表記はメレンドルフ式を用いる[2]。また、以下のすべての例において逐語訳は本稿の筆者による。

(1) ahūn　deo　i　jurgan　be　efuleme　iceleme[3] dasara　jugūn　be
　　兄　　弟　の　義　　を　破り、　新たに　　正す　　道　　を
　　yaksifi,　geren　gurun　i　ereme　tuwara　　　　be
　　閉ざし、諸　　　国　　の　願い　見ること（＝希望）を

---

[1]　この書簡が朝鮮国側が満文で書いたものなのか、あるいは漢文で書かれた書簡を清国側が満文に訳したものなのかは明らかでない。

[2]　ただし、属格の助詞の標記の仕方 (i / -i) は、引用元の文献の著者に従う。メレンドルフ式ローマ字の中で注意すべきは、以下の文字の音価である。

　　ū [u~ʊ]　e [ə]　c [tʃ]　j [dʒ]　š [ʃ]　ng [ŋ]

　文字 ū の音価に関しては津曲（2002：8）に従う。

[3]　この語形は、icemleme「新たに」の転写ミス、あるいは原文における誤りか。

```
lashalaci,,            aikabade    amba  gurun  i    golmin
絶つならば、 （それは）おそらくは  大     国    の   長
bodogon  waka       ayoo,,  hūwangdi   sure  genggiyen  de,,
策          ではなか  ろう。  皇帝       （の） 英  明       において
ere    babe    ainu     bodome    isibuhakūni
この   ことを  どうして  考え     至らせなかったのか。
```
『崇徳二年満文檔案』より*4

この例では、冒頭の「兄弟の義（＝清と朝鮮との関係）」をはじめ、外交文書に特有の持って回った表現が用いられているため、必ずしも理解が容易ではないものの、多くの場合、満洲語の各語の下に日本語訳を付けるだけで、文の構造が違和感なく把握される。二つ目の文の動詞句の構造を「（皇帝がそれを自らに）考え至らせなかったことがあろうか」と解釈するなら、この文は全体として「皇帝（＝太宗）の英明をもってすれば、このことに思い及ばなかったはずがありません。」となるであろう。

例（1）では以下の格助詞が用いられている。

　　属格 i（〜の）　　対格 be（〜を）　　与位格 de（〜において、〜へ）

満洲語の格助詞にはこのほか奪格の ci（〜から）、沿格の deri（〜を通って）がある。主格は助詞が付かない形で表される。
　例（1）に見られる動詞の接辞のなかで、次の二つの接辞は語幹に付いて副動詞を形成する。

　　非完了副動詞　 -me（〜しながら）
　　完了副動詞　　 -fi（〜してから）

したがって、efule-（壊す）や yaksi-（閉じる）などが動詞語幹である。接辞 -me にはこのほか目的を表す用法（〜するために）*5 もあり、また lashalame（絶ちつつ＞きっぱりと）のように動詞的な用法から離れて副詞として語彙化したものもある。例（1）の icemleme（引用元では iceleme）も「新たにしつつ」という副動詞

---

*4　河内（1989：26）。
*5　例（27）の nure omime（酒を飲みに）を参照。

形から「新たに／改めて」という副詞への語彙化のプロセスを経た語と見なせる。

動詞語幹に接辞 -ra を付けると、非完了形動詞が作られる。形動詞は、<u>dasara jugūn</u>（正す道）のように名詞を修飾する機能からそのように名付けられているが、このほかに ereme <u>tuwara</u>（願い見ること）のように名詞化した用法もあり、また後述のように、現在・未来の時制を表す文の終止形としても用いられる。

動詞語幹に接辞 -ci を付けると lashalaci（絶つならば）のように条件形（〜ならば）が作られる。

例（1）では動詞の終止形が二つ用いられている。その中で一つ目の終止形 waka（〜ではない）は、繋辞 bi（〜である）の否定形である。二つ目の終止形 isibuhakūni（［どうして］至らせなかったことがあろうか）にはいくつかの接辞が付けられており、次のように形態素分析される。これについては後で詳しく取り上げる。

isi-bu-ha-kū-ni
至る-使役-完了-否定-強調*6

満洲語の動詞はこのように、語幹と接辞および接辞間の切れ目が明瞭であり、それぞれの文法的意味をもつ接辞がどれだけ付加されるかによって動詞句全体の意味が構成される。

以上のことから、満洲語はその膠着的な構造と語順に関して日本語と共通する特徴をもっていることがわかる。本稿では、膠着語が示すさまざまな構造の普遍性と可能性を探るためのひとつの試みとして、満洲語の動詞述語における構成要素の配列と時制・アスペクトの体系について考察し、特に後者については日本語との対照を試みる。考察のための資料として、以下に挙げるテキストを用いる。本稿で分析の対象とするのは満洲語文語であって、口語は扱わない。

『満文金瓶梅』［金瓶梅と略す］第1〜10回（早田 1998）、第11〜15回（早田 2000）：崇禎本系統の『金瓶梅』の満洲語訳で、1708年の序が付いている。
『満洲実録』（今西 1992）：太祖ヌルハチの武功を記した清皇室の公式文書。太宗ホンタイジの時代の1636年に編纂された記録に基づき、乾隆帝の時代の

---

*6 　語末の -ni は、動詞の外に置かれて書かれることもある。本稿では津曲（2002：83）に従い、この接辞 -ni/ ni を「疑問」ではなく「強調」を表す文末助詞と捉える。例（19）を参照。

1781〜82 年に作成された。

『崇徳二年正月分満文檔案』［崇徳檔案と略す］（河内 1989）：中国第一歴史檔案館所蔵の 1637 年 1 月分の清政府記録文書。下記『旧満州檔』とあわせ、北京制覇を前にした清軍の行動を記した貴重な資料である。

『旧満州檔　天聰九年』［旧満州檔と略す］（東洋文庫清代史研究室 1972）：台北の故宮博物館に残されていた 1635 年の清政府記録文書（1〜5 月分）。

『ニシャン・サマン伝』［ニシャンと略す］（河内 1987）：ある女性シャーマンが、ある富裕で徳の高い夫婦に頼まれて、その若くして亡くなった息子を黄泉の国から連れ戻す物語。ウラジオストクの東方大学で満洲語教師をしていたデクデンゲが、言い伝えを思い出しながら書いて、1913 年にグレベンシコフに贈った手稿本。

『異域録』（荘 1983）：清朝の役人トゥリシェンが使節としてロシアに赴いたさいの旅行報告記。1723 年刊行。最初の 3 分の 1 ほどを参照した。解釈にあたっては今西・羽田（1985）を参照した。

1 動詞接辞の配列
1.1 アスペクトと否定の接辞

前節では動詞の語幹を efule-（破る）のような形で示したが、満洲語の辞書において動詞は接辞 -mbi を付けた efulembi などの形で表される。この形は、日本語の動詞のル形と同様、現在の習慣的行為や未来の行為を表す。津曲（2002）ではこれを簡潔に現在形としている。ここではアスペクトの面を重視し、河内・清瀬（2002）にしたがって非完了終止形とよぶことにする。以下、動詞の代表形を示す場合はこの -mbi 形を用いる。

接辞 -ra が非完了形動詞を作ることを上で述べた。これと対比される完了形動詞は接辞 -ha によって作られる。この -ha も、-ra と同様に、形動詞のほか名詞的用法と終止形の用法を併せ持つ。

これら二つの形動詞接辞 -ra と -ha は、じっさいには母音調和を示し、語幹の母音に応じて三種類の交替形（a/e/o）をもつ。例（1）に出てきた動詞を用いて示せば、以下のようになる。

非完了終止形		非完了形動詞	完了形動詞
tuwambi	→	tuwara（見る）	tuwaha（見た）
erembi	→	erere（望む）	erehe（望んだ）
bodombi	→	bodoro（考える）	bodoho（考えた）

母音調和はツングース諸語に広く見られる現象であるが、満洲語においてはそれほど制限がきびしくはなく、他の文法接辞にはあまり見られない。以下では、母音調和による交替形を含む接辞は、-rA や -hA のように大文字の A を用いて示す＊7。

満洲語の動詞は時制の区別よりもアスペクト（完了・非完了）の区別を表すと見なされている。接辞 -hA は、日本語のタと同様、過去の行為を表す場合が多いが、基本的には完了アスペクトを表すことが、次のような未来の行為を表す例から明らかである。

(2) tere　bedereme　jihe　manngi,　jai　bodoki.
　　 彼が　戻って　　来た　ら　　　また　考えてみよう。

（『金瓶梅』早田 1998：184）

動詞の否定形は、上の非完了および完了の形動詞に、存在動詞 bimbi（〜がある）の否定形 akū（〜がない）が接辞化した -kū を付けることによって作られる。そのさい非完了形においては -ra/-re/-ro がすべて -ra に統一され、また完了形においては -ho が -ha に融合する。したがって、上に挙げた形動詞のそれぞれの否定形は以下のようになる。

	非完了形動詞否定形	完了形動詞否定形
tuwambi →	tuwarakū（見ない）	tuwahakū（見なかった）
erembi →	ererakū（望まない）	erehekū（望まなかった）
bodombi →	bodorakū（考えない）	bodohakū（考えなかった）

例 (1) の最後の動詞 isibuhakūni（至らせなかった）は、完了形動詞の否定形が終止形として用いられたものであり、複合接辞 -hakū の前の isibu- が動詞語幹に相当する。後に付けられた -ni は、ここでは動詞に付けられて接辞のように見えるが、強調を表す文末助詞である＊8。語幹 isibu- は、動詞 isimbi（至る、及ぶ）に使役を表す派生接辞 -bu の付いた派生語幹である。

　＊7　完了形動詞は、一部の動詞では、-ha/-he/-ho ではなく、-ka/-ke/-ko をとる。例：dosimbi（入る）→ dosika（入った）など。本稿ではこれらの形式も含めて完了形動詞の接辞を -hA で示す。
　＊8　注 6 を参照。

1.2 類型論上の傾向と満州語

ここで動詞語幹に後続する接辞の配列に関する類型論の研究成果を参照すると、その配列順序には次のような普遍的傾向が見られることが、Bybee（1985）によって主張されている[*9]。

(3) 結合価（使役など）＜ヴォイス＜アスペクト＜時制＜ムード＜人称・数
（語幹に）近い ←―――――――――――――――――→ 遠い

ここでいう「結合価」とは、使役をはじめ他動詞化や自動詞化など、語幹が表す事態に関与する項（結合価）の数に影響を与える接辞のカテゴリーのことである。この図式に対する認知言語学的な説明として、Bybee（1985）は、動詞の意味に影響を与える度合いが高い接辞ほど語幹に近い位置に生起する傾向があると述べている[*10]。

この配列順序は、大枠としては日本語にも満洲語にも当てはまるように思えるが、いくつかの相違点も見られる。以下で、満洲語の動詞接辞の配列について日本語やツングース諸語のひとつであるナーナイ語と比べながら検討してみたい。

まず、これまでに扱ったアスペクトと結合価（ここでは使役）の配列順序を極性（肯定・否定）も含めて比べてみると、満洲語においては例 (1) の isibuhakūni に見られるように、接辞 -bu（結合価）および -ha（アスペクト）の後に否定を表す -kū が置かれている。これに対し、日本語の否定接辞の位置を見ると、例えば「言わ・せ・なかっ・た」のように、否定接辞（ナカッ）が使役を表す接辞（セ）より後に置かれるのは満洲語と同じであるが、完了アスペクトを表す接辞（タ）の前に置かれる点で異なっている。

(3) の図式では極性がどこにも位置づけられていないが、Bybee（1985：176-7）の研究では否定接辞は、接尾辞を使用するタイプの言語であっても半数ほどが動詞語幹に前置されるということである。その意味では他の種類の接辞と同列には扱えないであろう。否定接辞のもつこうした不安定な性質が、満洲語と日本語の相違として現れていると見ることができよう。

語順における極性の特異性に関しては、次に見るように満洲語と同じくツングース語族に属するナーナイ語に興味深い例が見られる。ナーナイ語もほぼ典型的な接尾辞型の言語ではあるが、動詞の否定過去形には語幹の後に付けられる接辞（-aci/

[*9] 堀江（2002：32）を参照。
[*10] 堀江（2002：32）を参照。

-raci/-daci/-taci)で示す方法と否定副詞（ecie）を動詞に前置させる方法の二つがある。それぞれの例文は以下のとおりである。ここでは形態素の境界にハイフンを付ける。

(4) 否定過去形：接尾辞型
 agda-aci-mbi　（私は）信じなかった。（風間 2000：55）
 信じる-否定過去-1人称単数

(5) 否定過去形：否定副詞前置型
 ecie　　baa-ra-ni　（彼は）見つけなかった。（風間 2000：212）
 否定副詞　見つける-語幹形成接辞-3人称単数

これに対し否定現在形においては、否定接尾辞（-asi/-rasi/-dasi/-tasi）を用いる次の例（6）のような方法しかない。

(6) 否定現在形
 saa-rasi-si　（あなたは）知らない。（風間 2000：237）
 知る- 否定現在 -2人称単数

現在形と過去形の否定接辞に見られるように、ナーナイ語においては、満洲語と異なり、時制と極性の二つの文法カテゴリーがひとつの接辞に融合している。
　また、例（4）（5）（6）からは、ナーナイ語の動詞が人称と数の接辞（人称接辞）をとることもわかる[*11]。ツングース諸語の動詞は、このように人称接辞をとることが一般的であり、この接辞を持たない満洲語は、シベ語（錫伯語）とともに、ツングース諸語の中で例外的な存在である。
　次に結合価（使役）とヴォイスを示す接辞の配列について検討する。上述のように満洲語の使役の接辞は -bu であるが、これは日本語の「セ・サセ」に相当するというよりも、もっと語幹に密着しているように思われる。日本語において「立つ─建てる」や「起きる─起こす」の間には結合価を変える接辞の付加や変換が見られるが、満洲語における -bu の付加はむしろこの場合の結合価の変換に近い。それは次のような現象から裏付けられる。

　[*11] ただしじっさいには、特に否定文において、人称・数の接辞をとらない文も多く見受けられる。

満洲語には動詞語幹に付けて「〜しに行く」と「〜しに来る」を表す派生接辞 -nA および -nji があり、次のように派生する。

okdombi（迎える）→ okodonombi（迎えに行く）、okdonjimbi（迎えに来る）

これらの使役形は、例えば okdonjibuha（迎えに来させた）のようになるのであるが、用例は少ないものの、これとは逆に -bu の付いた語幹に -nji などが付けられる次のような例も見出される。

(7)　　　　wehei　bithe　　　ilibunjiha　　　　　（満洲実録 258 頁）
　　（萬歴帝が）石の　書（石碑）を　建てに来た。

この文の動詞は、「立つ（ilimbi）」の使役形に相当する「建てる（ilibumbi）」に接辞 -nji が付いた形の完了形動詞形が終止形として用いられたものである。この例から、-bu は接辞の配列の上で -nji（〜しに来る）など他の派生接辞と同等の資格をもっているといえる。
　ところで、満洲語の接辞 -bu は、次のように受身の接辞としても用いられる。

(8)　jang　ciowan　weihun　jafa-bu-ha　　　　　（満洲実録 536 頁）
　　張　　鈴　　　生きて　捉え-られ-た（捕虜となった）

使役の接辞 -bu を伴う語幹に受身の接辞 -bu が付けられる例、すなわち日本語の「書かせられた」に相当するような例は、資料を目視する限り見られなかったが、興味深いことに使役の接辞が二重に用いられる動詞が存在する。動詞 tembi（座る）を例にその派生の例を以下に示す[12]。

tembi　　　座る、住む、
tebumbi　　座らせる、住ませる、（苗を）植える、（酒を）注ぐ、（飯を）盛る
tebubumbi　（苗を）植えさせる、（酒を）注がせる、（飯を）盛らせる

この中で二つ目の tebumbi が、原義の「（人を）座らせる etc.」から、「（物を）置く、入れる」という抽象化を通して、特定の目的語をともなう「（苗を）植える」

---

[12]　福田（2008）を参照。

等の意味を派生させたため、さらにその使役形として tebubumbi「植えさせる」が形成されたと考えられる。

　日本語においては、使役と受身を同時に表すことが可能であり、その場合の接辞の出現順序は、(3) の図式にしたがって「使役―受身」である場合が圧倒的に多い。本書「動詞述語語幹の構造」で引用されている「監督が女優をして男優に抱かれさせる」(53 頁) のように「受身―使役」の順序がたしかに存在するが、それが成り立つのは特定の条件下に限られるであろう。

　最後にムードを表す接辞について触れる。Bybee（1985 :22）のいうムードとは、話者が発話された命題とどのように関わりたいと思っているかを表すものであり、断定、非断定、命令、依頼などが含まれる。ここでは疑問・依頼の接辞 -o のみを取り上げる。接辞 -o は、名詞にも付けられるため動詞特有の接辞とはいえないが、動詞に付けられる場合は、以下のように、-mbi 形と -hA 形の後では疑問を、-rA 形の後では命令・依頼を表す。いずれにせよ、アスペクト接辞の後に置かれるという点で、Bybee（1985）の主張する動詞接辞の配列の傾向に合致する。

(9)　we　　sinde　　gelembio　　　　　　　　　　　（ニシャン 195 頁）
　　　誰が　お前に　恐れを抱こうか。

(10)　ere　jergi　gisun　be　getuken　i[*13]　donjihao　（ニシャン 174 頁）
　　　これ　らの　言葉　を　はっきりと　　　聞き取りましたか。

(11)　muke　emu　moro　bureo　　　　　　　　　　　（ニシャン 221 頁）
　　　水を　一　　杯　　ください。

　以上見てきた動詞接辞の配列に関する考察から、満洲語と日本語の間には否定辞の位置や使役と受身の接辞の並立の可能性などに相違はあるが、基本的な点では一致しており、それが類型論で提起されている普遍的な傾向にしたがうものであることがわかった。

2　時制とアスペクト

　本節では満洲語の時制とアスペクトの体系の概略を示す。河内・清瀬（2002：

---

　*13　接辞 -i は、属格の他に具格をも示し、またこの例のように形容詞に付いて様態を表す副詞を作る。

98)では、満洲語の動詞述語形、特に複合的な述語形を3種のアスペクト(完了、非完了、前望)と5種の相(完成、断定、進行、継続、状態)を組み合わせて細かく分類し、「完了完成相」や「非完了進行相」などの用語を用いて説明しているが、本稿ではそれらを参照しつつ、我々になじみ深い伝統的な英文法の枠組みを利用して、全体像を示すことを試みたい。これは英語と満洲語の時制とアスペクトの体系がよく似ているという意味では決してなく、満洲語の動詞句において英語の助動詞+分詞に相当するものがいくつか存在するため、そうした構成上の類似性を示すためである。

2.1 現在・未来形と過去形

述語形として用いられる満洲語の動詞形をこれまで三種類あげた。述語専用形である非完了終止形(-mbi)、述語としても用いられる非完了形動詞(-rA)と完了形動詞(-hA)である。これらは上述のようにアスペクトの観点から完了と非完了に分けたものであるが、じっさいにはそれぞれ次の時制に対応する場合が多い。

  現在・未来形：-rA, -mbi
  過去形： -hA

これら三つの述語形のうち、-mbi 形と -rA 形の間の用法の違いについて各文法書の記述は以下のようになっている。河内・清瀬(2002：73, 76)は、-mbi 形を非完了終止形とよび、現在における習慣的な行為や未来の行為を表すものと見なすのに対し、-rA 形のほうは前望終止形とよんで未来表現に焦点を当てている。また、-rA 形は連体止めから発達した終止形として話し手や書き手の強意を表すと説明している。津曲(2002：64)では、-mbi 形が現在形、-rA 形が未来形とされ、やはり -rA 形のもつ未来表現の面が重視されている。

本稿の資料においても、述語としての -rA 形は、少なくとも主節においては、例(12)のように未来の行為を表すものがほとんどである。

  (12) bi jeme wajiha manggi, sinde <u>alara.</u>
    俺が 食い 終わった ら、 お前に 教えてやるよ。
                  (『金瓶梅』早田1998：300)

動詞述語 -mbi 形が現在と未来の双方の行為を表すことは、次の例(13)に示される。ここで用いられている二つの -mbi 形のうち、最初のものは現在の行為を、

二つ目のものは未来の行為を表している。

(13) hehe   injeme   hendume,   ainu   uttu
　　 女は   笑いながら 言う。   「どうして そんなに
　　 nungnembi,   bi   den   jilgan-i   surembikai.*14
　　 ちょっかいを出すの。 私 大きな 声で   叫ぶわよ。」
（『金瓶梅』早田 1998：264）

　なお、-mbi 形には否定形がないため、現在・未来形の否定形は、-rA 形の否定形である -rakū 形が用いられる。
　ここまでの説明とはやや異なる捉え方がヨーロッパの研究者によってなされている。Haenisch（1986: 53、56）は、述語の -rA 形を非完了分詞の終止形としての用法と見なし、-mbi 形のほうは「アオリスト」と見なしている。また、Sinor（1968: 268、271）も、-rA 形が非完了アスペクトを表すものと見なすのに対して、-mbi 形を「中立アスペクト」とよんで、行為の完了・非完了に関わりなく話者が過去のことを述べる用法があると説明している。たしかに物語の地の文において完了形動詞（-hA）によって事態の進行が表される中、次のように -mbi 形による文が挿入されることがよく見られる。

(14) gaitai   emu   farsi   wase   tuhenjihe,   meng-ioi-leo（中略），
　　 突然   一   塊の   瓦が   落ちてきた。 孟玉楼は
　　 sabuhakū,   pan-gin-liyan   jing   duin   ici   tuwara manggi,
　　 見なかったが、 潘金蓮が   じっと 四   方を   見る   と
　　 adaki   booi   fu -i   ninggu   de   geri   gari   emu   šeyen dere be
　　 隣の   家の   塀の   上   に   ちらりと   一つ 白い   顔   が
　　 sabumbi,   majige   tuwa   manggi,   uthai   ebuhe.
　　 見える*15。 ちょっと 見たかと思うと、 すぐに 降りてしまった。
（『金瓶梅』早田 2000：69）

　この例文の中の sabumbi（見る）は、前後の文で表されている行為と同じ時系列

---

　*14　動詞の付けられた -kai は強調を表す文末助詞。動詞とは切り離して書かれることもある。
　*15　直訳は「白い顔を見る」。

に属する行為、したがって過去の行為を表している。しかし、-mbi 形を「中立アスペクト」と見なさなくても、上の日本語訳からもわかるように、出来事をいきいきと描写するためのいわゆる歴史的現在形の用法であると解釈することができるであろう。こうした -mbi 形の用法は多く、例えば『ニシャン・サマン伝』においても、物語の地の文では -hA 形によって事態の進行が表されているのに対し、ニシャン・サマンが黄泉の国でセルグダイ・フィヤンゴの魂を得て現世に帰る前に立ち寄った地獄の様子を描写している場面（河内 1987：209–210）では、次のような -mbi 形が用いられている。

（人の肉を犬が）jembi（食べている）
（わめき泣く声が地に）durgidumbi（鳴り響いている）
（善悪の刑罰を）faksalambi（選り分けている）
（霊魂を）beidembi（審問している）

2.2 複合的な動詞句の種類

ここまで扱った三つの基本的な動詞述語形の他に、満洲語は完了形動詞（-hA）や副動詞（-me と -fi）と存在動詞 bi/bimbi（～がある）とで構成される動詞句によってさまざまな時制とアスペクトを表す。これらの動詞句においては、存在動詞が助動詞の役割を果たす。

存在動詞 bi/bimbi は、他の動詞とは異なり、肯定の非完了終止形としては接辞をとらない bi という形が一般に用いられ、ある特定の条件下でのみ bimbi という形が用いられる[*16]。

なお、Sinor（1968: 269）は、非完了終止形（-mbi）も語源的には bi（繋辞なのか存在動詞なのか不明）の付加されたものであると見なし、以下のように説明する。例えば yamji（夕方）という名詞から動詞を作るためには、そのままでは bi を付けられないため、接辞 -n によって副動詞化した上で bi が付けられ（*yamji-n-bi）、さらに -n＞-m の同化を経て yamjimbi（日が暮れる）が形成された。同様に、モンゴル語の動詞を借用するにあたっても、例えば語幹 yabu-（行く）が満洲語においては名詞と同じ扱いをされるため、接辞 -n を付けてから bi が付加され（*yabu-n-

---

[*16] 早田（2006：56）によれば、存在動詞で bimbi が用いられるのは、人や動物が主語で、それが一定の時間に一定の位置に存在している、という意味の場合に限定される。なお、繋辞においては bi だけが用いられ、bimbi は用いられない。また、この繋辞 bi は省略されることも多い。

bi)、同化を経て yabumbi（行く）が形成された。

　存在動詞 bi/bimbi を助動詞として用いる動詞述語形を、伝統的な英文法の用語を用いて整理すると以下のようになる。参考までに河内・清瀬（2002）で用いられている用語も挙げる。上述のようにこれは構成上の類似性に基づく分類であり、その用法には英語と共通する点と相違する点があることに注意しなければならない。次節以降でこれらの動詞句の用法について例を挙げながらひとつずつ検討する。

　　現在完了形［完了断定相］：-hAbi
　　過去完了形［完了完成相］：-hA bihe　（-hA bihebi）
　　現在進行形［非完了進行相］：-me bi/　-me bimbi
　　過去進行形［完了進行相］：-me bihe / -mbihe　（-me bihebi / -mbihebi）
　　その他：　-fi bi / -fi bimbi［非完了状態相］、-fi bihe［完了状態相］など

2.3　現在完了形（-hAbi）

　接辞 -hAbi の付いた形式は、次の例（15）や（16）に見られるように、すでに完了した行為の影響が現在（発話時点）にまで及んでいることを表すという点で英語の現在完了形と共通点をもつ。この形式は、完了形動詞と bi が切り離されて -hA bi と表記されることもある。また、否定形においては -hakūbi 等のように否定接辞が間に入る。

　（15）　ere　　u-ši　　orin　　sunja　ninggun　se　　ohobi,
　　　　 この　呉氏は　二十　　五　　　六　　　　歳に　なっている。
　　　　　　　　　　　　　　　　　　　　　　　　　（『金瓶梅』早田 1998：40）

　（16）　beise　gemu　jihebi:　　 damu　sanggar　　jihekūbi:
　　　　 諸王　　みな　　来ている。　ただ　サンガルが　来ていない。
　　　　　　　　　　　　　　　　　　　　　　　　　　　　（旧満州檔 97 頁）

　上述のように、物語的な叙述において個々の出来事は完了形動詞（過去形）で表されることが多いが、その間にあって情景描写が行われるときには、次の例（17）のように、よく現在完了形が用いられる。この用法は英語の現在完了形には見られない。

　（17）（ロシアに向けて出発した清の使節がいつどこに泊まった（tataha）か、い

つどこを出た (tucike) か、などの旅程の記述の中で)
　　　babade　aldaka　　　　　　sere　　moo　banjihabi
　　　所々に　アルダカ（金桃皮）　という　樹が　生い茂っていた／いる。

(『異域録』荘 1983：18)

2.4　過去完了形 (-hA bihe)

　接辞 -hA＋助動詞 bihe の形式は、現在完了形の助動詞に当たる要素である bi が完了形動詞の bihe となったものであり、英語の過去完了形と同様、過去のある基準となる時点より以前に完了した行為を表す。次の例 (18) や (19) のように、この形式が用いられる文の前後に基準となる時点が完了形動詞 (-hA) によって示される場合が多い。

(18)　(前半の文の「きのう」が基準の時点である)
　　　sikse　　terei　boode　bihekai,　cananggi　aibide
　　　きのうは　彼女の　家に　いたのだな。おとといは　どこに
　　　genehe　bihe,　　　　　　　　　　(『金瓶梅』早田 1998：48)
　　　行ってたんだ。

(19)　(隣家の李瓶児から相談を持ちかけられた西門慶のせりふ。事の次第がわかった時点が基準となる)
　　　bi　　ai　　baita　ni　　sehe　　bihe,　　dule　　booi
　　　私は　どんな　こと　なのかと　思っていましたが、なるほど　家の
　　　ulin　be　temšeme　habšaha　baita　biheni,*17
　　　財産　を　争い　　　訴えた　　件　　だったのですね。

(『金瓶梅』早田 2000：80)

　しかし、英語の過去完了形とは異なり、以下の例 (20)(21) のように基準となる時点が前後の文に示されないこともある。ただし、そのような場合でも文脈から基準となる時点が推察できるように思われる。

(20)　(帰宅した武大が、酒を飲んで顔が赤くなっている妻、潘金蓮を見て言う)

---

　*17　動詞に付けられた -ni は強調を表す文末助詞。注 6 を参照。

```
        si   aibide    genehe bihe,        (『金瓶梅』早田 1998：230)
        お前 どこへ    行ってたんだ。
```

(21)（西門慶の正妻、呉月娘が五番目の妻として迎えられた潘金蓮を初めて見
　　　たときに心中思う）
```
        haha   juse    jifi    kemuni    u-da-lang   ni    sargan    be
        男の子 たちが  帰ると  いつも    武大郎      の    妻のこと  を
        ambula saikan  seme    alaha bihe,     te   tuwaci   yala
        とても きれいだ と     告げて いたが、 今   見ると   なるほど
        saikan  mujangga                     (『金瓶梅』早田 1998：480)
        きれいなのは 本当だ。
```

　例(20)では、状況から潘金蓮がどこかへ行っていたことが明らかなので、彼女がそこから帰ってきた時点を基準にしてそれ以前の行為を訊ねていると考えられるし、例(21)では、潘金蓮が西門慶の家に五番目の妻として入って来た時点が基準にされていると考えられる。これら二つの例ともに、基準とされる時点は発話時の直前であり、英語であれば過去完了形ではなく、現在完了形か過去形が使用される場面である。
　このように満洲語の過去完了形は、明示的であれ非明示的であれ、関連する何らかの行為や事態よりも前に行われた行為や事態を表しているといえる。

　ところで、用例はあまり多くないが、過去完了形にさらに bi が付加された形式(-hA bihebi)も存在する。Li(2000: 358-9)は、満洲語の動詞述語形の一覧表の中で、この形式を、-hA bihe と対比する形で非完了のグループに分類し、例文 araha bihebi (I have been writing) を挙げながら、その用法を「行為が過去に始まり、その作用が現在にも及んでいる」と解説している。また、Haenisch (1986: 61) は、これを「持続的な行為の過去完了分詞形」としている。
　しかし、本稿が対象とする資料においては、次のように過去完了形とほとんど同じ用法で用いられると考えられる例があった。河内・清瀬(2002：98)でも、例文は挙げられていないが、-ha bihebi「していたのだ」が -hA bihe（河内・清瀬の用語では完了完成相）の活用形の一つとして説明されている。

```
(22)    tere   fonde     hūwa-dz-hioi  de,   si-men-king     ulhibume,
        その   ときには  花子虚        に    西門慶が (事を) 知らせるために
```

  jasiha bihebi,   （『金瓶梅』早田 2000：83）
  手紙を出していた。

　この例の「そのとき」とは、花子虚が牢から引き出され、一族の財産をめぐる件で審問されたときを指している。いずれにせよ、用例が非常に少なく、まだ過去完了形と機能が同じであると断定はできない。

2.5　現在進行形（-me bi/　-me bimbi）

　非完了副動詞（-me）に存在動詞が付加された形式は、英語のように現在進行中の行為を表すほか、次の例（23）のように現在も続けられている習慣的な行為も表す。また、例（24）に見られるように、英語では進行形にはできない「隣接する」などの意味の動詞でも満洲語は進行形で表すことができる。

 （23） ere fung mama （中略） minde etuku adu
    この 馮 ばあさんが   私のために 衣 服を
    ohome niyancame bimbi （『金瓶梅』早田 2000：91）
    洗ったり 糊付けしたりして います。

 （24） ere hūwa halai boo, uthai si-men-king ni booi
    この 花 氏の 家は すなわち 西門慶   の 家に
    <u>adame bi</u>,   （『金瓶梅』早田 2000：14）
    接している。

2.6　過去進行形（-me bihe/　-mbihe）

　現在進行形の助動詞 bi/bimbi を完了形動詞 bihe にしたものが、過去進行形である。例（25）のような過去の進行中の行為ばかりでなく、英語とは異なり、例（26）のように過去の習慣的行為も表す。この形式は、副動詞（-me）と融合した形（-mbihe）で表記されることも多い。

 （25） si-men-king tere inenggi （中略） nure uncara taktu -i
    西門慶は   その 日   酒を 売る 楼 の
    ninggude nure <u>omime bihe</u> （『金瓶梅』早田 1998：508）
    上で   酒を 飲んで いた。

(26) u-da   hiyan-i wargi ergi giya de gurihe ci   kemuni
　　 武大は 県庁の 西   側の 街   に 移って から やはり
　　 nenehe adali šobin   uncambihe,　　（『金瓶梅』早田 1998：118）
　　 前   のように 焼餅を 売っていた。

　また、この形式は、次の例（27）のように、じっさいには行われなかった過去の行為を表す非現実話法にも用いられる。この場合、否定形は例（28）のように -rAkū bihe の形式をとる。

(27) akūci   geren deote be solifi   boode
　　 さもなければ 諸   君　 を 招いて   うちへ
　　 gamambihe,   enenggi mini sargata gemu gūwai
　　 つれて行ったのだが、きょうは 私の 妻たちが 皆   よその
　　 boode nure omime genehe　　　　（『金瓶梅』早田 2000：108)
　　 家に 酒を 飲みに 行ったのだ。

(28) （黄泉の国の渡し守がニシャン・サマンに言う）
　　 aika gūwa niyalma oho   biheci ainaha seme
　　 もし 他の 人   だっ たなら、決して
　　 dooburakū bihe,　　　　　　　　　　 （ニシャン 184 頁）
　　 渡さなかったでしょう。

　過去完了形の場合と同様、ここでも過去進行形にさらに bi が付加された形式 (-me bihebi / -mbihebi) が存在する。Li (2000: 358-9) は、これを過去進行形とは区別して、「過去における行為の完了」あるいは「過去に繰り返し行われた行為」を表す形式と説明しているが、後者はいいとして、前者のいわば過去完了的用法は本稿で考察の対象とした資料には見られない。一方、河内・清瀬（2002：99）はこれを、完了進行相（本稿でいう過去進行形）を強調して述べるときに用いられる形式であると説明しており、本稿における用例もそれでほぼ説明がつくようにも思えるのであるが、次の例（29）のように現在まで続く行為を表す用法であると解釈できる用例もいくつか見られる。

　　(29)（潘金蓮の二人の女中を比べている場面）

```
cūn-mei,   （中略）  jabure  acaburengge*18  faksi,      banjihangge  geli
春梅は             応    対 が         上手で、  容姿          も
         gincihiyan   ojoro     jakade,  si-men-king  ambula  gosimbihebi.
         輝くばかり   である    ので    西門慶は      とても    かわいがっていた。
cio-gioi  （中略）  umai       baita  be   sarkū    ofi,
秋菊は             まったく   物事   を   知らないので、
pan-gin-liyan   kemuni   jafafi         tantambi
潘金蓮は        いつも   つかまえて    ぶっている。
```
(『金瓶梅』早田 1998：554)

　この例では、後続の文が非完了終止形（＝現在形）(-mbi) とることから、gosimbihebi を「かわいがっている」と現在（発話時点）も行われている行為として訳しても不自然ではない。この形式の用例自体が少ないため、詳しい用法については今後の検討課題としたい。

2.7　その他の動詞句

　これまで説明した動詞句のほかに、用例数が非常に少ないものの、時制やアスペクトの表現に関わる以下のような動詞句が存在する。括弧内の説明は河内・清瀬（2002：98）によるものである。それらの動詞句と上で挙げた各時制との文法機能上の関連性を矢印の右に示す。

```
-fi   bi      （非完了状態相）    →    現在完了形
-fi   bihe    （完了状態相）      →    過去完了形
-hAi  bi      （非完了継続相）    →    現在進行形
-hAi  bihe    （完了継続相）      →    過去進行形
```

　以下、それぞれの動詞句の例をひとつずつ挙げるが、適当な述語形の用例が見つからなかった場合には、名詞化された用法や副動詞の形の例を挙げる。
　まず、次の例（30）では同じ動詞（ombi）の -fi bi 形と現在完了形が使われているが、両者の間には文法機能上の相違がほとんどないように思われる。

　＊18　形動詞に接辞 -ngge が付けられると、名詞化されて「～すること、～する人」の意味になる。例（29）の acaburengge は、acabumbi（合わせる）の非完了形動詞が名詞化されたもので、「合わせること、合わせ方」を意味する。

(30) mini   emu   niyamangga   niyalma   dung-ging   hecen   de   hafan
　　 私の　　ある　　親類の　　　　者が　　　　東京　　　　城　　　で　　官人と
　　 <u>ofi   bi,</u>   hala   ju,   gebu   miyan,   ne   diyan-i   juleri   tai-ioi
　　 なっている。姓は　朱、名は　　勭、　　今　殿　　　　前の　　　大尉の
　　 hafan   <u>ohobi.</u>　　　　　　　　　　　　　　　　（『金瓶梅』早田 1998：154）
　　 官に　　なっている。

　次の例（31）では -fi bihe 形の動名詞句（-ngge 形）が用いられているが、鳥銃を放つ行為の時点ですでに完了した行為を前提としており、過去完了形の動名詞化と見なせるように思われる。

(31) hadai   fiyeren   de   <u>ukafi   bihengge</u>*19   alime   gaifi   miyoociyang
　　 峯の　　狭間　　　に　　逃げて　いた者が　　　待ち　受け、　鳥銃を
　　 sindara   jakade,   （中略）   yangguri   efu   goifi   feye   de
　　 放った　　ので*20　　　　　　　　　ヤングリ　エフに　当たり、　傷　　により
　　 akū   oho,,　　　　　　　　　　　　　　　　　　（崇徳檔案 16 頁）
　　 亡く　なった

　次に、以下の例（32）と（33）に見られるように、-hAi bi 形と -hAi bihe 形は、現在進行形や過去進行形に近い機能を果たすが、これらに比べると、「〜し続けて」という訳で表されるように、継続の意味を強調した用法であると考えられる。

(32) tere   hehe   damu   si-men-king   be   <u>gūnihai   bifi,</u>
　　 かの　　女は　　ただ　　西門慶　　　　を　　思い続けて　いて、
　　　　　　　　　　　　　　　　　　　　　　　　　　（『金瓶梅』早田 1998：308）

(33) pu   i   niyalma   be   gaifi   acinggiyahakū   <u>tehei   bihe.</u>
　　 堡　の　者ども　　　を　率い、　動揺させずに　　　住み続けて　いた。
　　　　　　　　　　　　　　　　　　　　　　　　　　（河内・清瀬 2002：100）

───────────────────────────────

＊19　注 18 を参照。
＊20　後置詞 jakade（〜の故に）の前には非完了形動詞が置かれるが、文脈によっては過去の行為を表す。

このほか河内・清瀬（2002：100）には、否定状態を表す形式として -akū bi / -akū bihe が挙げられている。これに該当する形式のうち -hAkū bi / -hAkū bihe については、本稿で扱った現在完了形および過去完了形の否定形であると考えられる。これに対し、-rAkū bi / -rAkū bihe と本稿の各時制との関係については、本稿では考察が及んでいない。今後の検討課題としたい。

2.8 まとめ

以上、満洲語動詞述語の時制・アスペクトの体系を英文法の枠組みを用いてまとめてみた。それを日本語の動詞接辞と対照させながら一覧表に整理すると、以下のようになるであろう。進行形でも完了形でもない、過去形、現在形、未来形をここでは中立形とする。2.2 節で述べたように、満洲語と英語の動詞句構成上の類似性から、英語の枠組みを用いてはいるが、英語の時制・アスペクトそれぞれの基本的な用法との対照であることに留意されたい。特に現在完了形は、英語の完了・結果の用法を指し、経験や継続の用法は含まれない。

	中立形	進行形	完了形
過去	-hA タ	-me bihe テイタ	-hA bihe テイタ
現在	-rA / -mbi ル	-me bi テイル	-hAbi タ／テイル
未来	-rA / -mbi ル	-me bi テイル	-hA タ／テイル

この一覧表から、日本語と満洲語の類似点と相違点に関して以下のことがわかる。

（ア）日本語ではどのアスペクトにおいても現在形と未来形が形態的に区別されないが、満洲語では現在完了形と未来完了形が区別される。

（イ）日本語ではどの時制においても進行形と完了形に形態的な重複（例えば現在と未来におけるテイル形）が見られるが、満洲語ではどの時制においても進行形と完了形が区別される。

（ウ）過去中立形の -hA とタが未来完了形にも用いられる点で、日本語は満洲語と共通点をもつ[21]。

上の（ア）および（イ）と関連して、一覧表では日本語テイル形の用法の範囲の広さが顕著に現れている。これに対し、満洲語では進行形には副動詞 -me が、完了形には完了の形動詞 -hA が必ず用いられ、明確な区別がなされる。日本語の時制・アスペクト体系の特異性がこうした対照をとおして示されることが改めて認識されうる。

参考文献

今西春秋訳注、羽田明編訳（1985）『異域録　清朝使節のロシア旅行報告』平凡社

今西春秋訳（1992）『満和蒙和対訳　満洲實録』刀水書房

風間伸次郎（2000）『ナーナイ語の民話と伝説 5』東京外国語大学

河内良弘（1987）「ニシャン・サマン傳　譯注」『京都大学文学部紀要』26、141-230 頁

河内良弘（1989）「崇德二年正月分満文檔案譯注」『京都大学文学部紀要』28、1-68 頁

河内良弘・清瀬義三郎則府（2002）『満洲語文語入門』京都大学出版会

津曲敏郎（2002）『満洲語入門 20 講』大学書林

東洋文庫清代史研究室（1972）『舊満州檔　天聰九年 1』東洋文庫

早田輝洋訳注（1998）『満文金瓶梅訳注　序〜第十回』第一書房

早田輝洋訳注（2000）「満文金瓶梅訳注　第十一回〜第十五回」『語学教育フォーラム』第 4 号、大東文化大学語学教育研究所

早田輝洋（2006）「満洲語の繋辞と存在動詞」『アルタイ語研究』1、11-59 頁、日本アルタイ語会議（大東文化大学語学教育研究所）

福田昆之（2008）『増訂満洲語文語辞典』FLL（横浜）

堀江薫（2002）「類型論から見た動詞の文法的特徴と機能変化」『月刊言語』第 31 巻第 12 号、30-37 頁、大修館書店

Bybee, Joan L.（1985）, *Morphology*. Amsterdam/Philadelphia（John Benjamins）

Haenisch, Erich（1986）, *Mandschu-Grammatik*. Leipzig（VEB Verlag Enzyklopädie）.

Li, Gertraude Roth（2000）, *Manchu. A Textbook for Reading Documents*. Honolulu（University of Hawai'i Press）.

Sinor, Denis（1968）, La langue mandjoue. In: B. Spuler（Hrsg.）, *Tungusologie*. Leiden/ Köln（E.J.Brill）.

荘吉発（Zhuag Ji Fa）校注（1983）『満漢異域録校注』文史哲出版社、台北

＊21　2.1 節の例（2）を参照。

9　キリマンジャロ・バントゥ諸語から見た日本語の膠着性
――動詞屈折形式における膠着型言語の類型的差異――

品 川 大 輔

導入―「範例的言語の動詞複合体」という視点―

　本稿は、アフリカ大陸の赤道以南に広く分布するバントゥ諸語のうち、とくにキリマンジャロ・バントゥ（Kilimanjaro Bantu）諸語と呼ばれる諸言語[*1]と、日本語とが共有する構造的特性としての膠着性を出発点に、両者の動詞複合体（verb complex）における言語特性上の基本的な差異および共通性を記述しようとする試みである。

　本稿における「動詞複合体」という術語の定義は、亀井他編著（1996）の項目「用言複合体」のそれに従う。すなわち「（動詞）語基にさまざまな接辞や助辞（particle）を付けて、いろいろな具体的な構成体をつくり出す」その構成体を指して動詞複合体の術語を用いる。この種の複合体構造は、まさに日本語の動詞述語構造を特徴づけるものであるが、朝鮮語を含むアルタイ型言語のみならず、本稿で扱うバントゥ諸語の動詞述語も、この定義における限り、ひとまず動詞複合体を構成すると見做しうる[*2]（ibid.: 1372）。

　動詞複合体構造を有する上述の諸言語は、それを構成する統辞的原理の観点から

　[*1]　バントゥ諸語は、ニジェール・コンゴ語族、ベヌエ・コンゴ語派に属する一大言語群で、言語数は一般に約 500 とされるが、方言的変種を整理すれば 300 ほどにまとめられるのではないかとする見方もある（cf. Nurse and Philippson 2003）。地理的には、アフリカ大陸赤道以南の（南西部のコイ・サン語族地域を除く）広範な地域に分布する。そのうちの、キリマンジャロ・バントゥ諸語とは、タンザニア北部、ケニアとの国境地帯に位置するキリマンジャロ山の山麓地帯に話される諸言語（変種）を指し、伝統的にチャガ諸語（Chaga Languages）と称されてきた言語群と、ケニア側のダビダ語（Dawida）とを合わせた名称である（Philippson and Montlahuc 2003: 475）。本稿では、西キリマンジャロ諸語に属するルヮ語（Rwa）の資料を中心に、その他の KB 諸語の資料を補足的に用いる。筆者の現地調査に依らないデータについては、本文中にその出典を示す。またスワヒリ語に関してはその標準変種（Kiswahili Sanifu）に依拠する。
　[*2]　ただし、宮岡（2002: 102）によるより具体的な定義、「述部としての用言の、二語以上にまたがる拡張形式」からすると、バントゥ諸語（とりわけスワヒリ語）の例は単なる「語」に止まるものがほとんどである。

2つの対照的な類型に分類することが可能である。すなわち、河野（1989）による、文構成要素の配列に際して連辞的原理に従うアルタイ型と、文法的一致や屈折変化を典型的な方策としながら文法範疇を基準とした範例的原理によって文を構成する印欧型である。前者のタイプの動詞複合体に関する研究は、宮岡（編著）（1992）に所収の諸篇や宮岡（2002）といったきわめて重要な論考が著されている。一方で、後者すなわち印欧型（範例型）に属するバントゥ系言語の動詞複合体と日本語のそれとの対照に関する研究については、ほとんど手つかずの状態であると言ってよい。以下本稿では、形態法としては「膠着（agglutination）」を中心的手段とするバントゥ諸語と日本語双方において、形態統辞論的原理の相違がどのような形で形式的に反映されているのかという視点から、動詞複合体における両者の差異と共通性とを記述していく[*3]。

1 動詞複合体の基本構造
1.1 バントゥ諸語

まず、以下にバントゥ諸語における動詞複合体の例を提示する。(1-2) はスワヒリ語［Sw］、(3) はキリマンジャロ・バントゥ諸語（以下 KB 諸語と略す）に属するルヮ語［Rw］の例である（グロスは動詞複合体のみに与えてある。以下同様）。

(1)　［Sw］*Nitalala.*
　　　{ni-ta ≠ lal-a}
　　　1・単$_{SM}$-未$_{TA}$ ≠ 寝る-直$_F$
　　　「私は寝る［未来］」

(2)　［Sw］*Hakuniandikia barua.*
　　　{h(a-)a-ku-ni ≠ andik-i-a}
　　　否$_{PreIn}$-3・単$_{SM}$-否過$_{TA}$-1・単$_{OM}$ ≠ 書く-適$_{EXT}$-直$_F$
　　　「彼（女）は私に手紙（*barua*）を書かなかった」

(3)[*4]　［Rw］*ni ɴ'reíyo vanɴ'muutisérisīa*
　　　{vá-a-м-ú-tí ≠ ser-is-i-a}
　　　3・複$_{SM}$-過 1$_{TA}$-完$_{TA}$-3 ク$_{OM}$-1・複$_{OM}$ ≠ 動く-使$_{EXT}$-適$_{EXT}$-直$_F$
　　　「彼らが我々のために届けてくれたのは、罠（*ɴ'reíyo*）だ。」

　[*3]　ただし分析の対象は、動詞複合体における中核的また基本的形式である屈折標示を含む主節定動詞の構造に限定することとする。したがって、例えばバントゥ諸語における関係節構造や、日本語における接続形（converb）を含む従属節構造等の動詞複合体の多様なサブタイプは、本稿の射程には含まない。

一般に動詞形式として最小となるのは、語基と末尾辞（F）のみが必須である命令形（e.g.［Sw］*Andik-a!*「書け！」）である。本稿で扱う一般的な主節定動詞形式においては、それらに加えて主語一致[*5]接頭辞（SM、以下主辞と略）、時制・アスペクト標識（TA、以下時辞）が形式を成立させるうえで最低限必要な要素となる(1)。これら義務的な要素以外にも、典型的には派生接尾辞（EXT、以下派生）の接合によって、より具体的な概念を盛り込みつつ形式を拡張しうることが、KB諸語における動詞複合体の基本的な特性である(2)。さらに、言語によっては複数個の時辞や目的語一致接頭辞（OM、以下客辞）を配列することが可能であり、相当程度統合度の高い形式を作り出すことができる(3)。

　このような基本的特性を有するバントゥ諸語における動詞複合体の構造は、一般に(4)のように定式化される（略号の対応は脚注[*6]を参照されたい）。

(4)（前主-/=）**主**-(否-)**時**$^{\rm n}$-(目$^{\rm n}$) ≠ **語基**(-派$^{\rm n}$) (-前末)[*7]-**末**(-/=後末)

cf. Nurse（2008: 42）、Rose et al.（2002: 4）等

太字体で示してあるものは義務的要素であり、"n"はその要素が複数共起しうることを示す。形態素境界記号"-"は接辞境界、"="は倚辞（clitic、接語）境界、

[*4] ここに現れるクラス3の客辞 *ú-* は、クラス3名詞である目的語項 *n'-reíyo* と文法的に一致している。

[*5] 一致する範疇は、単複の別を含む名詞クラス（noun class）、ないしは人間名詞における人称である。スワヒリ語には15の、ルヮ語には19のクラス分類が存在する。また、客辞についても同様である。

[*6] 前主（前主語接頭辞：PreIn）、主（主語一致接頭辞：SM）、否（第2否定辞：NEG2）、時（時辞：TA）、目（目的語一致接頭辞：OM）、派（派生接尾辞：EXT）、前末（前末尾辞：PreF）、末（末尾辞：F）、後末（後末尾辞：PosF）。また、「第2」否定辞という名称は、バントゥ祖語における前主辞スロットにも否定辞が充填される（＝第1否定辞 NEG$_1$、共時的に対応するのは例(2)における *ha-* ）ことに由来する。また、表示概念に関する略号は次のとおりである（以下のすべての例文で共通）。**1**・単、**3**・複（等）：人称＋数、**未**：未来、**現**：現在、**過1**：近過去、**過2**：中過去、**否過**：否定過去、**過未完**：未完了相過去、**過状**：状態動詞過去、**完**：完了、**結**：完結、（**数字＋**）**ク**：名詞クラス（番号）、**否**：否定、**中**：中性、**主**：主格、**直**：直説法、**接**：接続法、**状**：状態動詞化接辞、**使**：使役、**適**：適用、**焦**：焦点、**近・16ク**：近称指示詞（16クラス）。

[*7] Nurse（2008: 42）また Rose et al.（2002: 4）では、前末尾辞を末尾辞に統合しているが、記述の便宜上、本稿では両者を形式的に区別することとする。

"≠"は接頭要素と語基以降の境界を特定的に示す記号であり、"#"は語境界を示す。ともに拘束形式である接辞と倚辞の形式的な相違は、端的に述べれば、前者が語幹ないし隣接する形式との間に他の形式を介在させないほどの緊密性を保つのに対し、後者は他の形式の介在を許容するとともに、多様な形式と接合しうる一定の離接性を有する点にある（cf. Zwicky and Pullum 1983）。すなわち、服部（1950）の用語でいう「附属形式」が前者に、「附属語」が後者に対応する（cf. 風間［1992: 244］、宮岡［2002: 32-33］）。

各構成素のうち、前主辞と後末尾辞は倚辞であることが少なくなく、形式を成立させるうえで付加的な要素であるとみてよい。したがって、動詞構造の中心は主辞から末尾辞までの連続体ということになる。語基から末尾辞までを屈折語幹、屈折語幹から前末尾辞以降を除いたものを派生語幹と呼ぶ。接頭要素すなわち（前）主辞から客辞までは、関係する名詞項との文法的一致要素および時制等標示要素に相当する。このうち、非義務的要素である客辞を除いたものを、屈折要素（INFL）と言及する（Nurse［2008: 41-42］）。

各形式の詳細は2節において論じるが、(1-3)に示したとおり、動詞述語構造の形成は主に接辞に頼っており、倚辞に相当するものはさほど多くない。倚辞と解釈しうるものは、前主辞の一部ないしはそれに前接する要素と、後末尾辞ないしはそれに後接する要素として生じるのみである。前倚辞の例（モシ語*8［Mo］）を(5)に、後倚辞の例を(6)に示す。

(5) [Mo] *ɲálèwónà m̀sóɾǒ*
　　{ɲí=à-lé-wón-à}
　　焦$_{PreIn}$=3・単$_{SM}$-過2_{TA}≠見る-直$_F$
　　「彼は男［=m̀sóɾǒ］を見た（それが彼のしたことだ）」
　　　　　　　　　　　（Philippson and Montlahuc［2003: 490］、一部表記改）

(6) [Rw] *manyisé$_N$'*
　　{many-is-á=i$_N$'}
　　{知る-使$_{EXT}$-直$_F$=対複数$_{PosF}$}
　　「（誰かに）知らせろ（複数の聞き手に対して）」

1.2　日本語

一方、日本語の動詞複合体の構造は、先行研究においてさまざまな形で一般化が

　＊8　中央キリマンジャロ諸語の一。チャガ語モシ方言とも。

なされている（例えば、渡辺［1953: 29］、南［1974: 128-129］、風間［1992: 246, 249-250, 254］、宮岡［2002: 105-115］、丹羽［2005: 8-26］など）。ここで各論の詳細には立ち入らないが、本稿ではその目的に鑑みて、各形式の形態論的な地位とそれらの承接関係とに重点を置いた風間（1992）の構造モデルを援用することとする。同モデル（10）に従えば、日本語の動詞複合体構造は次のように分析される。

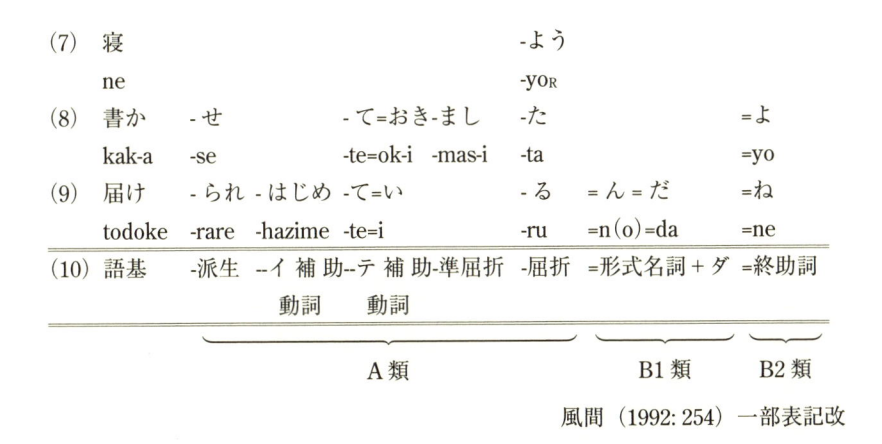

(7)	寝					-よう		
	ne					-yo_R		
(8)	書か	-せ		-て=おき-まし	-た			=よ
	kak-a	-se		-te=ok-i -mas-i	-ta			=yo
(9)	届け	-られ	-はじめ	-て=い	-る	=ん=だ		=ね
	todoke	-rare	-hazime	-te=i	-ru	=n(o)=da		=ne
(10)	語基	-派生動詞	--イ補助動詞	-テ補助-準屈折	-屈折	=形式名詞+ダ		=終助詞
			A類			B1類		B2類

風間（1992: 254）一部表記改

境界記号 "–" で示してあるものは、それに前後する要素の承接順の交替が（部分的であれ）可能であることを示す。A類に分類される諸形式の概略は、次のとおりである。「イ補助動詞」は、文法化（grammatic(al)ization）によって自立語が機能形式化した「二次的接尾辞」に概ね相当する（cf. 宮岡［2002: 93, 105］）。また「テ補助動詞」は、中止（接続）形を形成する接尾辞 -te にさまざまな補助動詞が後接する「接尾辞的複合体（ibid.: 99, 105）」を構成する。構造上これらに後続する要素として、-mas[-u]*[9]、-na[-i] が認められるが、これらは i) A類の他形式に先行して現れることがなく、専ら最後尾に位置し、ii) ほぼすべての（派生）語幹に後接することから、「準屈折形式」という名称が与えられている（風間 1992: 247）。そして、動詞構造としての形式を成立せしめる要素としての「屈折」形式を認める。その詳細は3節に論ずるが、(7-9) に明らかなとおり、ここでは「形式上、動詞（複合体）を成立させるうえで欠くことができない要素」を指して「屈折」の術語を用いていることに注意されたい。日本語の「活用」が、例えば印欧系諸言語に見られるそれと性質を明らかに異にしているのは、まさに「屈折」の在り方が本質的

---

*[9]　以下、屈折形式を明示する必要がある場合、角括弧を用いて示す。

に異なることによるものであることは論を俟たない。

屈折形式によって文法的な形式としての資格が与えられた動詞構造は、さらに付加的な形式を接合することで形式を拡張し、（厳密な意味での）複合体構造を構築することが可能である。(10) では、これら付加的な形式をまとめて B 類と呼んでいる。概して B 類の諸形式は後倚辞であり、B1 類と B2 類の形式的相違は、前者がさらに屈折辞を後接しうる「活用する倚辞」であるのに対し、後者は不変化の形式であるという点にある。以下における対照の便宜のために、(10) を抽象化したうえで (4) に示した略号に対応させれば、次のような一般構造が得られる。

(10') 語基 (-派$^{(n)}$)$_A$-末 (=倚[-末])$_{B1}$ (=倚)$_{B2}$

A 類は、広義の派生形式群と見做しうることから派生辞に相当するものとする。一方で、複合体を成立させるための義務的形式としての屈折形式は末尾辞に相当する。(4) と (10') の対比から、バントゥ諸語における接頭辞型と日本語における接尾辞型という構造的タイプの差異が確認され、またバントゥ諸語における接辞的な複合体構成に対して、日本語においては倚辞による拡張プロセスが生産的に機能する構造であることが端的に理解される。

以下の各節においては、複合体成立形式としての屈折形式に対象を絞って、より詳細な分析を試みていく。第 2 節では、KB 諸語における屈折要素を中心とした語幹前に位置する各要素 (2.1)、および末尾辞を中心とした接尾要素 (2.2) の諸特徴を記述する。第 3 節においては、日本語における屈折相当形式である末尾辞に分類される諸形式を整理したうえで、それらの基本的特性を確認し、KB 諸語における、とりわけ時辞枠および末尾辞枠との構造的類似性について論及する。4 節で、KB 諸語、スワヒリ語、そして日本語の間にみられる形態統語論的な異同、とりわけ形式が構造的位置を移行するダイナミズムについてまとめ、その背景的原理について言及するとともに関連する議論について述べる。

2 キリマンジャロ・バントゥ諸語における屈折形式

1.1 に言及したとおり、バントゥ語学において一般に屈折要素として言及される形式は、客辞を除くそれに先行する諸形態素であるが、2.1 では主辞と同様に文法的一致要素である客辞を合わせて扱う。2.2 では、派生語幹に後接する屈折要素である末尾辞と、その前後に位置する前末尾辞、後末尾辞を合わせた接尾要素について概観する。その際、本節で扱う諸形式の範疇的性質を把捉するために、「義務的」

および「唯一的」という2つの基準を用いる。前者の基準は、当該要素が複合体形成において不可欠なものであるか否か、後者の基準は、当該要素がその接辞枠を充填する唯一の要素であるのか、あるいは機能面で等質な他形式との並列を許容するかである。ある形式が屈折的であるか否かを判断するうえでは、通常前者の基準が用いられるが、後者の基準によって当該形式を含む形式群によって構成される範疇の強度[*10]を客観的に判断することができる。

2.1 接頭要素

2.1.1 主辞[*11]

　主語名詞項の属性を文法的一致によって標示する形式が主辞である。(11) に示すのは、ルヮ語において「(人)が見た／(モノ)が見えた［昨日過去］」の意を表す動詞形式の一例である（$_N$de-「昨日過去（時辞）」、≠loli「見る（語基）」、-ik「中動[*12]（派生辞）」、-a「直説法（末尾辞）」）。

(11) [Rw] $_N$'$_N$delolia　　　　　　　　　　{$_N$'-nde ≠ loli-a}
　　　「私は見た（昨日）」　　　　　　　1・単$_{SM}$-過 2_{TA} ≠ 見る-直$_F$
　　　ku$_N$delolia　　　　　　　　　　　{ku-nde ≠ loli-a}
　　　「あなたは見た（昨日）」　　　　　2・単$_{SM}$-過 2_{TA} ≠ 見る-直$_F$
　　　a$_N$delolia　　　　　　　　　　　{a-nde ≠ loli-a}
　　　「彼（女）は見た（昨日）」　　　　3・単$_{SM}$-過 2_{TA} ≠ 見る-直$_F$
　　　ti$_N$delolia　　　　　　　　　　　{ti-nde ≠ loli-a}
　　　「我々は見た（昨日）」　　　　　　1・複$_{SM}$-過 2_{TA} ≠ 見る-直$_F$

[*10] 峰岸［2002a: 113］における DCL の定義を参照：「「一定範疇言語を定義するには」閉じた集合のメンバーは、その出現にあたって、「義務的（少なくとも一度出現する）」であるばかりではなく、「ただ一度出現する」と定義し、その意味をさらに限定する必要がある。」

[*11] また、多くのバントゥ系言語で主辞と客辞（さらには名詞クラス接頭辞）の間には、はっきりとした同形性（isomorphism）が認められることが多い（cf. Meeussen［1967: 97］）。すなわち、一部の人称要素については形式の相違があるものの、それ以外の一般名詞クラスにおいては、主辞と客辞の形式はほぼ一致する。

[*12] 典型的には、他動詞語基に接合して、それを自動詞化する機能を担う。概念としては、（動詞語基が表わす）行為の対象となる項を主語として、それが置かれた状態や、それが行為の対象になりうること（可能）を示す。Schadeberg［2003: 75］では、より厳密な名称として「中立受動（neutro-passive）」というラベルを与えている。

  ti~N~délolika |tí-~N~de ≠ loli-ik-a|
  「それら（10ク）は見えた（昨日）」10ク~SM~-過2~TA~ ≠ 見る-直~F~

　主語が人間名詞である場合、その人称ならびに数に従って、1人称単数：~N~'-、2人称単数：*ku*-、3人称単数：*a*-、1人称複数：*ti*- 等、またモノ名詞である場合はその名詞クラス（noun class）に従った主辞を義務的に接合する。(11)ではモノ名詞が主語に立つ例として10クラスのそれを挙げたが、例えば ~N~*juye* ti~N~*délolika*「糸（複数、~N~*ju-ye*, ~N~*ju*-：10クラス接頭辞）が見えた」のごとくである*¹³。そして主辞枠に充填される形式は、単一の形態素のみであって、複数の形式が並び立つことはない。
　つまり、主辞は動詞複合体の形成に必須の要素（義務的）であるという意味において屈折的であると同時に、1要素かつそれのみを要求する（唯一的）という意味において範例的である。勝義の「スロット」とは、まさに「義務的」、「唯一的」の双方の素性を満たすものであると換言できるから、その意味において主辞は典型的な屈折接辞であり、その構造上の位置は厳密な意味でのスロットを構成すると見做すことができる。

2.1.2　時辞
　文法的概念としての時制ないしアスペクトに相当する機能を標示する要素が時辞である。

 (12)　[Sw] *Tulipiga*
   |tu-li ≠ pig-a|
   1・複~SM~-過~TA~ ≠ 叩く-直~F~
   「我々は叩いた」
 (13)　[Rw] *tíikeékabá*
   |ti-i-kée ≠ káb-a|
   1・複~SM~-過未完~TA~-進~TA~ ≠ 叩く-直~F~
   「我々は叩いていた」
 (14)　[Sw] *Tulikuwa　tunapiga*
   |tu-li ≠ ku-w-a#tu-na ≠ pig-a|
   1・複~SM~-過~TA~ ≠ 不定*¹⁴-である-直~F~#1・複~SM~-過~TA~ ≠ 叩く-直~F~
   「我々は叩いていた」

---

 *13　ただし主語名詞項自体は、文形式成立にとって義務的ではない。

スワヒリ語において時辞は、原則として、1動詞内に唯一の形式[15]のみが義務的に[16]用いられる。(12)における、2番目の要素 li- がこれに相当する。一方、ルヮ語の例である (13) においては、i-、kée- という2形式が生じている。同言語においては最長4つの時辞形式を配列することが可能である (cf. (15)) が、かくも多くの時辞を許容する構造は他のバントゥ諸語では稀で、KB 諸語を特徴づける構造上の重要な特性とみてよい (Nurse [2003: 71])[17]。いずれにせよ、このような言語における構造的位置としての時辞枠は、義務的でありながら、唯一的ではないということになり、「範例性」と「連辞性」が折衷したような性質を有するといえる。後に 3.2 で見るように、日本語における屈折形式枠もまた、(スワヒリ語的な完全な範例性ではなく) KB 的な、接辞枠全体としての義務性を保持しつつ、その内部においては連辞的性格を内包した性質を有すると見做すことができる。

1定動詞につき時辞が1つに限定されるスワヒリ語型の言語では、構造的位置としての時辞枠は範例的なスロット、すなわち厳密な意味での屈折範疇としての完結したパラダイムをなす。したがって、そのような言語において「過去進行」のような複合的な概念を表すためには、本動詞と、(それとは形式的に自立した) 助動詞による分析的な構造によって「進行 (アスペクト)」概念と「過去 (時制)」概念を別個に表現するという方策が取られる (14)。一方、複数の時辞形式が共起しうる KB 型の言語においては、それぞれの文法概念に対応する形式が一定の連辞的な規則に従って配列される。一般的に述べれば、i) 構造上は、義務的 (屈折的) なものが先行し派生的なものがそれに後続する、ii) また概念的には、時制形式が先行

---

*14 1音節語幹が直説法形で用いられる際、(否定形の一部を除いて) 義務的に付与されるマーカーであり、不定詞標識 ku- と同形式。屈折語幹として2音節分の長さを確保するために挿入される、形式調整的な接頭辞である。

*15 厳密には、義務的な時辞に後続する付随的な時辞を1つだけ認めることができる；e.g. [Sw] *Nimeshafanya kazi*「私は仕事 (*kazi*) をしおわった」|ni(1・単)-me(完了)-sha(完結)≠fany(する)-a|。しかし、これも本来的には *Nime(kw)isha kufanya kazi* |ni(1・単)-me(完了)-ish(終わる)-a(末)##ku(不定)-fany-a| という分析的な表現を土台とするものである。すなわち、付随的時辞 sha- は、動詞語幹 *ish*[-*a*] を起源とし、文法化によって成立したアスペクトマーカーであることが自明である。

*16 いわゆるゼロ形態を含む；e.g. [Sw] *Hatupigi*「我々は殴らない」|ha(否)-tu(1・複)-∅(否・現)≠pig(殴る)-i(末・否・現)|。

*17 "(string of four or even five morphemes in the TA slot is unusual): Chaga, as a limited number of other Bantu languages in East Africa (Pare, Shambaa, Gusii and Kuria) permits strings of several morphemes in the TA slot." Nurse (2003: 71)

しアスペクト形式がそれに後続する（cf. Nurse 2003: 73）*18。

  (15)　[Rw]　*neé$_N$'maabaá!náa*
    |$_N$'-a-i-$_M$'-maa ≠ báan-a-v̀|
    1・単$_{SM}$-過 1$_{TA}$-過未完$_{TA}$-完$_{TA}$-結$_{TA}$ ≠ 触る-直$_F$-過状$_{PosF}$
    「私は触ってしまっていた」

　(15)の例では、*a-*、*i-*、$_M$'-、*maa-* の4つの時辞形式が現れているが、それぞれ順に、「過去時制」、「未完了過去」*19、「完了相」、「完結相」に対応する。上記 i) の基準でいえば、*a-* が形式上必須であり、ii) の基準でいえば *a-* が時制を、$_M$'-、*maa-* がアスペクトを表示している（*i-* は時制・アスペクト折衷的形式）。また、時辞枠の後方に現れる形式ほど、文法化のプロセスが明瞭であるという点も、少なくとも KB 一般の特性として指摘しうる；e.g.［Rw］*maa-<* ≠ *ma(r)* [-a]（<* ≠ *mad*）「終わる」、*kée-<* ≠ *ka(r)* [-ie]「座っている」。文法化プロセスが明瞭である、ということは、それを通時的な軸に沿って解釈すれば、その変化が生じてからの時間的経過が短いということを示唆する*20。したがって、時辞が文法形式としてより深く定着していくに従って、表示概念はアスペクトから時制*21 へと変容し、構造上はより主辞に近い位置へと移動していく、という大まかなシナリオを想定することができるわけである（cf. Nurse［2003: 84-85］）。これについても、日本語に

---

*18 "Certain generalizations are valid for most Bantu languages including Chaga: tense is normally marked at the lefthand edge in any strings of TA markers, a maximum of one tense marker is allowed, while several aspect markers can co-occur, and aspects can be used in tense roles." Nurse（2003: 73）

*19 少なくとも一般的とはいえない名称であるが、進行、完了といった未完了相（部分相）各形においてそれが過去時制であることを示す時辞で、完了相（全体相）においては生じない。つまりこの時辞は、時制と相の双方の概念を反映したものであるが、これが構造的に時制マーカーとアスペクトマーカーの中間に位置づけられることは示唆的である。

*20 また $_M$'- も、*maa-* 同様その起源を *≠*mad* に遡ることができる。そして、*maa-* の方が、より最近文法化されたということが形式的に明らかであるが、それを反映するように、構造上も $_M$'-*maa-* という配列順を取っている。

*21 これに関しては、さらにはルワ語における前末尾辞-末尾辞連続 *-á-a* が、本来は部分相（のうちとくに進行アスペクト）を表示していた形式から未来時制形式へと特化したと解釈される現象などを挙げることができる（cf. 拙著 2009）。

おける屈折形式と関連させつつ第3節で再述する。

2.1.3 客辞

　目的語名詞項との文法的一致を標示する形式が客辞である。主辞同様、人間名詞であれば人称および数に対して、その他の名詞であれば名詞クラスに対して文法的に呼応する。

 (16) a [Rw] *ti$_N$dekabá* $_N$*'ri*
     |ti-$_N$de ≠ káb-a|
     1・複$_{SM}$-過$_{TA}$ ≠ 叩く-直$_F$
     「我々は木（$_N$*'ri*）を叩いた」
   b [Rw] ($_N$*'ri*) *tindeukābá*
     |ti-$_N$de-ú ≠ káb-a|
     1・複$_{SM}$-過$_{TA}$-3 ク$_{OM}$ ≠ 叩く-直$_F$
     「それ（=木=$_N$*'ri*）は我々が叩いた」

(16a)に明らかであるとおり、目的語項が存在する動詞形式においても、客辞の標示は必須ではない。つまり、主辞とは異なり義務的な形式ではない[*22]。客辞の出現環境としては、目的語名詞が明示的である(16a)のような場合にはむしろその出現は制約され、(16b)のような、目的語名詞が表出しないか、あるいは動詞の前に（主題化して）配列される場合に客辞が出現するのが自然である。また、KB諸語（少なくともルヮ語およびヴンジョ語）においては、複数の客辞の共起が可能である[*23]。

 [*22] 目的語項が有生（animate、あるいは人間 human）である場合にのみ客辞の付与が義務的である言語もある：[Sw] *alikupenda*「彼（女）はあなたを愛していた」|a$_{SM}$-li$_{TA}$-ku$_{OM}$ ≠ pend-a$_F$|、 **alipenda wewe*（*wewe* は2人称単数独立人称代名詞）。ただし、これに関しても文法的な義務性の問題というよりは、意味的（語彙的）な制約に近いものがある。
 [*23] Rose et al（2002: 58）によれば、動詞構造に客辞を全く許容しない言語から、3つまでの客辞を並置できる言語まで、類型的な幅があるようである。

(17) a　［Rw］ *ni* ₙ*'reíyo* vaₙ*'muutisérisīa*
　＝ (3) |vá-a-ₘ'-**ú-tí**≠ser-is-i-a|
　　　　3・複ₛₘ- 過 1ₜₐ-完ₜₐ-**3 ク**ₒₘ-**1・複**ₒₘ≠動く-使ₑₓₜ-適ₑₓₜ-直F
　　　　「彼らが我々のために届けてくれたのは、罠（ₙ*'reíyo*）だ」
　b　［Rw］ *ni* ₙ*'reíyo* vaₙ*'tiusérisīa*
　　　　|vá-a-ₘ'-**tí-ú**≠ser-is-i-a|
　　　　3・複ₛₘ- 過 1ₜₐ-完ₜₐ-**1・複**ₒₘ-**3 ク**ₒₘ≠動く-使ₑₓₜ-適ₑₓₜ-直F

　(17a-b) は、形式上、客辞の辞順のみが異なっているが、両者の命題的な意味は等しい（動詞複合体が表しているのは「彼らが我々のためにそれ（＝3 クラス名詞）を届けてくれた」の意）。この例からも理解されるとおり、ルヮ語において客辞が複数共起する場合、その辞順が任意であるということが少なくない[*24]。

　もう一点、客辞に関する構造上の特性を付け加えるとすれば、それは時辞と客辞との間の形態論的な境界についてである。時辞が明らかな文法化プロセスに従って供給されているという事実[*25] は KB 一般に認められるが（cf. 2.1.2）、このことが構造面において示唆することは、時辞と客辞の境界に形態論的に「深い」境界があるということである[*26]。(15) の *neéₙ'maabaá!náa* という 1 語の形式は、共時的にも *neéₙ'maa#i*(不定)-*baána*（「私は終えてしまった（定動詞）」＋「触ること（不定詞）」）という分析的な形式と意味的にほぼ等価であって、後者の形（具体的には≠*ma*[-a]）から前者の形（*maa-*）が創出されたことは明らかである。

2.1.4 否定要素

　接頭要素の最後に否定要素を扱う。(4) に示したとおり、バントゥ諸語一般に広く認められる否定を標示する形式としては前主辞（NEG₁）と第 2 否定辞（NEG₂）

　[*24]　ただ、ルヮ語同様西キリマンジャロ諸語に属するマチャメ語では、比較的明確な辞順の規則性（制約）が認められるという（cf. Rugemalira and Phanuel 2009）。また通バントゥ的な複数客辞の辞順規則に関する議論については、Duranti (1979) を参照されたい。
　[*25]　ルヮ語に関していえば、過去の a- などバントゥ祖語段階で機能形式として再建されているいくつかの形式を除けば、概ね起源となる内容形式を同定することが可能である。
　[*26]　音形式上も、主辞 – 時辞間に認められるような母音短化（shortening）が生じないといった、境界示唆的な特性が確認される；*kwalólia* |ku-a(TA)≠loli-a|「あなたは見た［昨日過去］」vs. *kualóliáa*～*kwaalóliáa* |ku-Ø-á(OM)≠loli-á-a|「あなたは〈cl. 6 を〉見る（だろう）［一般未来］」

があり、前者は主節定動詞形式における否定、後者は（一般には）接続法形や関係節などで限定的に用いられる否定形式である。したがって、本稿が対象とすべき形式は前者ということになるが、KB 諸語は否定表示形式としての前主辞を欠く言語が多く、文否定は、文末に配される句倚辞（phrase clitic）によって表現されるのが一般的である（Philippson and Montlahuc [2003: 496]）。

(18) [Ma] *27 ɲ=ʃi-kú-Ø ≠ kàb-áà=fõ
焦PreIn=1・単SM-2・単OM-(TA) ≠ 叩く-未PreF+F=否PosF
'I shall not hit you'

Philippson and Montlahuc（2003: 496）一部表記改

(19) [Rw] vaworé nuNbé N'di
|vá ≠ (w)ór-íe#N-uNbe#N'di|
3・複SM ≠ つかむ-状F#9-牛#否
「彼らは牛（nuNbé）を所有していない」

(20) [Da] *28 Ndeuβénikába
|Nde=(#?)u-βe-ni ≠ kab-a|
否PreIn?=2・単SM-過TA-2・単OM ≠ 叩く-直F
「あなたは私を殴らない（殴っていない）」」

(18) のマチャメ（Machame, [Ma]）語の例に現れている最終要素 =fõ が、否定の句倚辞ということになる。ルヮ語の例（19）においては、否定形式 N'di はもはや動詞複合体から完全に分離し、名詞項（nuNbé）の介在をも許容するわけであるから、否定形式の自立度は明らかである。このとき、(20) のダビダ語（Dawida/Taita, [Da]）における明らかな同根（cognate）形式 Nde= が、複合体末尾ではなく初頭に配される点は、興味深い。形式的なステイタスは（確認しうる限りでは）動詞前倚辞とみられるが、いずれにしても機能形式がその構造的位置を移行する、あるいは形式的なステイタスが変容する*29 という現象は、すでに繰り返し述べているように、日本語の動詞複合体との対照において、興味深い現象である。

2.2 接尾要素

接尾要素として完全に屈折的であるのは、末尾辞のみである。ここでは、これと

＊27　西キリマンジャロ諸語の一。チャガ語マチャメ方言とも。
＊28　KB 諸語を構成する言語の一であるが、唯一ケニア側で話されている。

共起して一種の接尾辞的複合体（cf. 宮岡［2002: 105-107］）を構成する前末尾辞と後末尾辞についても言及する。

2.2.1 末尾辞

複合体形式を成立させるうえでの必須末端要素であるという点で、日本語の屈折形式に類する形態が末尾辞である。ルヮ語においては、以下に見る -a、-é、-ie のいずれか1つのみが選択されるという点で、義務的であると同時に唯一的である。

(21) ［Rw］ *arishá*
　　　|a-a≠rísh-a|
　　　3・単_SM-過 1_TA≠走る-直_F
　　　「彼（女）は走った［今日過去］」

(22) ［Rw］ *naɴ'warísa arishé*
　　　|ɴ'-a-ᴍ'≠war-is-a#a≠rísh-é|
　　　1・単_SM-過 1_TA-完_TA≠つかむ-使_EXT-直_F#3・単≠走る-接_F
　　　「私は彼（女）を走るようにさせた（→走らせた）」

(23) ［Rw］ (*iru*) *liveRíe*
　　　|(i-ru)#li≠véR-íe|
　　　5 ク-葉#5 ク_SM≠浮かぶ-状_F
　　　「（葉は）浮かんでいる」

(21) における -a、(22) における -é は、それぞれ直説法、接続法に相当する機能[*30]を標示し、バントゥ諸語一般に広く認められる（Rose et al.［2002: 53］）。一方 (23) における -ie（再建形 *-ide）については、これを欠く言語もある。ルヮ語においては一種の状態性（stativeness）を標示するが、他の KB ではアスペクトと

[*29] ルヮ語の音韻論において成節的鼻音 /ɴ'/ に有声閉鎖音が直接後続することがない（ɴ'di が確認しうる限りでのほぼ唯一の例外）ことを考えれば、ダビダ語に見られるような、非成節母音 /ɴ/ から構成される ɴdi=（あるいは ɴdi -?）が本来的な形式であって、それが =ɴdi＞##ɴ'di となったという構造面と音形面での連動的変化があったのかもしれないが、現段階では憶測の域を出ない。

[*30] ここで言う直説法とは、事実を事実として（factual なものとして）表現する形式、接続法とは、統語論的には、時制表示を受ける直説法定動詞に付随的に現れてその補部としての機能を担うことを原則とし、概念的には事態を非現実ないし未実現であるものとして表現する形式である。

しての完了、ないし過去時制マーカーとして機能している（cf. Nurse 2003 等）。

また言語によっては、受動の派生辞が *-id と e の間に割って入る、すなわち派生辞の末尾辞位置への「移動」現象が認められる。(24) は、ケニア西部で話されるルイヤ語（Luyia）[*31] からの例である（接尾辞 -u が受動形式）。

(25) *Yeerirue neerikhande noomuicha waye*
　　 {yaa ≠ ir-ir-u-e}
　　 INFL ≠ 殺す-完$_F$-受$_{EXT}$-完$_F$
　　 「彼は、友達（*omuicha*）にナイフ（*erikhande*）で殺された」
　　　　　　　　　　　　　　　湯川（1981: 41）下線部筆者、一部表記改

こういった例はルイヤ語以外にも散見され、決して珍しくはないが、いずれにせよこの現象は、全体的に見れば強固と言いうるバントゥ諸語の接辞枠構造（cf. (4)）に対し、それを充填する形式の方は（その一部であれ）しばしば流動的な性質を有しているということを示唆している。そしてこのことは、本質的には、動詞語幹が文法化プロセスを経て時辞化する現象（cf. 2.1.2-3）と同様の現象であるとともに、形式の、接辞枠をまたぐ移動というのは、少なくともバントゥ諸語の動詞形態論において広く認められるものであることが確認される。

2.2.2　前末尾辞

ルヮ語における前末尾辞 -*á* は、（直説法形において）必須要素である時辞が Ø-である場合（未来時制）[*32] に限定的かつ義務的に現れる形式であり、その意味で準屈折的と言いうる。

(25) 　[Rw]　*N'laláa*
　　　 {$_N$'-Ø ≠ lál-á-a}
　　　 1・単$_{SM}$-未$_{TA}$ ≠ 寝る-未$_{PreF}$-直$_F$
　　　 「私は寝る［一般未来］」

---

*31　ヴィクトリア湖畔で話されるバントゥ諸語の一。KB 諸語とは系統的にもやや隔たった言語。
*32　したがって未来時制形の語末は、-*áa* となるが、音調のみが異なる -*aá* という語末形式も存在し、これは習慣相を表す。両者の歴史的変化に関する仮説については拙稿（2009）を参照。

ただし、複合体形式を成立させるうえで、それ自体としては義務的な要素ではなく、また KB 内においては、ルワ語を含む西キリマンジャロ諸語を除いて、この形式自体を欠いているようである（Philippson and Montlahuc [2003: 495], Philippson and Nurse 2000）。また、前末尾辞はバントゥ祖語においては *-a(n)g という形で再建されているが、これは通時的には派生辞として解釈するのが一般的である（Schadeberg [2002: 72]）。であるとすれば、現行のバントゥ諸語において前末尾辞を充填する *-a(n)g の反映形は、やはり接辞枠を移動してきた要素ということになる（cf. 2.2.1）。

2.2.3　後末尾辞

　典型的な後末尾辞は、1.1 に言及した、命令文等で複数の聞き手に働きかける際の形式である（cf. (6)）。これも含め、後末尾辞の多くは後倚辞として実現し（Rose et al. 2002: 66）、したがって、形式上義務的な要素とは言えない。ただ、以下に見るルワ語の諸例における末尾辞に後接する要素は、この言語の屈折表示を考えるうえで興味深い示唆を与えてくれる。

(26)　a　［Rw］ *niifo iyá*
　　　　　｛N'=ifo#iya｝
　　　　　1・単$_{SM}$=いる#近・16 ク
　　　　　「私はここにいる」

　　　b　［Rw］ *níifoo íya*
　　　　　｛N'-i=ifo=v#iya｝
　　　　　1・単$_{SM}$-過未完$_{TA}$=いる-過状$_{PosF}$#近・16 ク
　　　　　「私はここにいた」

(27)　a　［Rw］ *kulolié*
　　　　　｛ku ≠ loli-íe｝
　　　　　2・単$_{SM}$ ≠ 見る-状$_{F}$
　　　　　「あなたは見ている」

　　　b　［Rw］ *kwííloliée*
　　　　　｛ku-i ≠ loli-íe=v｝
　　　　　2・単$_{SM}$- 過未完$_{TA}$ ≠ 見る-状$_{F}$-過状$_{PosF}$
　　　　　「あなたは見ていた」

(26b、27b) に認められる述部末の長母音 =v は、それが出現する構造的位置から後末尾辞と見做しえて、一般動詞述語に接合するのみならず (27b)、動詞的な活用をしない存在詞 (指示詞起源) =ifo にも接合する点で、形式的なステイタスは (曖昧さは残るが) 倚辞として解釈しうる。そして、時辞 i- (未完了相過去時制) とセットで固定的に出現することから準屈折的であるとも言える。また =v の標示機能は、状態性述語における過去時制とでも解釈される。これに相当する形式が他の KB において見出されていないこともあり =v の本質に関しては判然としない部分が残るが、一定の合理性が保証される解釈としては、地理的には遠隔の地域に分布するごく限られた言語にのみ認められる、(近) 過去を示す屈折接尾辞[*33] (すなわち末尾辞) の対応形という見方である。以下は、インド洋沖のコモロ語 (スワヒリ語コモロ方言) からの例である。

(28)　tsi-Ø-law[-a]　　'I came/have come'
　　　a-Ø-(e)nd[-e]　　'3s went/has gone'
　　　a-Ø-him[-i]　　　'3s (has) stood up'
　　　tsi-Ø-mw-on[-o]　'I saw/have seen him'
　　　a-Ø-hul[-u]　　　'3s (has) bought'

Nurse (2008: 84) 一部表記改

角括弧で示した最終要素が当該の末尾辞であり、それに直接先行する形式が語基である。(28) の各例から理解されるように、当該形式は語基末母音のコピー (vowel copy suffix, Nurse [2008: 271]) であるから、機能レベルだけでなく、形式上も =v と符合することになる。もしこの解釈が正しいとすれば、ここで後末尾辞とした =v は、末尾辞の再解釈 (および再利用) によって成立した形式と見ることができるし、一般的な後末尾辞とは性質が異なる[*34] という点を重視するならば、(26b、27b) に示した -F=v 連続は、つまるところ末尾辞の並置とも解釈しうる。換言すれば、ルゥ語における後末尾辞枠は、末尾辞枠の屈折枠としての閉じたパラダイム性

---

*33 "... a suffix consisting of a single vowel reflecting the height of the vowel of the root and with affirmative past (occasionally anterior) meaning. This is a small group or more or less adjacent languages in Namibia, Botswana, Angola, and Zambia (中略), with outliers nearly thousand kilometers away to the east, in southern Swahili (G43) and Comorian (G44)." Nurse [2008: 271]. ちなみに、標準スワヒリ語にはこの形式は認められない。

が部分的に解れたことによって生じたと見做すこともできよう。

2.3 各接辞枠の範疇性の整理

河野（1996）の用語における「印欧型（範例型）」に属するとされるバントゥ諸語においては、例えばスワヒリ語に関しては、主辞枠、時辞枠、末尾辞枠を充填する形式は、それぞれ義務的かつ唯一的という強固なパラダイム性を見せることを確認した（スワヒリ語には前末尾辞、ならびに 2.2.3 で見た時制表示的な後末尾辞ともに存在しない）。

その一方で、KB 諸語とりわけルヮ語においては、SM のみが厳密な意味での範例的なスロットと言いえて、時辞および末尾辞（ないしは末尾辞を含む接辞連合）に関しては、義務的である一方で、形式表示が必ずしも唯一的ではないという意味で、連辞的な性質を内包するものであることが示唆された。そして、時辞に関してはいわゆる文法化のプロセスによって連辞的要素が供給される点を、接尾要素については派生辞＞前末尾辞、末尾辞＞後末尾辞という充填接辞枠の移動が認められる点を指摘した。

表1：スワヒリ語とルヮ語の屈折接辞枠における範疇性の比較

	スワヒリ語		ルヮ語	
	義務的	唯一的	義務的	唯一的
主辞枠	＋	＋	＋	＋
時辞枠	＋	（＋）	＋	－
末尾辞枠	＋	＋	＋	－

すなわちスワヒリ語と、ルヮ語を含む KB 諸語との間には、その範疇性の強度（とりわけ補充形式が唯一的であるか否か）という類型的基準から見れば、明らかな差異が認められるわけである。ここでは仮に、スワヒリ語のタイプを「強範疇」型、KB 諸語のタイプを「弱範疇」型と呼ぶこととする[*35]。

[*34] "Across Bantu, a limited set of morphemes may occur in this [＝PosF] position including 2PL imperative (*-(V)ni), locative, object pronouns, relative markers and a few other morphemes. Many of these morphemes appear to be cliticized." Rose et al. (2002: 66). 引用に挙げられている所格標識、目的語代名詞（倚辞）、関係節標識等は、指示詞語幹と同根であることが一般的のようである。

以下3節では、日本語の屈折形式に関する諸説を概観し、KB 一般における時辞接辞枠に見られるような、義務的でありながら連辞性を帯びるという性格、さらにはルヮ語に見られるような拘束形式の移動現象について論じていく。

3 日本語における屈折形式

日本語の動詞複合体においては、主語名詞項とのいわゆる文法的一致が形式的に認められないが、これは河野（1996: 15791）などでいうところの単肢言語としての特性の、形態統語論レベルにおける形式的反映と見ることができる。一方、バントゥ諸語一般がそうであるような（類型としての）印欧型言語では、両肢言語としての性質を支える基本的な原理である「照応（congruence）」によって文法的一致が形式化され、それを担う典型的な形式が主辞ということになる。一致要素を欠く日本語の動詞複合体において、屈折相当形式と呼びうる要素は、(10')において末尾辞とした接辞枠に現れる要素のみである。これは動詞複合体を形式として完結させるための必須要素であり、風間（1992）では「屈折形式」、宮岡（2002）では「（広義の）屈折接尾辞」、丹羽（2005）では「文成立形式」と呼ばれるものに相当する。以下では、これら諸形式を整理するところから論を進める。

3.1 末尾辞の表示概念

現代日本語における屈折相当形式としては、表3に示すようなものが認められている。これらのうち、$-(r)u$、$-(y)o_R$、$\langle -(r)u \rangle$-mai、$-e \sim -ro$ の4者については、表示概念の認定に若干の相違があるとはいえ、すべての分析に共通して認められる形式である。一方、$-ta \sim -da$、$\langle -(r)u \rangle$-na、$=daro_R$ については、解釈の不一致が認められる。したがって、議論の対象とすべきはこれら3者の扱い方ということになるが、以下ではとくに $=daro_R$ の問題（4.2）と $-ta \sim -da$ の問題（4.3）に対象を絞って言及することとする。ここでは各分析における形式のリストを示し、全体的な概念レベルの特性を確認しておく。

風間（1992: 251）はこれら形式群に対し、法（mood、直説／意向・推量／命令の3対立）、時制（過去／非過去の2対立）、極性（肯定／否定の2対立）の3基準によって半交差的に構成される明確な体系性を見出している。また丹羽（2005: 39-40）は、そこに範例型言語におけるような体系性をただちに認める解釈は斥けつつ

---

*35 ただし、2.2.3で言及したとおり、後末尾辞 =$\hat{v}$ はルヮ語を含む西キリマンジャロ諸語以外には認められないので、他の KB については、末尾辞も一定の範疇性に支配されていると見做すべきであろう。

表2：現代日本語における屈折相当形式のリスト

	風間（1992） 「屈折形式」	宮岡（2002） 「（広義の）屈折接尾辞」[*36]	丹羽（2005） 「文成立形式」
$-(r)u$	直説法＋非過去	断定	叙述
$-ta\sim-da$	直説法＋過去	完了・過去	―
$-(y)o_R$	意向・推量法＋肯定	推量・意志・勧誘	意志
$\langle-(r)u\rangle-mai$	意向・推量法＋否定	否定推量・意志	否定意志
$-e\sim-ro$	命令法＋肯定	命令	命令
$\langle-(r)u\rangle-na$	命令法＋否定	―	禁止
$=daro_R$	―	―	推量

も、これら形式が文法概念としての法に相当する内容を表示するものであることを認めている。以下に論ずるように、筆者はこれら形式群に対し、少なくともアド・ホックに範例的な体系性を認めることには慎重であるべきであると考えているが、いずれにせよ、バントゥ諸語と日本語双方における末尾辞の表示概念に一定の共通性、すなわち概念としての法の関与、を見出すことは可能である。

3.2　末尾辞の「連辞性」

　しかしながら、それらの形式化の在り方は、既に見てきたとおり一様ではない。末尾辞を、「形式を完結させる必須要素」とする定義が適用可能であることは、「強範疇」型のスワヒリ語も、「弱範疇」型のKB諸語（とりわけルヮ語）も同様である。このとき、スワヒリ語のような「強範疇」型言語では、末尾辞が付与された段階で動詞形式は完結し、そこから複合体的な形式拡張が許容されることはなく、また末尾辞に複数の形式が並列的に充填されることもない。すなわちこのタイプにおける末尾辞は、厳密な意味での閉じた形式群による唯一的スロットである。KBに関しても基本的に同様であるが、ルヮ語においては、末尾辞の並置と見做しうる現象の存在することを指摘した（cf. 2.2.3、また以下3.3も参照）。

　では、日本語においてはどうであろうか。1動詞形式を成立させるうえでは、表3に示した形式のうちのひとつのみが義務的に選択されるということになるが、動詞「複合体」全体に関していえば、典型的には屈折詞的後倚辞（宮岡［2002:

　　＊36　ただし「主節の用言（複合体）を（末尾において）完結する形式」に限定。

81])*37 を介することによって、複数の末尾辞が共起しうる（cf.（10'））。

  (29) |kak[-u]=so_R=des[-u]|
  (30) a |kak[-u]=daro_R| cf. |kak-u[=daro_R]|
     b |kak[-u]=de=ar[-o_R]|

(29)「書ク=ソー=デス」においては伝聞の意を表すソー=デス、およびそれに前接する動詞（書ク）それぞれが、末尾辞［-u］による屈折を受けている*38。一方、(30a)「書ク=ダロー」については判断が分かれる。風間（1992）等の解釈、すなわち=ダローに屈折形式としての資格を認めず不変化の後倚辞（(10)における B2 類）とする立場では［-u］による屈折のみという解釈になるし、丹羽（2005）の立場では -u を連体形活用語尾とし、=ダローのほうに屈折形式としての地位を認めることになる*39。ただ、少なくとも前者の立場に立てば、(30b)については［-u］と［-o_R］の２つの屈折形式が、ひとつの複合体の中に共起すると見做すことになる。そして、(30a)=ダローと(30b)=デ=アロ=ーとの間には、=de=ar[-o_R]>=dar[-o_R]>=daro_R という形式的な連関があることは明らかである。共時的に見れば、|名詞=dar[-o_R]| と |動詞=daro_R/[=daro_R]| では統語論的なふるまいが異なることは事実であるが、屈折相当形式の共起が可能、すなわち勝義の動詞複合体が生産的に構成されるという点が、日本語の述語構造を特徴づける重要な性質であるということは確認されよう。

 この、複合体構造における末尾辞の「連辞性」（ないし「連鎖性」）は、バントゥ諸語の構造に照らし合わせれば、「弱範疇」型言語としての KB における時辞の連辞性を想起させるものがある。2.1.3 で指摘したとおり、共時的にも時辞と客辞の間には「深い」境界が確認され、これは最末端に位置する時辞が本来末尾辞による

---

 *37 同書では、これを「日本語の後倚辞の重要な特徴」であり「日本語の用言複合体の形成に重要な働きをなす」と指摘している。
 *38 (29)における「書ク」が連体形であるという解釈はしづらい。cf. 静カ=ダ=ソー=デス。
 *39 そして同書では、「新しく文末に使われるダロー」[p. 35]、「ダロ＋ーという「断定＋推量」を表す形式が推量だけを表す文成立形式ダローになった」[p. 37] として、ダローの成立が相対的に新しい現象であることに言及している。この変化のプロセスは、スロットとしての末尾辞を充填する「範例関係」を構成する要素が「再編成」されたというよりも、その位置に「後接」する形式が新たに「追加」されたということを示唆すると解釈するのが自然であろう。

屈折を受けた形式であった（つまり時辞末で形式が完結していた）ことに由来するわけである（cf. 2.1.3 (15) *neén'maabaá!náa* と *neén'maa#ibaána* の関係）。そして、このような時辞の連鎖性は、「強範疇」型の言語では、形態法上生じづらいことは既述のとおりである（cf. 2.1.2 (14) また 2.3)。したがって、複数の屈折要素の並列が（複合体として）構造上許容されるという日本語の動詞述語構造は、その意味においても弱範疇的性質を有していると見做すことができる。そして弱範疇的という構造的性質に従えば、末尾辞に関しても、厳密な意味での範例的な体系性が、少なくとも原理的には保証されないことが示唆されるわけである*40。

3.3 接尾要素の移動

=*daro*$_R$ を新たな屈折形式と解釈するのであれば、それは後倚辞的要素の、形態法上の「相通」（宮岡 [2002: 83-84]）をとおした文法制度化ということになるが、3.1 に示したもう 1 点の問題、すなわち *-ta* のステイタスの問題は、（広義の）派生辞からの屈折接辞化を示唆する現象ということになる。

一般に *-ta* は屈折形式に属するものと解釈されるが、丹羽（2005: 125-130）は、渡辺（1971）の意味における「陳述」（文終止、屈折）と「展叙」（連体修飾）という職能の相違が、*-(r)u* に関しては構造上の差異（すなわち、前者は屈折形式としての [-(r)u]、後者はいわゆる連体形の -(r)u#体言）として把捉できるのに対し、*-ta* に関してはそれができない、すなわち 1 形式が 2 つの異なる職能を兼務することは体系的な整合性に反するという解釈から、*-ta* を屈折形式（同書の「文成立形式」）に先立つ「判断」の形式群（風間 1992 の A 類後半部にほぼ相当）の最後尾に位置づけて、屈折形式からは除外している。この解釈は、通時的な側面（*-te=ar[-i]＞*-tar[-i]＞-ta）を考慮に入れるならその妥当性が自ずと理解されるし、とりわけ、*-ta* の標示する概念的特性についての、ときに自家撞着的な議論（「テンスなのかアスペクトなのか」）に対して明快な解答を提示するものである。一方で、形式表示の義務性という屈折形式の定義に立ち返れば、形式としての *-ta* をそこに含めることに障碍はない。いずれにせよ、*-ta* を末尾辞として分析するのであれば（あるいは *-ta* を末尾辞として解釈しうるという事実は）、この形式が通時的な接辞枠の移動によって成立したということを意味することになる。

さらに接辞枠の移動（あるいは形式の文法的ステイタスの変容）に関する類例を

---

*40 宮岡（2002: 83-84）における「自立語、付属語、付属形式の相通」に関する議論、風間（1992: 252-253）における派生と屈折の連続性（「準屈折形式」-*mas*[-*u*]、-*na*[-*i*]）に関する議論も参照。

提示するとすれば、丹羽（2005）に挙げられている「デスの文成立形式化」ということになろう。本来名詞に後続して出現する =ダの丁寧形 =デスが、形容詞終止形（高イ=デス）に後接し、いずれ動詞終止形（行ク=デス）にも拡張していくことが予測されるというこのプロセス自体は、「デスの進出」として井上（1998）が示したものである。井上（ibid.）では、この現象をデス形式の類推的拡張と見做すにとどめているようであるが、丹羽（ibid.: 199–200）は、これを構造的変化の過程として見る分析を提示している。例えば、「高カッ-タ=デス」を例にとれば、「高カッタ」|taka-kar-ta[-Ø]| における末尾辞位置に、=デスが新たに文成立形式として挿入された構造と捉えるわけである。これは、本来屈折形式枠の外側にあった形式の移動現象に他ならない。-ta の問題にしても、新たな =des[-u] の問題にしても、本稿で「移動」と呼んだ構造変化を可能せしめているその背景に、日本語の（派生辞位置のみならず）末尾辞位置にも認められる弱範疇性、あるいはそれと原理的に連関する構造上の連辞的特性が関与していることは、これまでの議論から十分明らかであろう。

4 結

　本稿で指摘した点は、概ね次のようにまとめられる。いわゆる印欧（範例）型の統辞原理に従うバントゥ諸語の動詞複合体は、さらなる範疇性尺度による類型化が可能である。主辞枠、時辞枠、末尾辞枠それぞれのスロット性が強固なスワヒリ語を強範疇型言語とすれば、KB 諸語はその範疇性が緩く、弱範疇型言語と呼びうる。弱範疇型言語においては、（典型的には時辞枠に）文法化を契機とした接辞形式の移動および並置が認められるが、これは範疇性の一種の綻びから生じた連辞性によって可能となる。この連辞性は、翻れば日本語の動詞複合体を特徴付ける特性でもあって、その形式的反映のひとつの典型として、屈折相当形式における一種のダイナミズム、すなわち移動を捉えることができる、ということである。

　しかし、この種の現象は、連辞型言語であれば必ず生じるというわけではないようである。すなわち宮岡（2002: 85）によれば、非スロット型という点では日本語と共通する性質をもつエスキモー語において、そのような「相通」現象がほとんど認められないことが指摘されているが、それは同言語の形態素種別の截然性ないしはその強固さ[*41] と表裏の関係にあるという。つまり、移動の起こりやすさに関しては、また別の言語的基準が関与していると考えるべきであろうが、それを規定する原理がいかなるものであるのかについては、言語類型論的により広範な射程を持った問題として扱われるべきものであろう。ただしこの問題に関して、KB 諸語に関して言及しておくべきことは、Nurse（2003: 71）が指摘するように、母語話者

が有する時辞形式（群）についての形態素境界に関する認識が（外部の人間からすると驚くほど）著しく的確*42であるという点である。移動という形式的操作が、この種の母語話者のメタ的な言語意識と有意義な関係があるだろうことは十分に推測される。また日本語に関しては、堀江（2001: 219）が「二重性（duality）」と呼ぶところの、「語」レベルや「節」レベルといった統語領域の流動性、あるいはひとつの形式が同時に複数の統語的機能を果たすという意味での形式の領域横断的性質の議論と接合できる問題かもしれない。そういった問題に対するアプローチは、今後の実証的な調査、研究の課題である。

参考文献

風間伸次郎（1992）「接尾型言語の動詞複合体について：日本語を中心として」、宮岡伯人（編著）『北の言語：類型と歴史』、三省堂、pp. 243-260

亀井孝、河野六郎、千野栄一（編著）（1996）「アルタイ型」、pp. 28-29、「用言複合体」、pp. 1371-1373、『言語学大辞典第6巻【術語編】』、三省堂

河野六郎（1989）「日本語の特質」、『言語学大辞典第2巻【世界言語編（中）】』、三省堂、pp. 1574-1588

品川大輔（2008）『ルワ語（Bantu E61）動詞形態論：記述言語学的研究』、博士学位論文、名古屋大学（未公刊）

品川大輔（2012）「ルワ語」、塩田勝彦（編）『アフリカ諸語文法要覧』、渓水社、pp. 185-198（要確認）

丹羽一彌（2005）『日本語動詞述語の構造』、笠間書院

南不二夫（1974）『現代日本語の構造』、大修館書店

南不二夫（1996）「現代日本語の輪郭」、『言語学大辞典【第2巻世界言語編（中）】』、三省堂、pp. 1681-1692

服部四郎（1950）「附属語と附属形式」、『言語研究』15号、pp. 1-26

堀江　薫（2001）「膠着語における文法化の特徴に関する認知言語学的考察—日本語と韓

---

*41　［エスキモー語には］「自立語が弱まって文法化したことが明らかな「二次的接尾辞」はない。（中略）語基は語基、接尾辞は接尾辞、後倚辞は後倚辞であって、たがいに相通するような連続性はない。形態素種別の根がきわめて古いことを思わせる」［pp. 46-47］

*42　"It is remarkable, at least to this writer, that many Chaga [=KB] speakers can segment these complex TA markers with apparent ease and identify the underlying auxiliary verbs."

国語を対象に―」、山梨正明（他）編『認知言語学論考』、ひつじ書房、pp. 185-227
宮岡伯人（編著）（1992）『北の言語：類型と歴史』、三省堂
宮岡伯人（2002）『「語」とは何か―エスキモー語から日本語をみる―』、三省堂
峰岸真琴（2002a）「類型分類の再検討」、『アジア・アフリカ言語文化研究 63』、東京外国語大学アジア・アフリカ言語文化研究所、pp. 1-36
峰岸真琴（2002b）「形態類型論の形式モデル化」、『アジア・アフリカ言語文化研究 64』、東京外国語大学アジア・アフリカ言語文化研究所、pp. 101-128
湯川恭敏（1981）「ルヤ語ニャラ方言の文法構造」、『アジア・アフリカ文法研究 10』、東京外国語大学アジア・アフリカ言語文化研究所、pp. 30-46
渡辺実（1971）『国語構文論』、塙書房

Bybee, J. L., R. Perkins and W. Pagliuca. (1994) *The Evolution of Grammar*, The University of Chicago Press

Duranti, A. (1979) "Object Clitic Pronouns in Bantu and the Topicality Hierarchy" In: *Studies in African Linguistics 10 (1)*, pp. 31-45

Good, J. (2005) "Reconstructing morpheme order in Bantu; The case of causativization and applicativization" In: *Diachronica* 22, pp. 55-109

Hyman, L. (2002) "Suffix Ordering in Bantu: A Morphocentric Approach" In: Booij, G. and J. van Marle (eds.) *Yearbook of Morphology 2002*, Springer, pp. 245-281

Meeussen, A. E. (1967) "Bantu Grammatical Reconstructions" In: *Africana Linguistica III*, Royal Museum of Central Africa, pp. 79-122,

Nurse, D. (1981) "Chaga/Taita" In: Hinnebusch, Thomas H. (ed.) *Studies in the Classification of Eastern Bantu Languages*, Helmut Buske Verlag, pp. 127-161

Nurse, D. (2003) "Tense and Aspect in Chaga" In: *Annual Publication on African Languages 1*, Rüdiger Köppe Verlag, pp. 69-90

Nurse, D. (2008) *Tense and Aspect in Bantu*, Oxford University Press

Philippson, G. and M-L. Montlahuc. (2003) "Kilimanjaro Bantu (E60 and E74)" In: Nurse, D. and G. Philippson (eds.) *The Bantu Languages*. Routledge. pp. 475-500

Philippson, G. and D. Nurse. (2000) "Gweno, a little known language of Northern Tanzania" In: K. K. Kahigi et al. (eds.) Lugha za Tanzania/ Languages of Tanzania: a study dedicated to the memory of the late Prof. C. Maganaga, Leiden, CNWS publications, pp. 233-284

Rose, S., C. Beaudoin-Liez and D. Nurse. (2002) *A Glossary of Terms for Bantu Verbal categories: With Special Emphasis on Tense and Aspect*, Lincom Europa

Schadeberg, T. C. (2003) "Derivation" In: Nurse, D. and G. Philippson (eds.) *The Bantu Languages,* Routledge, pp. 71–89

10　印欧語の文法範疇と日本語の接辞

丹羽一彌

はじめに

本章では、第1章の補遺として文法範疇について追加する。日本語の文法にも文法範疇を認める意見があるが、そこに見られるカテゴリーには印欧語文法に似たものが多い。しかし印欧語のラテン語と日本語やスワヒリ語の形態素やその役割を比べると、ラテン語と日本語の語構成では共通するところが少ない。

日本語	膠着語（1形式1意味）	連辞的接辞
スワヒリ語	膠着語（1形式1意味）	範例的文法範疇
ラテン語	屈折語（1形式複数意味）	範例的文法範疇

本稿では、ラテン語とその末裔である現代イタリア語の受動表現を概観し、日本語の接辞による連辞的な語構成との相違を確認する。上のように構造の異なる印欧語の文法範疇を借用しても日本語の語構成は説明できない。

1　印欧語の文法範疇

ラテン語もイタリア語も文法範疇を持つ言語であるから、それによって語形を変化させている。しかしラテン語の「態」voice という文法範疇については、それがイタリア語に存在するかどうかは疑わしい。個々のカテゴリーを取り上げると、同系言語あるいは通時変化した言語間においても共通であるとは限らない。

1.1　ラテン語の受動態

最初にラテン語の受動表現に関係する文法範疇を見る。ラテン語は一定範疇言語であるから、辞書項目である語は、一定数の文法範疇によって加工されて具体的な文成分となる。名詞に関係する文法範疇は性・数・格、動詞では法、態、時制、人称、数である。これらの文法範疇の選択肢を備えて文成分となり得る形式を縦横に対立させた一覧表が活用表 paradigm である。

I類動詞 amo〈愛する〉の活用表の一部は表1のようである。未来など他の時制でも同様の対立をしているし、接続法においても、現在1人称単数 amem と amer、不完了 amarem と amarer と対立している。ラテン語は屈折語であり、人称

や数など複数の文法範疇の選択肢を融合した付属形式で表示するが、不完了を表す -ba- のように、膠着的な残存と思われる部分もある。

表1　ラテン語 amo の直説法

		現在		不完了	
		能動	受動	能動	受動
単数	1人称	amo	amor	amabam	amabar
	2人称	amas	amaris	amabas	amabaris
	3人称	amat	amatur	amabat	amabatur
複数	1人称	amamus	amamur	amabamus	amabamur
	2人称	amatis	amamini	amabatis	amabamini
	3人称	amant	amantur	amabant	amabantur

　動詞が述語として使用される場合、能動の文には能動態、受身の文には受動態の形式が用いられる。以下の例文では、人称は1・2・3、数は単・複、性は男・女、態は能・受などのように略記する。例文は直説法現在に限るので、法と時制については表記しない*1。

(1)　Filius　matrem　amat.　　〈息子が母を愛する〉
　　　3単男　　　　　　3単能
(2)　Filia　matrem　amat.　　〈娘が母を愛する〉
　　　3単女　　　　　　3単能
(3)　Filius　a matre　amatur.　〈息子が母に愛される〉
　　　3単男　　　　　　3単受
(4)　Filia　a matre　amatur.　〈娘が母に愛される〉
　　　3単女　　　　　　3単受
(5)　Filiae　a matre　amantur.　〈娘達が母に愛される〉
　　　3複女　　　　　　3複受

動詞の形を見ると、(1)(2)は主語に照応して3人称・単数の能動態 amat、(3)(4)はその受動態 amatur である。(5)は3人称・複数・受動態であるから

　＊1　ラテン語は古典であるから、例文には文献にあるものを出したいが、説明のために性・数のそろった簡単なものを作文した。

amantur となっている。動詞は主語の人称と数によって形を変えるが、主語の性による影響は受けないので、(1)(2) の amat、(3)(4) の amatur は男女共通である。性は名詞を分類する文法範疇であるから、それによって述語動詞の形が変ることはない。

　盛時のラテン語では、付属形式による形態的相違によって能動態と受動態が対立し、態という文法範疇を構成している。しかし文法範疇は、文法の範疇であり、意味の範疇ではない。文法は文を完成させるための形式面での規則体系であり、このことは受動態の用法にもあてはまる。受動態は上の (3)〜(5) のように受身の意味を表すが、受動態の形式の中には、文構成のための純文法的な手続に過ぎないものもある。ラテン語には「形式受動態動詞（異態動詞）」deponentia というグループがあって、このグループに含まれる hortor〈励ます〉や imitor〈真似る〉などは、受動態だけで、能動態の形式がない。そのために、能動の文を構成する場合にも受動態を使用することになり、結果として受動態で能動の意味を表している。しかもこれは不規則な例外ではなく、文法的なグループをなしている。受動態は受身を表すための形式ではあったが、文法規則として能動を表す形式もあった。

　以上のように、ラテン語の能動態と受動態は付属形式によって対立した形式であったが、完了の受身は esse（英語の be にあたる）と過去分詞とによっていた。完了は時制というより実現アスペクトである。これらは意味的には受身を表しているが、動詞 esse を述語とし、受身（実現した状態）を表す過去分詞を補語とした文であり、形式で整理すれば、esse＋形容詞の文である。これについては次のイタリア語のところで述べる。

1.2　イタリア語の受動表現

　イタリア語はラテン語の直系の言語であるから、言語構造の特徴を受け継いでいる。しかし上で見た受動態の形式は受け継がなかったので、受身は「essere（英語 be にあたる）＋過去分詞」で表される。受身の状態（過去分詞）＋である（essere）という表現である。

　イタリア語も一定範疇言語であり、受動表現全体が主語の数や人称によって形を変えるが、essere と過去分詞では関係する文法範疇が異なる。

(6)　Figlio　è　amato　dalla　madre.〈息子が母に愛されている〉
　　　3単男　3単　単男

(7)　Figlia　è　amata　dalla　madre.〈娘が母に愛されている〉
　　　3単女　3単　単女

(8) Figli　　 sono　 amati　 dalla　 madre.〈息子達が母に愛されている〉
　　 3複男　　3複　　複男

(9) Figlie　　sono　 amate　 dalla　 madre.〈娘達が母に愛されている〉
　　 3複女　　3複　　複女

　動詞 essere は、主語の人称と数に合せて(6)(7)では3人称単数 è、(8)(9)では3人称複数 sono となっている。人称・数は動詞の文法範疇であるから、essere は述語動詞としての語形変化をしている。イタリア語でも性は名詞の文法範疇であるから、動詞 essere がそれに影響されることはなく、è と sono は男女共通である。ところが amare〈愛する〉の過去分詞の方は、(6)〜(9)の全てで主語の性に照応して形を変えている。屈折語の過去分詞は一定の形ではない。amare の場合は、関係する名詞に合せて表2の1個を選択することになる。

表2　イタリア語過去分詞

	男性	女性
単数	amato	amata
複数	amati	amate

分詞は動詞の意味と形容詞の機能を持った形式であるから、形容詞の役割として名詞と性・数が一致するのである。

　上の(6)〜(9)の受動表現では、過去分詞が主語の性と数に合せて形を変えているから、形容詞の文である(10)〜(12)と同じ構造である。

(10) Egli　　 è　　 attrattivo.〈彼は魅力的である〉
　　 3単男　 3単　　単男

(11) Ella　　 è　　 attrattiva.〈彼女は魅力的である〉
　　 3単女　 3単　　単女

(12) Elle　　 sono　 attrattive.〈彼女達は魅力的である〉
　　 3複女　 3複　　複女

　イタリア語では、essere＋過去分詞という形式を「受動態」としている。しかしこれは、主語が受動者である場合の述語の形式、受身という意味を表す形式を受動態としているに過ぎない。この essere＋過去分詞による表現は、形容詞文の一種であって、能動態と形態的相違によって対立する受動態ではない。ラテン語の

amat と amatur のような形態的な相違による対立が文法範疇を構成するのであって、過去分詞による表現は代替の形式である。従ってイタリア語には文法的な受動態も、能動／受動の対立する文法範疇も存在しない。現代フランス語などでも同様であるから、ラテン語→現代ロマンス語という通時的変化の間に、動詞の態を表す表現が異なる構造に変ったのである。

　イタリア語などで、能動態と対立する受動態として過去分詞による表現を当てたのは、ラテン語を基準とした「態という文法範疇で能動と受動が対立している」という固定観念に従った発想である。しかし能動と受動とが対立する文法範疇は、言語の長い歴史ドラマの中に現れた一幕に過ぎないものであって、一般的なことでも普遍的な文法概念でもない。世界の言語には受動態と能動態以外の態もあり、それぞれについていろいろな表現方法がある。印欧語の中でも中間態を持つ言語もあった。どの言語の文法においても受動と能動だけを特別視した文法範疇を設定しなければならないというわけではない。

　受動表現の構造はラテン語からイタリア語に変化する過程で変化し、態という文法範疇は消失した。しかし主語との関係を見ると、essere は動詞に関係する一定数の文法範疇（上では人称と数）に照応し、過去分詞の方は名詞に関する文法範疇（性と数）に照応して語形変化している。それぞれの文法範疇では、単数／複数、男性／女性（ラテン語には中性もある）、1／2／3人称という範例的な対立があり、どれか1個を選ぶことになっている。両言語ともほとんど共通の文法範疇によって文成分を構成している。イタリア語では受動表現の構造が変化し、能動と受動の対立するカテゴリーは消失したが、これは屈折という語構成法を保ちながらの部分的な出来事である。日本語での「寒くありません」から「寒くないです」への変化と同様であり、言語のタイプそのものに関係する変化ではない。一定範疇言語の屈折語という制約の中で文を構成し、受動表現では主語と照応して述語動詞が変化するという原則は保たれている。

2　日本語の受身表現

　日本語の受身表現については丹羽（2008）で述べたが、本節では膠着的な不定範疇言語と文法範疇との関係を述べる。

2.1　日本語の接辞と受動

　文法範疇の選択肢は排他的関係にあるから、対立するA／Bから一方のAを選ぶことは、選択されなかったB（反A）を否定することでもある。ラテン語の態という文法範疇では、受動は反能動であるから、受動態で表現することは、能動ではな

いということになる*2。ところが日本語の述語の語幹では、オプションの接辞 a が接続すれば A という限定を受けるが、a が接続しない場合は、A という制限を受けない「非 A」であって、反 A ではない。これを受身に適用すると、「見られる」は受身表現であるが、「見る」は「非受身」であり、受身という限定を受けない行為を表すに過ぎない。後に述べるように、接辞 a の付加されない非受身は、反受動としての能動ではない。

　それでは日本語の能動はどのように表現されるか。日本語には能動を表す接辞がないので、受身の mi-rare-ru〈見られる〉に対立する能動の派生動詞語幹は存在しない。膠着的タイプの言語にその意味を表す接辞が存在しないのだから、極論すれば、日本語では、能動を連辞的な語構成で表現することができない。表現できないというより、日本語を構成する論理には「受動」という概念はあるが、「能動」という概念がないのである。このような日本語の受身の表現を、他言語のヴォイスと関連付け、能動／受動の対立として説明するのは記述文法の方法ではない。さらに言えば、受身の表現を文法の問題として説明しなければならない理由もない。

　前述のように、ラテン語の受動態は文法規則であり、「形式受動態動詞」という文構成の手続としての形がある。これに比べると、日本語のレル〜ラレルによる派生語幹は、受身という意味を表すためだけの形式である。従って日本語の受身は、文法的な対立とかカテゴリーからではなく、意味という視点から取り上げるべきである。受身の表現が特別の形であり、形式面で能動と対立しないという点では、イタリア語と共通している。しかしイタリア語は、形式面での能動／受動の対立を失ったが、他の文法範疇を持つ一定範疇言語であり、その文法的制約の中で受身を表現している。日本語にはそういう文法的制約がない

2.2　意味としての受身

　日本語の受身は「能記：are〜rare／所記：受身」という接辞による派生動詞で表される。この接辞は受身専用の形式であるから、受身とはこの接辞の表す意味の範囲ということになる。意味の範囲や対立は言語社会ごとの約束事であるから、「同じ親から生れた女性」を sister 1 語で表すか、「姉」と「妹」のように対立させるかなどと同じ問題である。レル〜ラレルによって表される意味は、受動者が「行為や出来事の影響を受けた状態」という客観的な事柄である。その中には「殺され

---

　*2　ここで使用する「反受動」という用語は、能格型言語の anti-passive とは異なる概念である。反受動は、受動と能動の 2 個で対立する場合に、受動の反対側の概念（能動）という単純な意味で使用しているに過ぎない。

る」のような印欧語の受動態と同じ意味も含まれるし、「雨に降られる」のような被害の受身も入る。これらを同じレル～ラレルで表すのは日本語での習慣である。「姉」は出生順序で「妹」と対立し、性別で「兄」と対立する。日本語にはこの関係と同じように、受動が能動や他の態と対立するという枠組みはない。個別言語での対立は論理的な意味の枠組みと別の問題である。

　ただし日本語の受身そのものは意味の表現であっても、受身表現に関する形式の面は文法である。レル～ラレルの接続する動詞としない動詞の文法的相違、接続する場合の異形態の選択、派生語幹構成での他の接辞との関係、受身の受け手（受動者）を表す文成分の問題、このような派生動詞や文構成についての形式に関することは文法の問題である。

2.3　無標の能動

　日本語研究では、日本語にもヴォイスという文法範疇があり、受動／能動が対立しているとする意見が多いようである。それによれば、日本語には能動を表す接辞が存在しないので、「見られる」という受身に対立させて「見る」を能動に当てることになる。ところが「見る」には能動を表すマークがないので、「無標の能動」という概念が持ち出される。仮に無標を○で表記すると、○は受身に対立する「反受動」としての能動となるから、(15) と (16) のように対立し、-○- と -rare- とが文法カテゴリーの選択肢ということになる。

　　(15)　見る　　　　mi-○-ru　　　能動
　　(16)　見られる　　mi-rare-ru　　受動

文法カテゴリーの範例的な選択肢の中で、ある 1 個に具体的な形式が欠けている場合、それに無標を当てることは、記述文法としては妥当な方法である。しかし日本語のような膠着語の連辞的な接辞に適用するのは、形式面と意味面の両方で以下に述べるような問題が出てくる。

　まず形式面から見よう。無標の能動を設定すると、派生語幹のこの部分は -○- と -rare- という範例的形式の入るスロットとなる。このような対立とスロットを認めれば、受身表現に関しては上の (15) (16) のように一応の説明はできる。しかし派生語幹全体の構造を統一的に説明するためには、この対立を全体に適用しなければならない。そうすると、文法としては「全ての接辞は無標と対立して文法範疇を構成する。語幹はその数のスロットで構成される」となる。語幹全体がスロットの連続であるから、接辞の現れた部分だけではなく、現れていない部分も無標を選択

したスロットである。従って接辞ゼロの「見る」は、接続可能な n 個の接辞全てで無標を選択した形式であるから、n 種の無標が接続している。接辞／無標の対立を n 個収容できる形式をモデル化すると、日本語の語幹は n 個のスロットとそのための n 個の文法範疇で構成されるから、一定数のスロットを持つスロット型膠着語の述語と似た構造となる。

具体的に接辞 4 個の例で見ると次のようである[*3]。

(17) 見させられました　[mi-sase-rare-masi-ta]-φ
(18) 見させた　　　　　[mi-sase-○ -○ -ta]-φ
(19) 見られる　　　　　[mi-○ -rare-○ -○]-ru
(20) 見る　　　　　　　[mi-○ -○ -○ -○]-ru

(17)〜(20) の各スロットに、接辞の 意味X と対立する無標の反 X を入れると、それぞれは次のような意味の派生語幹である。

(17') 見る＋ 使役 ＋ 受動 ＋ 丁寧 ＋ 過去
(18') 見る＋ 使役 ＋反受動＋反丁寧＋ 過去
(19') 見る＋反使役＋ 受動 ＋反丁寧＋反過去
(20') 見る＋反使役＋反受動＋反丁寧＋反過去

受身以外の -○- を棚上げにすれば、-rare- の接続した (19)「見られる」を受動とすることはできる。しかしこのスロットが -○- の (20) を「無標の能動」と断定することはできない。(20) には、(20') のように 4 種の無標が接続していて、反受動は 4 個のうちの 1 個に過ぎない。(20) は無標の反使役とも反丁寧とも言える文である。日本語の文法では、受身と対立する無標を他より優先的に扱うと確認されているわけではないので、受身に関する部分だけを取り上げる理由も、「見る」を能動と特定する根拠もない。能動と受動の対立だけを特別視するのは、ラテン語のような文法範疇を部分的かつ意味的に借用しただけ、あるいは能動文からの変形操作によって受動文を作るという考え方を適用しただけのものであり、日本語の論理に基いた文法ではない。

不定数 n 個の接辞といっても大きな数ではない。その総数に見合うスロットを

＊3　筆者の形態論では、(13) で -masi- の接続する -rare- には語幹形成辞 -φ が接続するが表記簡略化のために略す。

設定し、接辞／無標という文法範疇を日本語に持ち込めば、それなりの説明はできるかもしれない。しかしそれは思弁的であり、記述的な文法からは遠いものになるだろう。峰岸（2000）は次のように警告している。

> 生成文法とそこから派生した統語理論は、特定言語にしか存在しない一定範疇性と、それに由来する範例的統語理論という特殊性を、言語一般に見られる普遍性と取り違える危険性がありはしないか、という疑念が生じることになる。

峰岸の警告は、「生成文法とそこから派生した統語理論」に対してだけではなく、安易にヴォイスやアスペクトなどの文法概念を借用して日本語の述語構造を説明しようとする研究姿勢にも向けられるべきである。まして前節で見たように、能動／受動の対立するカテゴリーは普遍的なものではない。構造の異なる言語の一時的な状態を日本語に借用するのは問題が多い。

次は無標の反Xを設定する意味的な問題である。日本語のレル〜ラレルの表す意味は、印欧語的な受動の他に「雨に降られる」や「親に死なれる」などの表現もある。これらに無標の能動はあり得ない。受動態とレル〜ラレルだけではなく、言語が異なれば意味などの範囲や対立関係が異なるから、イーミックな段階の対立関係を借用することはできない。具体的な「殺される」や「見られる」などに限定すれば、無標の適用によって説明できる部分もある。しかしこうした「反X」を積み重ねても、語幹全体を統一的に説明できるわけではない。日本語にはセル〜サセルによる使役表現がある。この形式の「放任」の意味は無視して、使役だけに限定しても、それに対立する無標の反使役とはどのような概念であろうか。日本語文法で使役の接辞が上の「無標の能動」ほど重視されていないのは、印欧語などに「使役／X」という文法範疇がないために借用できないからではないか。

日本語の膠着的構造では、無標は「反」ではなく、「非」である。尊敬の「出られる」に対して無標の「出る」は反尊敬の軽蔑ではなく、非尊敬である。可能の「見られる」に対する「見る」は反可能（不可能）ではない。希望の「見たい」の接辞 -ta- の属するカテゴリーとその中で希望と対立する無標の反対概念はどのようなものであろうか。尊敬・可能・希望などに関するカテゴリーを設定しようとすれば、法 mood とするのが近い。そうであれば、「法」として、日本語の資料によって定義された文法概念が用意されなければならない。いまのところ筆者は、日本語の連辞的構造の述語や接辞を統一的に説明するには、文法的な「無標」を設定するのではなく、意味の問題として、接辞によって付加されたXとそれに無関係の非Xとするのが合理的だと考えている。

3 受身以外のカテゴリー

　本節では日本語のテンスとアスペクトなど、ヴォイス以外のカテゴリーとされる形式を検討する。私見では、これらは、オプションとして付加された連辞的接辞による表現であり、範例的形式によるカテゴリーを構成しない。

3.1 テンス

　日本語にもテンスという文法範疇があり、「過去」と「非過去」とが対立しているという説がある。それによると、「見る」のルと「見た」のタ、略してル形とタ形が文法的に対立しているとされる。

　しかし第1章「日本語の連辞的語構成」で述べたように、筆者は mi-ta-φ〈見た〉のタは接辞であると考えている。従って過去とされているのは、接辞タの意味である。日本語ではオプションの接辞タによって、過去の事柄を表すことができる。また捜し物などを見つけて「あった」という場合のタの意味は話し手の「確認」である。確認というのは、接辞の表す主観的情報である。タが過去や完了を表しているとするのは、確認というタの意義をテンスという文法範疇に当てはめて解釈したに過ぎない。一方、mi-ru〈見る〉のルは文成立形式であり、意味は話し手の態度としての平叙である。接辞タと文成立形式ルは範例関係にないから、タ形とル形、確認と平叙ではカテゴリーを構成しない。テンスとされるカテゴリーは、所与の意味の枠組みに形式をあてはめたものに過ぎない。

3.2 アスペクト

　改まった表現や書きことばでの「書いている」は、話しことばではカイテルとなる。このテ＋イル→テルの変化は、2語が融合して1個の付属形式になった通時的変化である。西日本型の方言には、これと同様の過程で成立した接辞がいくつか存在する。主なものは次のようである。

　　(21) 書いている　　kai-te or-u　→　kai-tor-u
　　(22) 書いておく　　kai-te ok-u　→　kai-tok-u
　　(23) 書いてある　　kai-te ar-u　→　kai-tar-u

上の -tor- や -tok- などは共起しない。範例関係にあり、アスペクト的な意味を分担しているので、ある種のカテゴリーを構成しているように見える。しかしこれらが共起しないのは、通時的変化の結果であって、文法的な要請によるのではない。融合以前のオル、オク、アルは、動詞という同一種類の語であるから、範例関係にあ

るのは当然である。融合した形式の意味も、元の動詞の意味を受け継いで対立しているのであって、一定範囲の意味を分担しているのではない。現代の方言では範例関係の付属形式群になっているが、文法範疇をなしているのではない。

　上のようなグループとは別に、西日本型の諸方言では、(21)の接辞トル（チョルなど地域的変種を含む）とヨルが完了と進行という意味で対立していると説明されることが多い。トルとヨルがアスペクトというカテゴリーを構成するという主張である。確かにトルとヨルの意味の相違についてはアスペクト的に説明できる部分が多い。それぞれが単独に使用された場合なら、それでも説明できるであろう。しかし両者は範例関係にある接辞ではなく、文法的に異なった種類の形式である。相違の詳しい内容については丹羽（2005）で述べたので、ここでは「トルとヨルは共起する接辞である」という点のみを述べる。

　文法範疇を構成する形式は範例関係であって、1語の中で共起しない。トルとヨルは下の(24)〜(27)のように共起しているから、連辞関係の接辞である。しかもこの共起は、一部地域に限られた特殊な表現ではなく、西日本各地で見られる。これらは(24')〜(27')のような連続である。

(24)　ナランドリョータ　〈並んでいたものだ〉　岐阜県　丹羽（1977）
(25)　イレトルオッタ　　〈入れていたものだ〉　長崎県『方言談話資料(2)』
(26)　ネットリオリマシタ〈寝ていたものでした〉鳥取県『同(6)』
(27)　アケトリョータ　　〈開けていたものだ〉　岡山県　工藤他（2001）

(24')　並ぶ　＋トル＋ヨル　　　＋タ
(25')　入れる＋トル＋ヨル　　　＋タ
(26')　寝る　＋トル＋ヨル＋マス＋タ
(27')　開ける＋トル＋ヨル　　　＋タ

共起した場合、どの方言でもトル＋ヨルの順序である。私見では、トルは「実現した状態」という客観情報を表す形式、ヨルは「現場での目撃・経験」という話し手の主観を表す形式である。客観情報＋主観情報というモデルを適用すると、上の諸方言においても、原則通りにトル＋ヨルの順序となっている。

　トルとヨルの意味には、完了と進行という対立に見える部分もあるが、上のような連辞関係の形式が文法的なカテゴリーを構成することはない。これをカテゴリーとするのは、アスペクトという枠組みを借用して、そこに日本語の形式をあてはめたものに過ぎない。トルとヨルは上のように共起するが、両者の共起が見過ごされ

てきたのは、談話資料などからデータを集めるのではなく、意味を基準として、単独使用を前提とした質問文によって例文を集めてきたからである。この方法でも意味の相違は説明できるし、アスペクトという概念を知っている人には分かり易いかもしれない。しかし「意味の対立に形式をあてはめる」という非記述的な方法に頼っていては、トルやヨルの持つ本質的な特徴や日本語の派生動詞を構成する論理を見落とすことになる。

4　まとめ

　文法は語や文を構成するための形式についての規則群である。形態論的な整理を無視して、形式をグループ化したりそれに文法概念を与えるのは記述的でない。日本語でヴォイスなどカテゴリーをなすと言われている形式は、連辞的な形式を他言語の文法概念にあてはめたり意味の対立に合せたりしただけであり、形態論的な検討を経たものではない。

　言語研究にはいろいろな視点があり、それぞれアプローチの仕方が異なる。本書の第1章と本稿は一言語の記述文法という立場で述べてきた。記述文法は、資料を単位形式に分割し、それをグループ化して文法概念を与え、その用法を整理することから始まる。つまり具体的な資料からの抽象化と体系化である。

　このような記述文法と方言研究や類型論的な分野では、研究方法も異なる。方言研究では地域の特殊性や地域差が、類型論では多様な言語事象での普遍性がテーマである。従って複数の言語や方言を対比する場合、あるいは言語地理学の資料などでは、一定の概念に対応する一定の形式が必要となる。ある形式を個別に取り出す場合、言語内での体系や対立関係は大きな意味を持たない場合もあるだろう。このような分野では、資料とする形式を、アスペクトやヴォイスなど、一般化できる座標の中に位置付けて利用することも必要となってくる。しかしそのためには、正確な記述による文法資料が必要であり、借用された文法概念などを用いたものでは不十分である。

引用文献

工藤真由美他（2001）『方言のアスペクト・テンス・ムード体系変化の総合的研究』科学研究費研究成果報告書

国立国語研究所（1979）『方言談話資料（2）―奈良・高知・長崎―』

国立国語研究所（1982）『方言談話資料（6）―鳥取・愛媛・宮崎・沖縄―』

丹羽一彌（1977）「トル・ヨル考」『東海学園国語国文』11 東海学園国語国文学会

丹羽一彌（2005）『日本語動詞述語の構造』笠間書院

丹羽一彌（2008）「日本語の受動表現は文法か」『方言研究の前衛』桂書房
峰岸真琴（2000）「類型論から見た文法理論」『言語研究』117

あとがき

　あとがきとして、丹羽の個人的な感想を述べる。
　最近の日本語文法研究とされるものは、意味を基準とした形式の整理や、既成の理論の部分的な適用などに終始していて、形式の相違によって生じる文法機能を体系化し、形式面全体を説明できる原理に向かう姿勢が乏しいと思う。そういう流れから見ると、本書はある種の異端とされるかもしれない。しかしディクソンは、フィールドワークを重視し、文法は基礎言語理論 Basic Linguistic Theory に基いて帰納的に記述すべきである（大角翠訳『言語の興亡』2001 岩波新書）と強調している。私もそれが言語研究の基本であると思うし、その点で本書は大通りの中央を歩いていると自負している。
　現代語の文法研究は形式面から始めるべきである。宮岡伯人氏は、『「語」とはなにか─エスキモー語から日本語をみる─』（2002 三省堂）で形態論の重要性を説いて、その「あとがき」で、「いささかでも言語の多様性についての認識がないかぎり、遺憾ながら世界の言語学者には解しえない文法分析や的外れな言辞を弄しつづけることにならざるをえないだろうし、"日本の言語学"と自称する日本語研究が一般言語学に寄与する期待も萎えざるをえないだろう」と警告されている。私にはこのように断言する学力も、もちろん勇気もない。しかし昨今の風潮、例えば 2011 年秋の日本言語学会（大阪大学）の公開シンポジウム「活用論の前線」などと氏の主張とを比べれば、私は迷わず宮岡氏側に左袒する。このようなタイプの異なる言語の研究で得られた知見と、それを踏まえた日本語研究に目を向けなければならない。実は宮岡氏の『エスキモーの言語と文化』（1978 弘文堂）が難しかったので、私は『日本語動詞述語の構造』（2005 笠間書院）を書くとき、上記『語とは何か』を読んでいなかった。その後読んでみると、教えられるところが多い。怠惰と勉強不足を恥じるだけである。ただ書く前にこれを読んでいたら、その影響を受け過ぎて、自分の意見を書けなかったかもしれない。
　言語研究は形態論だけではないが、多様な言語構造の中に普遍的な特徴が存在するはずである。それを探求するために、それぞれの言語の形態的な構造をその言語の論理に則って解明する必要がある。本書のそういう主張が分かっていただければ幸いである。

2012 年春

丹 羽 一 彌

執筆者（執筆順）

丹羽一彌（にわ・かずや）　　　　信州大学名誉教授（編者）
品川大輔（しながわ・だいすけ）　香川大学准教授
黒木邦彦（くろき・くにひこ）　　甲南女子大学講師
田村建一（たむら・けんいち）　　愛知教育大学教授

日本語はどのような膠着語か　用言複合体の研究

2012年10月31日　初版第1刷発行

編著者　丹羽一彌
装幀　　笠間書院装幀室
発行者　池田つや子
発行所　有限会社　笠間書院
　　　　東京都千代田区猿楽町2-2-3〔〒101-0064〕
　　　　電話　03-3295-1331　FAX 03-3294-0996

NDC分類：801.5

ISBN978-4-305-70670-6　　ⓒNIWA 2012　　シナノ
落丁・乱丁本はお取りかえいたします。　（本文用紙：中性紙使用）
出版目録は上記住所までご請求下さい。
http://kasamashoin.jp/